Felicidade 360º

Copyright© 2013 by Editora Ser Mais Ltda.
Todos os direitos desta edição são reservados à Editora Ser Mais Ltda.

Presidente:
Mauricio Sita

Capa e Projeto Gráfico:
Danilo Scarpa

Diagramação:
Wenderson Silva

Revisão:
Equipe da Editora Ser Mais

Gerente de Projeto:
Gleide Santos

Diretora de Operações:
Alessandra Ksenhuck

Diretora Executiva:
Julyana Rosa

Relacionamento com o cliente:
Claudia Pires

Impressão:
Imprensa da Fé
Dados Internacionais de Catalogação na Publicação (CIP)
(Câmara Brasileira do Livro, SP, BRASIL)

Felicidade 360º – Todos os caminhos para ser feliz. / Coordenação editorial: Mauricio
Sita – São Paulo: Editora Ser Mais, 2013.

Bibliografia
ISBN 978-85-63178-51-0

1. Desenvolvimento Pessoal e Profissional. 2. Carreira profissional - Desenvolvimento. 3. Treinamento e Desenvolvimento. 4. Sucesso profissional - Administração I Título.

CDD 158.7

Índices para catálogo sistemático:
1. Desenvolvimento Pessoal e Profissional. 2. Carreira profissional - Desenvolvimento. 3. Treinamento e Desenvolvimento. 4.Sucesso profissional - Administração I.
Editora Ser Mais Ltda
rua Antônio Augusto Covello, 472 – Vila Mariana – São Paulo, SP – CEP 01550-060
Fone/fax: (0**11) 2659-0968
Site: www.editorasermais.com.br   e-mail: contato@revistasermais.com.br

Índice

Apresentação..7

A felicidade está mais perto do que se imagina. Use seus pontos fortes e saberá disso
Andréa Perez Corrêa...9

Turbine seu relacionamento com o "Polivitamínico da Felicidade"
Andreia Berté...17

Pincelando algumas ideias sobre felicidade e saúde
Aurea A. Eleuterio Pascalicchio...25

Estratégias poderosas para uma carreira de sucesso
Aurelinaldo Gama...33

Visão, missão e valores pessoais: investir no autoconhecimento é essencial para buscar a felicidade e a evolução pessoal
Carlos Alberto Costa Junior..41

Felicidade - Um jeito de viver
Cersi Machado..49

Gente competente: faz diferente!
Debora Capell Simone..57

Felicidade 360°
Edna Adorno...65

Aprenda a ser feliz mudando seus conceitos sobre a felicidade
Eduardo Leopoldo & Aline Sena..73

Como ficar mais feliz com motivação
Eraldo Melo..81

Ser feliz é tudo que se quer
Eugênio Sales Queiroz...87

Eu quero é ser feliz! Dá para ser AGORA?
Eunice Abolafio..93

A felicidade ao seu lado e simples de ser alcançada
Evelyn Vinocur...101

O outro lado da felicidade - O propósito
Gisa Viana..109

As 10 coisas mais importantes para a felicidade
Giulliano Esperança...117

O *Flow* e a Motivação
Heide Castro...125

A felicidade 360° não é subjetiva Ah! Se todos soubessem...
Ivan Marcos Kruger..133

Não deixe a vida escolher por você
Izabela Neves Freitas...141

Novos modos de tratamentos emocionais e humanos
Jonia Ranali..147

O poder da felicidade está em suas mãos
Kátia Brunetti...155

O normal é ser feliz
Leno Pappis...163

Beleza Leve - Autoestima x Autoconhecimento
Luci Fagundes...171

A felicidade e a gratidão
Lunice Dufrayer..179

Coaching de FELICIDADE
Marcos Wunderlich...187

Felicidade e simplicidade
Marta Beatriz Horn Schumacher...195

Felicidade no ambiente de trabalho: desafios e oportunidades
Prof. Douglas de Matteu & Wilson Farias Nascimento...............201

Você mais FELIZ
Rodrigo Cardoso...209

Intuição, Palavras, Sentimentos e Escolhas! Seja dono de si e a felicidade
será uma prazerosa consequência
Rosana Braga...215

A Construção de Nós Mesmos
Sara Vargas...223

Felicidade corporal
Saulo Fong...231

A existência transcende!
Sissi Semprini...237

Escolhemos ser felizes
Sueli Batista & Mariza Bazo...243

Ao Encontro da Felicidade
Tânia Regina Douzats Vellasco..251

O executivo e o samurai feliz
Walber Fujita...257

Apresentação

Peço que você faça uma reflexão, antes de começar propriamente a leitura deste livro.

Procure entre as pessoas que você conhece, as que sejam muito felizes. Aquelas que admira pela vida estável, equilibrada, harmoniosa, alegre e feliz. Pense um pouco...

Se já se lembrou de várias que são exemplo de pessoas felizes, pode continuar a leitura. Se ainda não, solicito que continue tentando lembrar-se...

Está difícil? Pensou muito e finalmente selecionou algumas poucas, mas ao analisar melhor concluiu que não mereciam ganhar o seu "Óscar" da felicidade? Resumindo, você não encontrou ninguém realmente feliz que serviria como exemplo?

A má noticia dessa terrível constatação é de que, realmente, por mais que todas as pessoas do mundo desejem a felicidade, pela nossa percepção não conseguimos identificar dentre as pessoas com quem convivemos, nenhuma que nos sirva de exemplo de plenamente feliz.

Mesmo sem conhecê-lo, eu posso apostar que você também não se sente plenamente feliz, não é verdade?

E eu continuo a minha aposta, apesar de não se sentir feliz como merece, também não se acha a pessoa mais infeliz do mundo. Acertei?

Bem, se concordamos até agora, informo que os grandes mestres que contribuíram com seus textos para este livro vão conversar com você sobre felicidade e instigá-lo a refletir sobre ela.

E como a tão sonhada felicidade já está dentro de você, por meio das reflexões poderá percebê-la e descobrir como libertá-la.

Uma coisa eu garanto. Ao término deste livro, você será uma pessoa mais aberta para atingir a felicidade do que agora.

Agradeço a participação de todos os grandes escritores e escritoras. Vocês estão dando inestimáveis contribuições para os nossos leitores.

Finalmente informo que os livros da Editora Ser Mais têm uma característica criativa e inovadora. Eles não terminam na última página. Através do site www.editorasermais.com.br você se manterá atualizado, uma vez que todos os livros têm um blog, e assim poderá interagir com os escritores, ampliar suas análises e discussões, e tirar suas dúvidas.

Boa leitura!

Mauricio Sita
Coordenador Editorial
Presidente da Editora Ser Mais

Felicidade 360º

8

1

A felicidade está mais perto do que se imagina Use seus pontos fortes e saberá disso

Um convite especial, surpreendente e irrecusável a todos aqueles que desejam tornar suas vidas repletas de emoções positivas, por meio do florescimento e da potencialização de seus talentos, e realizando aquilo que amam, tornando-se assim mais plenos, verdadeiros e felizes

Andréa Perez Corrêa

Andréa Perez Corrêa

Formada em Letras, pela UFF, é especialista em Morfossintaxe pela UERJ e em Psicologia Positiva: Uma integração com o Coaching pelo CPAF/UCAM. Formações em Coaching: Personal & Professional Coaching e Líder Coach pela Sociedade Brasileira de Coaching, reconhecida pelo Behavioral Coaching Institute; Health & Wellness Coaching pela Carevolution, reconhecida pela Wellcoaches; Coaching, Mentoring & Holomentoring® ISOR®, pelo Instituto Holos, reconhecido pela International Coaching Federation e Coaching Positivo Pelo Instituto de Psicologia Positiva e Comportamento. Há 26 anos atua em: Desenvolvimento Humano, Treinamento, Qualidade de Vida, Idealização de Projetos em RH, Dinâmicas de Grupo, Coaching e Mentoring. É Analista em C&T Sênior da Comissão Nacional de Energia Nuclear. Já ocupou Lideranças em: Assessoria Administrativa, Treinamento, Gestão de Pessoal, Desenvolvimento de RH, em órgãos do Governo Federal.

Contato
acorrea97@hotmail.com

Andréa Perez Corrêa

Todo ser humano, independentemente de seus valores, crenças, sexo, raça, convicções, cultura, nível social ou qualquer outra esteriotipação que os distinga ou os agrupe, busca vivenciar a felicidade em suas vidas de alguma forma.

Desde a época da antiguidade que o tema felicidade, considerando o termo em suas diversas definições – bem-estar subjetivo, satisfação com a vida, alegria, entre outros - vem sendo abordado, estudado e, acima de tudo, muito pesquisado, por grandes filósofos, pensadores e por uma gama extensa de profissionais e estudiosos de várias áreas do conhecimento humano- psicologia, antropologia, sociologia, filosofia entre outras.

Uma das coisas que se tem aprendido com esses estudos é que a felicidade pode permear diversos caminhos. E isso oferece novas alternativas e diversas oportunidades para lançarmos mão, que dependem, contudo, de nosso foco, de nossa atenção e, em especial, do que trazemos dentro de nós mesmos: intenções, valores, propósitos, virtudes e, em especial, nossos pontos fortes.

A Psicologia Positiva e a potencialidade humana para a felicidade e positividade

Com o advento do movimento da Psicologia Positiva, legitimada por Seligman (1998), os temas felicidade, bem-estar, emoções positivas e qualidade de vida vêm recebendo um novo enfoque, mais especificamente, no que se refere à potencialidade de ser feliz das pessoas, considerando as suas qualidades humanas positivas, suas forças e virtudes, no lugar de se ater às fraquezas como até então.

Com essa nova abordagem, a Psicologia Positiva passa a dar ênfase a resgatar nas pessoas o que elas têm de melhor dentro de si, em vez de se ater apenas a cuidados com patologias, fraquezas e problemas psicológicos das pessoas, postura está mais focada no pós-guerra, em função das consequências traumáticas dos ex-combatentes.

As conclusões valorosas sobre a potencialidade do ser humano para ser feliz vêm sendo obtidas por meio de experiências empíricas que a comprovam e legitimam. Dentre os elementos exponenciais que possibilitam caminharmos com sucesso rumo à almejada felicidade, destaco um, em especial, **pelas emoções positivas que geram de forma contínua e vivencial e por sua acessibilidade por cada um de nós: os PONTOS FORTES.**

Segundo Fredrickson (2009), as emoções positivas têm importância destacada, pois colaboram com a nossa evolução, à medida que nos fortalecem intelectual, física e socialmente, criando reservas

Felicidade 360º

das quais podemos lançar mão diante de uma necessidade ou ameaça. Ela acrescenta, também, que a positividade revela, com o tempo, o melhor de cada ser humano, afirmando ainda que, se desejarmos mudar nossa vida para melhor, devemos semear a positividade, aumentando-a assim cada vez mais.

Sobre as emoções positivas, destaca-se o que diz Seligman (1998): *"...a emoção positiva é importante, não somente pela sensação agradável que traz em si, mas porque causa um relacionamento muito melhor com o mundo."* E ainda o que afirma Fredrickson quando destaca duas verdades: - *"as emoções positivas abrem nossos corações e nossas mentes, tornando-nos mais receptivos e criativos"*, e – a partir da primeira verdade, é possível *"construir novas habilidades, novos laços, novos conhecimentos e novas maneiras de ser"*.

O que são, afinal, os pontos fortes

Reservar alguns poucos minutos do nosso tempo, para identificar nossos pontos fortes, traz uma infinidade de novos momentos de felicidade, e todos podem fazer isso, de uma forma muito natural, rápida e prazerosa. Basta apenas conhecer um pouco mais o que é um ponto forte, querer reconhecê-lo e fortificá-lo. Pode dar trabalho? Sim. Mas vai valer à pena!

Conforme Clifton & Buckingham (2006), **ponto forte** é definido como: ***"um desempenho estável e quase perfeito em determinada atividade".*** É algo que pode realizar bem, de modo consistente e por várias vezes. Além disso, você precisa obter satisfação com a atividade, e se ver realizando uma tarefa com alegria e êxito. É composto pelos seguintes elementos:

PONTO FORTE = Talento + Conhecimento + Técnicas

Dessa tripla composição, destaca-se a essencialidade dos talentos, por sua condição inata em especial. Os **talentos** são considerados como matéria-prima para o desenvolvimento dos pontos fortes, sendo definidos por Clifton & Buckingham (2006) como: ***"qualquer padrão recorrente de pensamento, sensação ou comportamento que possa ser usado produtivamente".*** Por isso, a identificação de seus talentos dominantes e o seu aprimoramento por meio de conhecimento e técnicas são o melhor caminho para o desenvolvimento de um ponto forte.

Como os talentos são absolutamente naturais, nós os interpretamos como sendo de senso comum. Pensamos: *"Todo mundo faz ou*

Andréa Perez Corrêa

pensa assim; isso é o normal! Mas não é. Cada um é único em seus talentos. Como afirma Buckingham (2012): *"... você nem sequer pensa a respeito disso: apenas faz o que faz porque é algo que lhe vem com facilidade, que não requer nenhuma análise. Não que não valorize que você é único, é que você não o vê".*

A cada escolha de pensamento ou comportamento que fazemos, usamos, sem perceber, nossos talentos. Por isso a atenção para a identificação de cada um deles deve ser redobrada, para que consigamos percebê-los como únicos e absolutamente inerentes à nossa essência, à nossa individualidade, ao que vai dentro de nós verdadeiramente.

O seu cérebro, sabedor de que você não pode racionalizar cada escolha a cada segundo de vida, faz você agir compelido pelo instinto, pelos seus talentos. Além disso, acrescenta uma sensação de prazer ao uso dos talentos, que faz com que você os utilize de forma recorrente. Eles fluem de maneira harmoniosa e isso gera bem-estar.

Além das suas reações/escolhas espontâneas, existem três outras pistas para identificar talentos, conforme Clifton & Buckingham (2006): o **desejo** que o impele a agir de uma determinada maneira, o **aprendizado rápido** que se reflete na facilidade de começar algo novo e as **satisfações** que demonstram o quanto o seu organismo e a sua mente sentem prazer com a forma com que você age.

Não é possível criar ou modificar nossos talentos, mas podemos a todo tempo redirecioná-los e criarmos quantos pontos fortes desejarmos, adicionando técnica e conhecimento. Nenhum ponto forte é definitivo ou inesgotável. Como já foi dito, temos a nossa matéria-prima para modelar e transformá-los em pontos fortes que nos tragam emoções positivas.

De acordo com Buckingham (2008), para saber se uma tarefa é um ponto forte, necessariamente deverão estar presentes os seguintes sinais os quais são organizados no seguinte acrônimo:

S   **Success (sucesso)**
I   **Instinct (Instinto)**
G   **Growth (crescimento)**
N   **Need (necessidade).**

1) Sucesso na execução da tarefa - Promove autoeficácia num nível muito consistente. Mas atenção! Uma dica: uma tarefa em que você tem sucesso, mas não lhe traga prazer e nem emoções positivas, não é um ponto forte. Pode ser apenas uma habilidade desenvolvida e para desenvolver uma, você não precisa de talento.

2) Instinto em realizar a tarefa - sentir-se impelido a realizar

Felicidade 360º

algo, mesmo que envolvido em nervosismo e medo, é um sinal de um ponto forte. Você se sente seduzido e atraído por realizar algo. É algo quase irracional

3) Crescimento durante a execução da tarefa - estar realizando a tarefa onde existe um ponto forte é como não ver o tempo passar; gera um envolvimento e até uma facilidade que nos envolve a ponto de somente sentirmos as emoções positivas que nos geram.

4) Necessidade inata - ao final da tarefa, você se sente abastecido, satisfeito, forte, descansado, saciado, gerando uma sensação de "quero mais" e por repetidas vezes.

Os pontos fortes, em função da habituação dos seres humanos a situações que se repetem, devem ser avaliados de tempos em tempos e monitorados permanentemente, de forma a que continuem gerando emoções positivas e sucesso.

Tomando posse das emoções positivas dos seus pontos fortes

O convite aqui é para que cada um volte o seu olhar para dentro como um expectador e vislumbre as belezas que tem e que não consegue enxergar, por não concentrar o seu campo de visão no que tem de melhor. Dessa forma, é possível ver o quão extraordinário e único é cada um dos seres humanos.

Apesar de ainda existir um ceticismo arraigado com relação a condutas, técnicas e sugestões que levam aos caminhos da felicidade, devido à interpretação equivocada de que tudo é paliativo e não leva a nada, o cenário, hoje, graças, em grande parte à Psicologia Positiva, é cercado de pesquisas com rigorosos princípios científicos de profissionais, eticamente comprometidos em trazer aos seres humanos uma nova visão de si mesmos; a visão de que todos têm potencialidades para serem felizes.

Pelo exposto, constata-se que já é hora, ou melhor, já é mais fácil, para os seres humanos usufruírem o que trazem de melhor dentro si, para gerarem mais bem-estar em suas vidas. E o uso dos pontos fortes é um desses caminhos. Trilhe-os!

Como os estudos revelam, somente cada indivíduo pode tornar seus pontos fortes relevantes, pois o mundo não se encarregará disso. Os talentos e as emoções desses pontos fortes é você quem carrega. Não pense em deixar para lá, achando que não os tem. Todos nós temos talentos; só é preciso apossar-se deles de verdade e convictamente.

A escolha de resignar-se e não ir em busca da defesa de seus pontos fortes é uma opção dolorosa, pois abrimos mão do bem-estar e do engajamento que eles trazem quando os realizamos. Aca-

Andréa Perez Corrêa

bamos abrindo mão daquilo em que somos únicos. Quando não usamos nossos pontos fortes, estamos o tempo inteiro, improvisando nossas vidas e não as vivendo de forma fiel como achamos que deveríamos fazer. Algo fica faltando o tempo todo.

Diante dessas afirmações, acredite nas suas potencialidades e não determine a busca da felicidade da sua vida pelo saneamento inesgotável e interminável de deficiências e fraquezas, mas sim por meio do que há de melhor em você. Em diversas situações, o mundo já se encarrega de apontar suas falhas e deficiências: é a nota baixa que precisa melhorar, é a competência que você não tem e que o cargo exige, é a carreira de seu pai ou mãe que deve seguir e muitos outros casos. Potencialize o que você tem de mais valoroso! Você é muito mais as suas forças que as suas fraquezas, pois a natureza já se encarregou disso, em especial, pelos talentos que ofereceu a cada um de nós.

A sugestão é que cada um preste atenção às emoções positivas das atividades que realiza, pois se existe um atalho para chegar aos pontos fortes, esse é o reconhecimento dessas emoções. Tendo-as identificado, concentre-se e aprimore-as. Maximize seus pontos fortes! É neles que você se multiplica. E assim viverá num círculo de geração de felicidade sem saber onde começa ou termina, pois a vida será acolhida por esse novo comportamento de emoções.

Não perca mais tempo. Pegue as rédeas da condução de um novo caminho de bem-estar. Os talentos podem ser interpretados como dons de Deus ou acidentes da Natureza, dependendo de cada crença, mas a responsabilidade de lapidá-los é nossa. Use e abuse de seus pontos fortes. Há um tesouro dentro de você e já sabe como alcançá-lo.

Norteie os seus dias, prossiga no seu caminho, vislumbre melhores tempos, usando o que já está ao seu alcance. Enobreça os seus talentos e aproveite a positividade que você pode gerar por conta própria em prol de uma vida melhor para você e todos e faça um pouco além: ensine a alguém o que você aprendeu.

Faça alguém mais feliz. Isso será mais fácil, pois, à medida que alguém reconhece suas próprias qualidades tem mais facilidade e aceitação para reconhecer a importância e singularidade das potencialidades positivas do outro.

Estamos com sede de reconhecer coisas boas nos outros e, invariavelmente, cansados de explanações deterioradas sobre a essência das pessoas. Queremos o que é bom. Queremos ser bons. Sentimo-nos revigorados com isso. É gratificante olhar o lado melhor da humanidade.

Felicidade 360º

O que está esperando? Comece já!
Viva as emoções positivas de seus pontos fortes!
Como já mencionado, a felicidade está bem mais perto do que parece.
Ela vive em você.
Então, faça a alguém este mesmo convite e teremos
uma vida melhor e mais feliz.

Referências

BUCKINGHAM, M.; *Empenhe-se – Ponha seus pontos fortes para trabalhar.* São Paulo: Elsevier, 2008.

BUCKINGHAM, M.; CLIFTON, D.O. *Descubra seus Pontos Fortes*. Rio de Janeiro: Sextante, 2008.

BUCKINGHAM, M.; *Destaque-se - Descubra sua vantagem competitiva no trabalho e aprenda a coloca-la em prática*. Rio de Janeiro: Sextante, 2012.

FREDRICKSON, B.L.; Positividade – *Descubra a força das emoções positivas, supere a negatividade e viva plenamente*. Rio de Janeiro: Rocco, 2009.

PORTELLA, M.; *A Ciência do Bem-Viver – Propostas e Técnicas da Psicologia Positiva*. Rio de Janeiro: Cpaf-RJ, 2011.

SELIGMAN, M.E.P.; *Felicidade Autêntica*. Rio de Janeiro: Objetiva, 2009.

SNYDER, C.R; LOPEZ, S.J. ; *Psicologia Positiva – Uma abordagem científica e prática das qualidades humanas*. São Paulo: Artmed, 2009.

2

Turbine seu relacionamento com o "Polivitamínico da Felicidade"

Seu relacionamento anda abatido, sem energia e vitalidade? Conheça o "Polivitamínico da Felicidade". Eficiente contra rotina, desânimo, ausência de comunicação, baixa imunidade contra traição, queda do desejo e da libido, solidão a dois, desgaste e outros males do relacionamento. Turbine e proteja sua relação com doses diárias de "vitaminas" que irão mudar sua vida. A saúde do seu relacionamento agradece

Andreia Berté

Andreia Berté

Palestrante motivacional, educadora sexual, especialista em criatividade sensual e outras iDeias sobre o universo dos relacionamentos da mulher: com ela mesma, com seu trabalho, com sua família, com seu amado, com o mundo.

Contatos
www.andreiaberte.com.br
Facebook: andreia.bertepalestrante
andreiaberte@andreiaberte.com.br

Andreia Berté

Passamos a infância e parte da adolescência fantasiando com histórias dos contos de fadas: castelos medievais, carruagens de abóbora, príncipes valentes que lutam contra dragões raptores, beijos que despertam, longas tranças capazes de libertar a indefesa prisioneira, ogros românticos, tapetes voadores e bailes que propiciam os encontros mais inusitados de príncipes com borralheiras, de belas com feras e de personagens com os sonhos mais lindos assinados com o letreiro "e viveram felizes para sempre".

O que ninguém conta é o que vem depois de se casarem: voltar da lua de mel, passar a dividir o mesmo espaço e os mesmos programas, nascerem os filhos e chegar a temida rotina, que cai como uma sombra capaz de apagar os sorrisos mais iluminados e os olhares mais brilhantes.

Na contramão dos sonhos estão os desafios e os relacionamentos modernos, que são cada vez mais frutos de uma conquista diária. Estamos na "Era Efêmera": tudo é rápido demais. O tempo. A vida. Os momentos. Os relacionamentos. Pouco se sente, pois tudo começa e acaba num piscar de olhos. Quase como uma comida insossa engolida depressa na correria do dia a dia, assim têm sido os momentos e a vida de muitos casais. E por perder o sabor, deixa de fazer sentido. Deixa de agradar ao paladar, ao tato, ao olfato, à alma, ao corpo, a todos os sentidos que fazem a vida valer a pena, lembrando-nos da necessidade visceral de nos percebermos vivos, ativos, belos, interessantes, interessados, desafiados, conquistadores e conquistados, despertos para as aventuras do mundo.

Os contos de fadas modernos, estampados nas revistas, iniciados nos sets de filmagem, surgidos nos bastidores das novelas, desfilados nos tapetes vermelhos e monarquias estonteantes, e que são acompanhados em todas as suas nuances, acontecimentos, alegrias e tragédias, idas e vindas pelos Faces e Twitters do mundo todo, são exemplos dessa efemeridade. O que parecia ser para sempre... acabou.

As estatísticas assustadoras apontam que 90% dos casais com até sete anos de relacionamento passam por uma crise grave que pode acabar em separação. A cada treze segundos ocorre, no mundo, uma separação definitiva. Todos os anos, para cada dois casais que se unem, um outro se separa.

O vírus da separação está no ar. Invisível. Sútil. Vai chegando sem anunciar, sem olhar tempo de relacionamento, idade, cor, raça ou credo. Transmuta-se nas mais diversas manifestações com a sabedoria de identificar e atacar o ponto fraco, a vulnerabilidade física, emocional, social, sensual e sexual de cada um.

E a melhor defesa contra qualquer tipo de vírus é manter o organismo forte, nutrido, feliz, descansado, e principalmente, turbinado com polivitamínicos que fazem com que, mesmo que seja atacado e momentaneamente fique debilitado, recupere-se espantando os sintomas e tornando-se de forma rápida e eficaz ultra saudável novamente.

Quer imunizar seu relacionamento contra o vírus da separação? Turbine suas defesas com doses diárias dessas poderosas, práticas e simples vitaminas do amor e da felicidade na vida a dois:

Vitamina A: <u>A</u>me muito

Nos relacionamentos o amor é a base para uma verdadeira e duradoura felicidade. Paixão sem dúvida é uma delícia que todos devem experimentar no mínimo uma, duas, muitas vezes na vida... mas também é perigosa, pois se rapidamente não se transformar em amor, a relação acaba. O impulso passional é altamente intenso e, muitas vezes, acaba se tornando destruidor de lares, de amor próprio, de racionalidade, de equilíbrio emocional, trazendo ciúme, baixa autoestima, desrespeito ao espaço do outro e ao seu próprio espaço. O amor é sábio, a paixão é insana! O amor liberta, a paixão aprisiona. O amor é generoso, a paixão altamente egoísta. A paixão é fugaz, o amor pode durar para sempre. Muitas e muitas pessoas se arrependem de algo que fizeram por paixão, mas dificilmente se arrependerão do que fizerem por amor. Então ame, ame muito a pessoa com quem escolheu compartilhar pequenos e grandes momentos da sua vida.

Vitamina AS: pratique <u>A</u>mor<u>S</u>ex

É como chamo a sexualidade romântica, aquela que acredita que sexo com amor é mais gostoso e amor com sexo é muito mais completo. Uma perfeita simbiose que contribui para uma vida a dois mais satisfatória. Segundo os estudiosos dos nossos instintos mais primatas, as mulheres deveriam fazer mais sexo para conseguir maiores doses de romance e os homens deveriam ser mais românticos para conseguir doses elevadas de sexo. Amorsex. Sendo assim, sendo o oposto, tudo junto e misturado, um dia de um jeito, outro virando os conceitos do avesso, o que importa é que amor e sexo são os grandes combustíveis do relacionamento e juntos são poderosos afrodisíacos naturais.

Vitamina B: troque <u>B</u>eijos de tirar o fôlego

Seu relacionamento não é correio para virar uma central de selinhos. Se trocar selinhos virou um hábito da relação, pare tudo e substi-

Andreia Berté

tua-os imediatamente, no mínimo uma vez ao dia, por beijos de tirar o fôlego. A frase "um bom beijo de bom dia refletirá em uma ótima transa de boa noite" é mais do que verdadeira. Beijo bom é aquele com pegada, mão na nuca, lábios sedentos, língua carnuda, saliva adocicada, a pressa dos corpos buscando fusão, desejo devorando os instintos mais primitivos. Na arte do *amorsex*, antes de qualquer investida sexual, dê um romântico beijo de tirar o fôlego que fará com que todas as possíveis defesas e negativas caiam por terra deixando o beijado de pernas bambas, respiração ofegante e corpo implorando por mais e mais.

Vitamina C: mantenha um Círculo de amigos

Reciclar é tudo de bom e gera uma ótima sustentabilidade emocional – termos modernos para necessidades milenares. Todo casal precisa sair do casulo e compartilhar momentos e experiências com outras pessoas e em outros lugares o que vai além de estar curtindo com eles no Facebook. É o encontro, conversa olho no olho, rir juntos, sentir, tocar, ver as reações, desabafar, trocar informações, aprender, ensinar, inspirar, conviver seja num boteco, na balada, festinha dos filhos, aniversário dos amigos, happy hour ou em um simples e aconchegante jantar em casa.

Vitamina D: conheça e reconheça por meio do Diálogo

Todos os dias você acorda uma nova pessoa e com uma nova pessoa ao seu lado. Somos constantemente bombardeados por um imenso volume de novas informações, experiências e sensações que durante o sono são absorvidos e processados gerando resultados muitas vezes imperceptíveis a curto prazo. Para um casal que conversa frequentemente atualizando-se de quem é e com quem está, essas transformações fluem naturalmente encaixando-se sutilmente dia-após-dia na vida do casal. Casais que perderam o hábito do diálogo, muitas vezes por meses ou anos, um dia acordam com um grito como se um estranho tivesse invadido sua casa, entranhando-se em seu lençol e está ali ao seu lado na maior cara de pau mal lavada da manhã. Literalmente um estranho no ninho. Então, se você não quer que seu ninho de amor seja alvo de ataques de pânico, retome o hábito do diálogo, do trocar informações, conversar amenidades, seriedades e novos planos. E isso vale também para sua sexualidade, afinal, sua cara metade não nasceu com uma bola de cristal acoplada capaz de revelar o que você quer, como quer e em que momento deseja que aconteça.

Vitamina G: descubra o Ponto G do casal – G de Gostoso ficar junto

O Ponto G do casal são aquelas coisas tão gostosas de fazer junto. Caminhadas no parque, o trio sofazão-filme-pipoca, dançar, *bebemorar*, pé na areia, cabelos ao vento, escalar uma montanha, pedalar ladeira abaixo, ir ao teatro, preparar um jantar, ouvir música, deitar na rede, ficar em silêncio, multidão num show de rock and roll ou sertanejo universitário. Não importa qual seja o programa, desde que seja gostoso curtir juntos! Se ainda não sabe ou não lembra quais são, descubra, redescubra, tente, invente novas aventuras, já!

Vitamina H: recupere os Hábitos do início do relacionamento

Na fase da conquista não há limites, não há hora certa, lugar certo, atitude certa para gestos e palavras que objetivam provar o quanto se importa, tentando dar dimensão a um sentimento infindável. Flores, presentes, jantares, velas, perfumes, lençóis especiais, pele macia, roupas escolhidas a dedo, lingeries novas, unhas e depilação impecáveis visando aventuras no carro, no motel, em viagens a lugares exóticos, a restaurantes românticos, a momentos especiais em casa mesmo. Quem começa a se sentir garantido demais passa a abandonar um a um os hábitos do início do namoro sem saber que quanto mais achar que se garante, menos garantido está, pois é exatamente a ausência do falar e do agir românticos que abrem as tão perigosas brechas para o fim do amor e da felicidade. Conquiste a pessoa amada todos os dias!

Vitamina K: tenha um Kit de delícias e sensações

Ele deve estar lá, em um cantinho secreto do casal para sempre que a imaginação fluir e o desejo mandar. Uma caixa de pandora sensual *Sexy Bag* composta por acessórios sensuais: venda, creme de massagem comestível, gel com aquecimento, massageadores vibratórios, excitantes, anestésicos, faixas de seda para vendar e algemar, plumas, músicas envolventes para embalar massagens, danças provocantes e tudo o que transforme os momentos íntimos a dois em arte sensual: a arte de quebrar a rotina e despertar ainda mais as fantasias do casal.

Vitamina P: experimente a Paixão inusitada

Sábado, no quarto, papai e mamãe, luz apagada, antes de dormir. Se sua vida sexual costuma ter hora, local, dia e jeito marcado como se fosse munida de botão liga-desliga, está mais do que na

Andreia Berté

hora de quebrar a rotina e voltar a viver aventuras inusitadas a dois. Transar no carro, fazer amor na cozinha, em cima da máquina de lavar, no chão da sala, na parede do quarto, em frente ao espelho do banheiro... da casa da sogra. Escapadinhas furtivas para rapidinhas inesquecíveis. É tudo o que o Kama Sutra quer e sugere: quebre a rotina, faça diferente, ouse, tente, invente, liberte-se e aproveite!

Vitamina Q: faça do Quarto do casal um templo de amor

Quarto de casal deve ser visto como um templo de amor, um lugar sem tempo, sem espaço, sem regras, sem medos, sem limites, sem estresse ou interferências. Tudo nesse espaço deve conquistar os sentidos, refletir o amor, despertar o romance e instigar o desejo. Velas, flores, aromatizadores, espelhos, fotos do casal, objetos de decoração românticos e sensuais, almofadas coloridas, tecidos convidativos ao toque. Não pode ter fotos dos filhos, presente da sogra, altares de santos ou qualquer outro objeto que convide quem eles representam a virem fazer amor com vocês. Acredite: não há nada mais limitador do que transar olhando a carinha dos filhos no porta-retrato ou imaginando o que a santinha está pensando de você nessa hora.

Vitamina R: invista em Roupas íntimas provocantes

Há um ensinamento milenar do Feng Shui que diz que se você quer mudar sua vida deve começar pela sua gaveta de meias. Transferindo para o relacionamento, afirmo sem sombra de dúvida que, se você quer mudar sua atitude sensual e sua vida sexual, comece pela sua gaveta de cuecas e lingeries. Experimente a delícia transformadora que é tomar um belo banho e vestir algo que te faça sentir incrível. É quase como um ritual de passagem, trocar a pele da alma, deixando um pouco de lado a face maternal ou paternal, profissional, familiar... para vestir-se da sua alma romântica e sedutora!

Vitamina S: redescubra seu poder de Sedução

Sim, você pode. A sedução aflora da alma e seu poder não está vinculado a pele, cabelo e corpão perfeitos, mas sim no quanto você acredita! Mais importante do que ser é se achar, sempre e para tudo, inclusive na arte da sedução. Independente de idade, peso, altura, tempo de relacionamento, ouse seduzir. Ousar é tudo de bom. Seduzir ainda mais. E você, assim do jeitinho que é, é capaz sim de arrancar suspiros e fazer o chão tremer. Basta acreditar.

Felicidade 360º

A alegria de viver a dois é feita de química, sensações e percepções, um sentimento que nem sempre é racional. Não importa a idade, não importam os efeitos do tempo trazendo uma gostosura a mais aqui ou cabelinhos a menos ali, a força da sedução e a capacidade de despertar sensações e instintos está sempre lá, pronta para agir. Da mesma forma que um dia seus olhos brilharam e seu coração disparou, a qualquer momento alguém pode sentir-se assim diante do seu amor. Não deixe brechas. Se esse "invasor" encontrar um "sistema imunológico" fraco, repleto de carências, tristezas, desânimo, solidão, baixa autoestima, saberá exatamente por onde atacar.

Cuide muito bem de quem você ama, cuide de você e desse lindo amor que juntos construíram. Alimente seu relacionamento fazendo dele um organismo forte, vitaminado, feliz e resistente nutrindo-o diariamente de afeto, atitudes carinhosas, palavras de amor e paixão, dizendo "Eu Te Amo" não somente em gestos, mas sim, também em especiais, importantes e sempre tão bem-vindas palavras.

Seja feliz hoje e sempre, juntinho de quem você ama, em um relacionamento repleto de Polivitamínicos do amor e da felicidade a dois!

3

Pincelando algumas ideias sobre felicidade e saúde

Na literatura científica a origem, saúde física e mental, religiosidade e atributos psicológicos são associados positivamente à felicidade. Não há evidências de que idade, gênero, estado civil, poder econômico nem ocorrência de eventos externos se associem. Alguns estudos concluem que é fenômeno subjetivo subordinado mais aos traços psicológicos e socioculturais do que a fatores externos. Felicidade e aprendizado ativam a mesma área cerebral. Podemos cultivar emoções positivas e controlar as emoções negativas

Aurea A. Eleuterio Pascalicchio

Aurea A. Eleuterio Pascalicchio

Médica. Atua em consultório com medicina integral - homeopatia e acupuntura. Docente universitária de pós-graduação em biologia do envelhecimento - gerontologia. Pós-doutorado sociologia Faculty of Politics, Psychology, Sociology, and International Studies, Inglaterra (UK), Universidade de Cambridge. Pós-doutoramento - psicologia pela Pontifícia Universidade Católica (SP). Mestre em ciência ambiental. Doutora em saúde pública pela Universidade de São Paulo. Experiência com direção, assessoria técnica e em pesquisa - Instituto de Saúde na linha de integralidade, equidade e acesso em saúde. Inovação, medicina complementar, resiliência, qualidade de vida e sustentabilidade.

Contatos
aureapa@terra.com.br
aureapascalicchio13@gmail.com
Facebook: aurea.pascalicchio
http://br.linkedin.com/pub/aurea-pascalicchio/17/626/662

Aurea A. Eleuterio Pascalicchio

*"Houve o que se chama de comunhão perfeita.
Eu chamo isto de estado agudo de felicidade."*
Clarice Lispector

A felicidade é um tema "que dá o que falar". Assunto presente na mídia tem gerado livros, filmes, programas na TV, sites, fóruns em redes sociais e começa a ser pesquisado na ciência. As publicações listam o "passo a passo para ser feliz" e compulsivamente buscamos textos de autoajuda, mas a cada dia nos sentimos mais vazios. A tão falada felicidade dos poetas e filósofos é substantivo feminino, mas seria igual para a mulher e para o homem? A ideia é associada a modelos padronizados pela sociedade "é feliz aquele que possui dinheiro, poder, beleza, fama, conhecimento e status". Não somos "felizes" se não pudermos atingir os níveis impostos. Mas será que isso traz mesmo felicidade? Não me parece. Na verdade muito foco em se "sentir feliz" pode levar a se sentir menos feliz (Diener 1999) e que é o chamado paradoxo da felicidade (McMahon 2006).

O mundo contemporâneo acelerado está marcado pela desconstrução dos conceitos tradicionais de espaço/tempo e de local/global. A urbanização crescente, crise ambiental, envelhecimento e aumento das doenças crônicas na população são o cenário onde a trama é a construção da identidade. O papel do texto é de contribuir para a mudança de atitudes. A ousadia desenha a ideia, consciente de ser uma reflexão, nem pior e nem melhor, delineando horizontes e pincelando um quadro referencial!

O consenso diz que felicidade é o objetivo maior da humanidade. Mas a sociedade contemporânea obedece à tirania do *"Serás Feliz"* interpretado como *"buscarás estar satisfeito com tudo o tempo todo".*

Segundo o ex-presidente norte-americano Abraham Lincoln "As pessoas são tão felizes quanto decidem ser". As experiências moldam nossa visão de mundo e cada situação enfrentada constrói a compreensão sobre o que nos cerca e determina comportamentos. A felicidade é individual, subjetiva e definida como "estado de consciência plenamente satisfeita, bem-estar, contentamento", mas o motivo para ter essas sensações é diferente. O segredo da vida pode estar na identificação e aproveitamento destas fontes!

O sentimento é percepção e expressão mental da emoção. As regiões ativadas no cérebro humano quando têm emoção são diferentes daquelas ativadas por sentimentos. As regiões cerebrais ativadas pelos sentimentos estão nos lobos da ínsula e cíngulo do córtex cerebral. O cérebro humano reage da mesma forma quando sente alegria, prazer e felicidade. Os estímulos capazes de produzir

Felicidade 360º

sentimento variam de pessoa para pessoa e cada uma tem sua forma própria de reagir. (Damásio 2004)

A questão fundamental é a sua resposta: o que é felicidade para você? Uma lista identificando as situações que o fazem feliz é um bom começo. A felicidade depende de três fatores: um é genético, outro ligado ao ambiente em que a pessoa vive e o terceiro é sua vontade. Ninguém está condenado a ser infeliz, pois 50% dos fatores interferentes dependem de componentes não genéticos – vontade e circunstâncias em que vivemos. Nós podemos modificar ativamente a expressão de tendências genéticas. O segundo fator relacionado está no modo de vida e contempla vida social, dinheiro, religião casamento, relacionamentos e com percentual entre 8 a 10% do total. O terceiro fator é a nossa vontade com a influência expressiva de 35% a 42%. (Lyubomirsky,2005)

Na literatura cientifica observamos que a maioria das publicações não utiliza a denominação "felicidade", mas o termo "bem-estar subjetivo" pela dificuldade na abordagem direta e medindo o bem-estar subjetivo relatado pelas pessoas felizes. A questão está colocada nos campos da Psicologia e Psiquiatria e amplia abordagens. A pesquisa científica no tema representa mudança paradigmática. No século XX a maior parte dos estudos priorizou estados afetivos ligados às doenças, danos e sofrimentos. Uma área de investigação de estados afetivos focados no fortalecimento do ego, alegria, felicidade, resiliência, otimismo, gratidão, qualidade de vida, esperança e cura vem se consolidando. A psicologia positiva é movimento orientado por aspectos potencialmente saudáveis dos seres humanos.

A psicologia não é apenas o estudo da patologia e vulnerabilidade, mas também força e virtude. De forma geral, pesquisas têm focalizado fatores capazes de atuar na instalação de doenças mentais. Os psiquiatras conhecem características biomédicas das pessoas infelizes, mas pouco a respeito das pessoas felizes e têm sido bem-sucedidos em atenuar o mal-estar das pessoas, mas aumentar o bem-estar é difícil. (Cloninger 2006)

Os estudiosos vêm olhando para efeitos exclusivos de cada tipo de doença sobre a saúde psicológica e física. Os sintomas de psicopatologia, depressão e paranoia aumentaram entre 1938-2007 nos universitários americanos. A explicação seria a ênfase cultural no material e status que enfatiza felicidade hedonista, diminuindo atenção à comunidade e sentido da vida. O dinheiro, poder e fama não ajudam a ser feliz, mas desenvolver o potencial auxilia onde altos níveis de auto direcionamento, cooperatividade e autotranscedência são relacionados com maior frequência de emoções positivas e menor frequência de negativas (Cloninger 2006). A sociedade pressiona a obtenção de uma imagem de sucesso e a felicidade ostentada hoje na mídia é uma ilusão *"o simulacro é vendido como verdadeiro, representação como apresentação. Aquilo não está presente, está representado e produz ansiedade, frustração e desespero"*(Cortella 2002)

Felicidade é definida pelo dicionário Houaiss e pelo Aurélio como palavra de origem grega eudaimonia composta pelo prefixo *"eu"* (bem) e substantivo *"daimon"* (espírito) significando *"ter um espírito bom".*

A felicidade depende dos deuses para inúmeros povos da terra. Na civilização ocidental a concepção religiosa da felicidade foi hegemônica por séculos. Os aspectos básicos são hedonia e eudaimonia. A hedonia refere-se a prazer e Eudaimonia à vida vivida. Conceitualmente são diferentes, mas estudos observam comportamento similar. A correlação pode significar que felicidade inclui prazer, vida com valor e envolvimento. Segundo Aristóteles felicidade é a finalidade da natureza humana, perfeita dádiva dos deuses, bem-supremo desejado e perseguido pelo ser humano. Sócrates alerta que "ser feliz é uma tarefa de responsabilidade do indivíduo, debatendo sobre a felicidade e a filosofia seria a via de acesso que conduziria a essa condição". Aristóteles diz "todos os outros objetivos perseguidos pela humanidade – como beleza, riqueza, saúde e poder – eram meios de se atingir felicidade, sendo única virtude buscada como bem por si mesma". As pesquisas demonstram pequena relação entre eventos externos e bem-estar e como diziam Demócrito e Epiteto "não é o que acontece com o indivíduo que pode deixá-lo feliz, mas a maneira como interpreta os acontecimentos."

Na concepção iluminista todo ser humano tem o direito à felicidade. A Revolução Francesa define felicidade do cidadão como objetivo da sociedade (McMahon, 2006). A declaração de independência americana nos diz "todo homem tem o direito inalienável à vida, à liberdade e à busca da felicidade". O planeta presencia a violência em épocas, povos e regiões diferentes e a sociedade responde com movimentos de direitos humanos. Mas a maioria da população ainda não tem acesso a saneamento, educação ou alimentos!

A frase "a felicidade está dentro de nós" tem comprovação científica. Ela "mora em nosso cérebro". Pesquisadores examinando atividade cerebral de monges budistas em meditação constataram que no estado de bem-estar pleno estavam com lobo temporal esquerdo hiperativo. Acredita-se que a felicidade é habilidade que pode ser aprendida, assim como tocar um instrumento musical, sendo possível treinar a mente, pois é a mesma área cerebral responsável pelo aprendizado. (Davidson, R. 2013)

Felicidade 360º

Se "pensarmos na vida" vamos notar que passamos grande parte dos nossos dias "satisfazendo necessidades sem pensar". Acordamos e saímos correndo atrasados, fazemos inúmeras atividades, comemos rapidamente, mais atividades e vamos dormir (se não tivermos insônia!) tensos pelas tarefas do dia seguinte. Uau! Os dias se atropelam na espiral de atividades realizadas de modo mecânico com as horas, dias, meses e anos passando. Um belo dia... qual é meu objetivo de vida? O que realmente me faz feliz? E começa nova trajetória re-significando como viver. Vemos o tempo gasto projetando a felicidade no futuro ("quando eu crescer... casar... comprar... me tornar...) e deixando em outras mãos a função de nos fazer feliz. A felicidade depende do próprio empoderamento de vida e decisão. Em nossas mãos está o aprendizado para cultivar emoções positivas (alegria, prazer, gratidão, esperança, confiança, fé, otimismo) e controlar emoções negativas (raiva, medo, tristeza, ansiedade, angústia). No plano da vida promover o desenvolvimento pessoal e harmonia praticando solidariedade, compaixão, amor e respeito ao outro. Pesquisas mostram que a grande fonte do bem-estar humano e de suas satisfações, está em relacionamentos agradáveis.

A literatura científica observa que origem, saúde física e mental, religiosidade e determinadas características psicológicas estão associadas positivamente à felicidade. Não há evidências de que a idade, gênero, estado civil, poder aquisitivo nem a ocorrência de eventos externos se associem de forma significativa à felicidade. Estudos concluem que é um fenômeno predominantemente subjetivo, subordinado muito mais a traços psicológicos e socioculturais do que fatores externamente determinados.

Uma revisão conclui que se conhece mais como os estados psicológicos negativos afetam a saúde física do que como os positivos podem protegê-la. A substituição de emoções negativas pode auxiliar. Na relação entre saúde e afeto há evidências de menor mortalidade associada ao alto índice de afetos positivos, mas se for muito elevado está associado a aumento de morte e doenças, explicado pela tendência a subestimar riscos e diminuir cuidados. Altos índices de afetos negativos associam-se com psicopatologia de diferentes tipos e baixos índices de afetos positivos estão relacionados com transtornos do humor em particular a depressão. A "crise da meia-idade" ou a "síndrome do ninho vazio" diminuindo a felicidade não foi comprovada.

A discussão tem dimensão mundial e os países têm buscado indicadores de desenvolvimento além do crescimento econômico, baseados no Índice de Felicidade Interna Bruta do Butão. Estudos demonstram diferenças robustas e estáveis nos níveis de felicidade

Aurea A. Eleuterio Pascalicchio

e países considerados ricos têm índices mais elevados. Acreditava-se que a felicidade oscilasse em torno de pontos estabelecidos e nem indivíduos nem sociedades poderiam aumentar a felicidade duradoura. Um artigo desafia a ideia com aumento na felicidade em 45 dos 52 países e análises sugerindo que as sociedades com livre escolha têm grande impacto sobre a felicidade também sugerido pelo modelo de desenvolvimento humano.

A reflexão sobre a vida é um convite para o olhar diferenciado fazendo de cada momento e gesto um motivo para ser feliz. Afinal, poder sentir o cheiro da grama molhada ou flores no jardim, Sol, sabor de fruta madura, sensação do vento ou água fresca no rosto, escutar o canto dos pássaros ou boa música, sentar-se na sombra de árvores, beijar e abraçar alguém que amamos, proporciona sentimentos de prazer e bem-estar. E quem não gosta de boa conversa??? Basta um novo olhar onde cada dia é um convite à felicidade. E lembrando o poeta Mario Quintana:

> *"Quantas vezes a gente, em busca da ventura,*
> *Procede tal e qual o avozinho infeliz:*
> *Em vão, por toda parte, os óculos procura*
> *Tendo-os na ponta do nariz!"*

Felicidade 360º

Referências

Cortella,M.S . *Felicidade em quatro tempos*. Folha de São Paulo/ Caderno Sinapse, São Paulo, p. 10 - 14, 26 nov. 2002.

Cloninger, C.R. - *The science of well-being: an integrated approach to mental health and its disorders*. World Psychiatry 5: 71-76, 2006.

Csikszentmihalyi, M. - *Flow: the psychology of optimal experience. Harper Collins Publishers*, New York, 1990.

Damásio, A. *Em busca de Espinosa: prazer e dor na ciência dos sentimentos*, São Paulo, Companhia das Letras, 2004.

Davidson, R J ; Begley S. 2013 *The Emotional Life of Your Brain: How Its Unique Patterns Affect the Way You Think, Feel, and Live - and How You Can Change Them*. Ed Plume Book Science. Penguin Group USA.

Diener, E., Suh, E., Lucas, E., & Smith, H. (1999). *Subjective wellbeing: Three decades of progress. Psychological Bulletin*, 125,276–302.

Ferrazi, R.B., Tavares, H., Zilberman,M. *Felicidade: uma revisão*. Rev. Psiq. Clín 34 (5); 234-242, 2007; Lyubomirsky 2005.

Gianetti E. *Felicidade-Diálogos sobre o bem-estar na civilização.*São Paulo: Companhia das Letras, 2002.

Kandel, ER. *A experiência modifica as sinapses. In: Em busca da memória – o nascimento de uma nova ciência da mente* (Kandel, ER). 2009; p. 211-231, Companhia das Letras.

Lyubomirsky, S., Sheldon, K., & Schkade, D. (2005). *Pursuing happiness: The architecture of sustainable change*. Review of General Psychology, 9, 111–131.

McMahon, D. - *Happiness: a history. Atlantic Monthly Press*, New York, 2006.

Peterson, C., Seligman, M.E.P., *Character Strengths and Virtues*, Oxford University Press, American Psychological Association, New York,2004.

Salovey, P.; Rothman A. J.; Detweiler, J. B. E Steward, W. T. *Emotional states and physical health. American Psychologist*, v.55, n.1, p.110-121, 2000.

Inglehart, R., & Klingemann, H.D. (2000). *Genes, culture, democracy and happiness*. In E. Diener & E. Suh (Eds.), Subjective well-being across cultures (pp. 165–183). Cambridge, MA: MIT Press.

Peterson, C., Park, N., & Seligman, M.E.P. (2005). *Orientations to happiness and life satisfaction: The full life versus the empty life*. Journal of Happiness Studies, 6, 25–41.

4

Estratégias poderosas para uma carreira de sucesso

Ser feliz 360 graus significa estar em harmonia com o seu ideal de vida, com o que você verdadeiramente sonhou, desejou e realizou. Para chegar a esse ápice, defendo a Trilogia do Sucesso composta pela trilogia Sonho-Desejo-Meta que é o startup de um lindo e maravilhoso planejamento estratégico pessoal. Lembre-se: exatamente igual ao conto de *Alice no País das Maravilhas,* "Se você não sabe para onde está indo, qualquer lugar serve"

Aurelinaldo Gama

Aurelinaldo Gama

Sócio diretor comercial da Metalpil Indústria Metalúrgica, possui formação específica em mecânica industrial, bacharel em administração de empresas, especialista em gestão empresarial com MBA pela Fundação Getulio Vargas, professor de gestão de marketing em vendas e gestão comercial. Ao longo de quinze anos presta assessoria como personal coach, unindo experiência e dedicação com foco em resultados. Ministra palestras e treinamentos de vendas, liderança, motivação, carreira e sucesso, proporcionando sempre a melhor solução para sua organização.

Contatos
www.aurelinaldogama.com.br
Facebook: Aurelinaldo Gama
contato@aurelinaldogama.com.br

Aurelinaldo Gama

Quando falamos em felicidade 360 precisamos mencionar uma ferramenta essencial que conduz o profissional a uma radiografia completa de sua vida, que chamamos de **MINHA AVALIAÇÃO** 360 graus. As organizações costumam chamá-la de avaliação de desempenho 360 graus porém a proposta que menciono tem um direcionamento mais pessoal.

No quadro a seguir precisamos fazer a seguinte pergunta em cada fase: **Como estou em relação a....?**

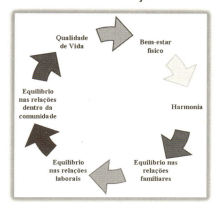

Meu bem-estar físico?
É o momento em que por meio de um acompanhamento médico, boa alimentação e uma atividade física, você decide cuidar do seu corpo evitando o sedentarismo seguido de sequelas muitas vezes incuráveis;

Minha harmonia espiritual?
É o momento em que você por meio de um direcionamento espiritual, segue um caminho que o trará paz ao seu espírito;

Minhas relações familiares?
É o momento em que por meio de um testemunho positivo ético você constrói uma base familiar sólida que se torna essencial para o startup do sucesso com felicidade;

Minhas relações laborais?
É o momento em que você se torna referência na organização em que trabalha, por meio de uma conduta eficaz diferenciada no nicho de mercado no qual está inserido;

Minhas relações na comunidade?
É o momento em que seus vizinhos, amigos, parentes distantes e todos que influenciam indiretamente no seu planejamento de vida estão aliados a você e acreditam em você;

Vida sustentável do planeta?
É o momento em que você reflete sobre suas atitudes diárias e seus impactos para a construção de um mundo melhor;

Felicidade 360°

O grande desafio é manter este ciclo em sua essência, sempre uniforme e harmonioso para construção de uma carreira de sucesso com felicidade plena;

Agora sim podemos falar de felicidade 360 graus e começar pelo que chamo de Trilogia do sucesso: **SONHO-DESEJO-META** que detalharemos mais à frente;

Começaremos por uma regra básica dos bons costumes que é desejar um bom dia para mim e para todos que me rodeiam. Um bom dia o dia todo, porque temos a mania de desejar bom dia apenas pela manhã. De hoje em diante, quando encontrar alguém entre 0:00 e 23:59 deseje-lhe um bom dia, pois poderá fazer um grande diferencial na vida de alguém. A vida é um eco e precisamos ter muito cuidado com o que estamos emitindo para termos a certeza do que receberemos de volta.

Algumas ações tornam-se essenciais na conquista do sucesso aliado à felicidade em sua plenitude são elas:

Ousadia

Segundo o grande filósofo e teólogo Soren Kierkegaard "Ousar é perder o equilíbrio por um instante, mas não ousar é perder-se em sim mesmo." Precisamos estar atentos às oportunidades que nos batem à porta e nos preparar para que elas entrem e façam moradia. Nas diversas carreiras de sucesso que pesquisei, percebi que todos usaram de ousadia para suas conquistas. A vida me ensinou que ousar com responsabilidade e planejamento é um bom caminho para descansar à sombra de uma bela árvore e gozar a felicidade tão almejada;

Foco

Sua carreira de sucesso e o ápice de sua felicidade são de responsabilidade única e exclusivamente sua. Afirmo isso por que encontro inúmeras pessoas perdidas sem saber para onde ir, atribuindo seu insucesso e sua infelicidade aos seus pais, ao governo, ao cosmo, tentando enclausurar sua incapacidade de sonhar e vencer;

Mudança de comportamento

T. Harv Eker em seu livro "*Os segredos da mente milionária*" afirma que só podemos mudar o exterior, quando mudamos nosso interior (efeito pipoca). A mudança acontece de dentro para fora e só mudamos nosso comportamento quando mudamos nosso pensamento.

Aurelinaldo Gama

Isso me fez lembrar um belo dia em que levei meu filho em direção a um ônibus de viagem para um campeonato de handebol fora do nosso estado. Quando o ônibus partiu, todos os pais pegaram seus carros e voltaram para casa. Eu estava dirigindo meu carro logo atrás do carro de um pai de um outro aluno, quando de repente surge um côco de dentro do carro que sai batendo e rolando avenida afora. Daí eu me pergunto: que exemplo este pai está dando a estes adolescentes e filhos? Que legado está deixando para a geração futura onde o filho dele está literalmente inserido?

Disciplina

Se você deseja ser um *case* de sucesso e ser feliz, discipline-se. Tenho observado vários amigos e amigas que fracassaram no seu desejo de emagrecer, simplesmente pelo fato de não terem disciplina. Bernardinho em seu livro "*Transformando suor em ouro*" afirma que: "A distância entre o sonho e a realidade chama-se disciplina".

Resiliência

Quero tratar esse tema de forma mais prática e objetiva contando um trecho de uma pequena história: um dos meus grandes sonhos era escrever um livro e em janeiro de 2011 comecei as primeiras frases e decidi terminá-lo em junho de 2012. Escrever para mim é uma arte, é algo muito intrínseco, há amor e paixão nessa atitude e o tempo passou, e ele foi tomando forma e ficando cada vez mais belo. Numa bela manhã de Sol do dia 10 de abril de 2012, êxatamente há dois meses do grande estrelato, eis que me deparo com uma grande adversidade da vida. Meu pilar de sustentação, meu alicerce, meu espelho, a pessoa pela qual tudo o que eu fazia e conquistava era para ver um belo e saboroso sorriso em sua face, faleceu. Minha querida mãe Dona Alba como ela era chamada, morreu dormindo. O chão se abriu, um vazio muito grande pairou em meu coração e por alguns instantes me vi perdido em uma estrada onde parei e me perguntei por onde vou agora? Levantei a cabeça, respirei fundo, dei passos firmes para frente porque os sonhos e as metas precisavam acontecer.

As adversidades sempre estarão presentes em nossas vidas e, muitas vezes, de forma dolorosa mas o profissional RESILIENTE não se abate, não perde o foco, não desamina e consegue seguir em frente e inovar mesmo nas condições mais adversas de sua vida. Houve apenas uma prorrogação e um ajuste no planejamento da meta e o livro ESTRATÉGIAS PODEROSAS PARA UMA CARREIRA DE

Felicidade 360°

SUCESSO estará nas livrarias meados do segundo semestre de 2013.

Ser feliz 360 graus significa estar em harmonia com seu ideal de vida, com o que você verdadeiramente sonhou, desejou e realizou. Para chegar a esse ápice, defendo a Trilogia do Sucesso composta da trilogia **Sonho-Desejo-Meta** que é o startup de um lindo e maravilhoso planejamento estratégico pessoal. Lembre-se: exatamente igual ao conto de Alice no País das Maravilhas, "Se você não sabe para onde está indo, qualquer lugar serve". Funciona da seguinte forma:

Sonho: sonhe, sonhe bastante, ainda não nos tiraram a liberdade de poder sonhar sem ter que pagar algo por isso. O grande Steve Jobs afirmou que "cada sonho que você deixa para trás, é um pedaço do seu futuro que deixa de existir". Sonho é tudo aquilo que está no seu mais íntimo consciente. Lembre-se de que seu sonho é somente seu, portanto tem que ser grandioso, seja ousado ao extremo neste sonho. Acredito que o sonho estará na medida quase certa quando você conta-lo a um amigo e ele sorrir. Sonhe nas estrelas porque se você errar estará por entre as nuvens.

Desejo: neste momento seu sonho começa a se materializar dentro de você. É quando sentimos o cheiro, sonhamos à noite, nos vemos dentro desse sonho usufruindo-o de qualquer forma possível. Vou dar um exemplo na prática do que aconteceu comigo e acredito acontecer também com várias pessoas. Um dia decidi trocar meu fusca amarelo (meu primeiro carro) por um chevete. Depois dessa decisão eu nunca vi tanto chevete na cidade, parecia que eles me perseguiam por todo canto. Isso acontece porque o ser humano é visual portanto visualize seu sonho transformando-o em desejo.

Vou contar mais uma história que aconteceu comigo e com um amigo que define bem o que estou mencionando.

Certo dia estávamos eu e meu amigo Sílvio Ferúcio (Diretor de expansão do grupo KLA educação empresarial) conversando via e-mail sobre o sonho de termos uma ilha e eu dizia que precisaríamos visualizar diariamente nossas ilhas porque um dia sonhei, desejei e coloquei uma data para comprar uma caminhonete e nesse processo entrei no site da montadora, imprimi uma foto dela e coloquei em cima da minha mesa de escritório. Como se não bastasse quando estava participando de uma feira internacional de mecânica industrial no Anhembi, comprei uma miniatura igualzinha a que queria e a coloquei num suporte na parede do meu escritório. Todo dia e todo momento em que eu precisasse entrar na sala a primeira imagem que via era a da caminhonete igualzinha a que queria comprar. Resultado: comprei exatamente igual. Isso claro aliado a um bom planejamento, mas principalmente porque somos seres visuais.

Aurelinaldo Gama

Depois disso termino o e-mail convidando Sílvio para comprar as ilhas.

Meta: esse último vértice da trilogia faz todo diferencial na escalada do sucesso e sua felicidade plena, porque as pessoas sonham, desejam mas não colocam a data, definindo quando os planos se concretizarão transformando tudo isso em meta. Pessoas de sucesso seguem rigorosamente a trilogia e atingem seus objetivos. Volto a lembrar que nada disso funcionará se não for feito com muita responsabilidade e aliado a um bom planejamento. É muito importante lembrar que devemos criar metas desafiadoras que assim como o sonho estão ligadas intrinsecamente a você e precisam fazer parte de sua vida e do seu futuro.

Às vezes em minhas palestras coloco essa imagem e pergunto: cinco pessoas, quatro garotas e um garoto decidiram atravessar esse lago. Quantos atravessaram? (Resposta: Nenhum).

Nesse momento estou colocando em suas mãos um dos grandes diferenciais das pessoas de sucesso que vivem ou viveram sua felicidade plena, a felicidade 360 graus que é a **AÇÃO - Decisão x Ação**. Muitas vezes fazemos tudo perfeitamente correto seguindo o caminho, mas o projeto não sai do papel porque não partimos para o agir. Uma vez vi uma publicação no facebook que achei legal e dizia assim: "O segredo de alcançar seus objetivos e realizar seus sonhos, é levantar cedo tomar um belo banho gelado e ir trabalhar". Perfeito, pois nas escrituras bíblicas em Thiago capítulo 2 versículo 26 está escrito: "Porque assim como o corpo sem o espírito está morto, assim também a fé sem obras é morta". Deixo-lhes uma dica de ouro que servirá como alerta para sua trajetória rumo à felicidade.: o poder de sua Network que divido em duas partes:

O Poder da Network Positiva – Ainda quando criança sempre escutava meu pai falar assim: "Naldo sempre se encoste a uma árvore que tenha sombra". O tempo passou e hoje consegui entender, o que ele queria alertar já naquela época. Tenha uma boa e selecionada rede de relacionamentos, conheça pessoas influentes em seu negócio e fora dele também, participe de eventos como fóruns, congressos, workshops e não perca a oportunidade de fazer a boa prática de troca de cartões de visita (se ainda não tem, providencie o seu urgente).

O Poder da Network Negativa – Por outro lado vai uma dica bombástica: Afaste-se de pessoas negativas. Há um adágio popular que diz assim: "Diz-me com quem andas e dir-te-ei quem és". Pois é amigos, essas pessoas existem e estão ao nosso redor e é muito fácil

Felicidade 360°

identificá-las porque sempre estão falando algo do tipo: não vai dar certo, estou muito doente, esse projeto não terá sucesso, ninguém me reconhece, não tenho sorte, e o pior de tudo é que não bastasse elas acharem que são um poço de problemas, dão o golpe de misericórdia e dizem: "O mundo conspira contra minha vida". Corra, fuja, saia de perto de pessoas desse tipo e se não puder afastar-se, vai outra dica: seja surdo para elas.

Desejo-lhes paz, tranquilidade, amor, tudo isso regando o alicerce de uma base familiar sólida e vamos que vamos rumo ao sucesso absoluto com felicidade 360 graus.

5

Visão, missão e valores pessoais: investir no autoconhecimento é essencial para buscar a felicidade e a evolução pessoal

Conhecer a si próprio o levará para uma viagem ao seu mundo interior e lhe mostrará uma direção na qual só você poderá caminhar. Analisar a visão, missão e os valores da maior empresa do mundo, você. Com certeza evitará a falência

Carlos Alberto Costa Junior

Carlos Alberto Costa Junior

Administrador de Empresas com experiência industrial, exerce e executa atividades no processo de produção, utilizando ferramentas da qualidade e PCP (Planejamento e Controle da Produção).
Embaixador do ICF (Instituto CEO do futuro). O ICF é um programa que tem como objetivo trabalhar as habilidades contribuindo com estudantes universitários no desenvolvimento para melhores resultados pessoais e profissionais. Nos últimos anos, foi Gerente de relacionamento Pessoa Física e Pessoa Jurídica no Banco Santander S/A. Atualmente é profissional de Recursos Humanos e atua como Especialista em Treinamentos em empresa líder de mercado no segmento logístico, onde desenvolve diagnósticos das operações da empresa e, consequentemente, a aplicação de treinamentos comportamentais.

Carlos Alberto Costa Junior

Atualmente, com as exigências recorrentes do nosso dia a dia, nos deparamos com termos como: sustentabilidade, qualidade de vida, tecnologia e autoconhecimento. Com o intuito de melhorar nossa vida, fazer mais com menos e acompanhar as tendências e mudanças do mundo atual, o segredo é nos conhecermos cada vez mais. Esse é o grande desafio. O autoconhecimento é a transformação para alcançar aquilo que buscamos. Quanto mais nos conhecemos, teremos mais confiança para alcançar nossos objetivos e mudar tudo aquilo que nos causa tristeza e sofrimento.

Todo empenho e dedicação para desenvolver o autoconhecimento serão recompensados. Quanto mais você se conhece, menos você sofre. Esse processo vai valorizar sua vida e melhorar sua autoestima, alimentar sua confiança e administrar seu equilíbrio emocional.

Ter maior percepção de si mesmo, o levará a explorar o seu mundo interior, oferecendo a grande oportunidade de se compreender melhor e construir uma vida que tenha sentido. Todo esse tempo investido em você, também vai desenvolver a autoconsciência, um estímulo para o autoconhecimento.

Para o Dr Augusto Cury, autoconsciência é a capacidade do próprio EU de se conhecer, ter consciência de si mesmo, identificar-se, dar significado e relevância a si. Muitos falam o dia inteiro a palavra EU, alguns são até egocêntricos eególatras, mas, por incrível que pareça, desconhecem "o que é" e "quem é" o seu EU e, mais ainda, que esse EU deve administrar sua mente. Segundo Cury, deveria se formar um EU saudável, autor da própria história, que tenha bem trabalhadas sete grandes funções vitais:

1 - Autoconsciência e, consequentemente, a capacidade de interiorizar-se/observar-se/mapear-se.

2 - Gerenciar os pensamentos e, consequentemente, administrar a ansiedade.

3 - Proteger a emoção e, consequentemente, desenvolver a resiliência.

4 - Colocar-se no lugar dos outros e, consequentemente, "pensar" como e para a espécie e o meio-ambiente e desenvolver uma sociabilidade madura.

5 - Libertar o imaginário e, consequentemente, desenvolver a criatividade e a capacidade de pensar antes de reagir.

6 - Construir, reconstruir e reeditar as janelas da memória.

7 - Conhecer os mecanismos básicos da sua formação.

Se no currículo de qualquer escola de ensino fundamental, médio e universitário se colocasse uma disciplina que contemplasse

Felicidade 360°

essas funções vitais, teríamos grandes possibilidades de formar coletivamente uma casta de mentes saudáveis, pensadoras, sensíveis, altruístas. Poderia haver uma revolução educacional. (CURY, 2011, p.149 e 150)

É importante ressaltar que não devemos apenas entender nossos pontos positivos e nossas qualidades, pois também é de extrema importância entender nossos defeitos. Assim, podemos analisar o que nos incomoda e transformar tudo em oportunidades. Começar a identificar suas limitações, insegurança, perturbações, que o coloca para baixo e até mesmo frustrações, ajudará a supera-las com o tempo. Melhor do que isso, você será favorecido a tomar decisões mais assertivas no âmbito profissional, pessoal, referente a relacionamentos ou até mesmo coisas simples como planejar uma viagem, saber qual seu livro preferido, filme, cor, lugares e atividades para realizar e melhorar o clima com familiares e amigos.

É difícil falar de você mesmo, falar de suas fortalezas e fraquezas, reconhecer seus defeitos e superar suas dificuldades. Mas, hoje em dia, temos que ouvir e ficar atentos a milhares de informações, opinar, tomar decisões num curto espaço de tempo e a todo o momento temos que ser cada vez mais rápidos. Isso é devido às mudanças e tendências do mundo moderno, totalmente globalizado. Nesse cenário, aquele que não se adaptar e manter uma preparação continua poderá ficar frustrado ou até mesmo sofrer depressão.

Para Winter, quando a sensação de vazio interior e de falta de sentido afloram, marcando presença no pensar e no sentir, e você começa a se perguntar como tocar a vida adiante, chegou a hora de determinar onde se encontra interiormente.

No começo de cada nova fase e transformação, é importante reconhecer onde estamos em nossa vida, quais atividades e tarefas estão em aberto. O caminho torna-se mais difícil se carregarmos "bagagens" excessivas do passado.

Por isso, nesse momento da vida, é absolutamente indispensável ver o que ainda está por ser trabalhado e o que ainda não foi concluído, antes de ousarmos o salto para o novo. Carga excessiva, tanto faz de qual tipo, seja no nível material ou intelectual, impede a travessia. (GAYAN SYLVIE WINTER, 2008, p.13).

Nossa vida é dividida em fases, e a cada fase conquistada é o momento de escolher um novo caminho. Contudo, é importante estar atento a sua visão, missão e seus valores pessoais. Só você poderá dizer o que te faz feliz. Apenas você pode optar pela felicidade ou pela tristeza.

Rumo à felicidade

"A felicidade pertence àqueles que enxergam as oportunidades
antes que se tornem realidade"
Carlos Alberto Costa Junior

A felicidade é a sensação que temos diante de resultados positivos. É formada por várias emoções que podem representar um motivo específico, como: uma vitória, uma promoção no trabalho, o nascimento de um filho, uma companhia agradável, uma viagem com amigos ou familiares, aprender algo novo ou superar as próprias expectativas em busca dos nossos sonhos.

A felicidade está ligada às expectativas de cada um de nós. Tais expectativas se baseiam no início de nossa formação moral e intelectual, no ambiente familiar onde fomos formados, nas questões relacionadas a dinheiro ou até mesmo naquilo que aprendemos com nossos pais sobre o significado do que é ser feliz. Não podemos deixar de citar o ambiente social que frequentávamos, ou seja, a escola de ensino fundamental, médio e universitário e os nossos relacionamentos que influenciam tanto para o bem, quanto para o mal.

No mundo corporativo, segundo Cortella, há executivos que entram em estado de desespero porque não conseguem mais conviver com a família. E como o mundo da competitividade é muito acelerado e ele precisa de fato estar o tempo todo em atenção, produzindo, procurando competência e eficácia, não sobra tempo para as outras coisas. Então, tem-se um nível de infelicidade muito grande. (CORTELLA, 2012, p.57).

O que é ser feliz?

"Não existe um caminho para a felicidade.
A felicidade é o caminho."
Mahatma Gandhi

Para Cury (2003) ser feliz não é ter uma vida isenta de perdas e frustrações. É ser alegre, mesmo se vier a chorar. É viver intensamente, mesmo no leito de um hospital. É nunca deixar de sonhar, mesmo se tiver pesadelos. É dialogar consigo mesmo, ainda que a solidão o cerque.

É ser sempre jovem, mesmo se os cabelos embranquecerem. É contar histórias para os filhos, mesmo se o tempo for escasso. É amar os pais, mesmo se eles não o compreenderem. É agradecer muito, mesmo se as coisas derem errado. É transformar os erros em lições de vida.

Ser feliz é sentir o sabor da água, a brisa no rosto, o cheiro da

Felicidade 360°

terra molhada. É extrair das pequenas coisas grandes emoções. É encontrar todos os dias motivos para sorrir, mesmo se não existirem grandes fatos. É rir de suas próprias tolices.

É não desistir de quem se ama, mesmo se houver decepções. É ter amigos para repartir as lágrimas e dividir as alegrias. É ser um amigo do dia e um amante do sono. É agradecer a Deus pelo espetáculo da vida... Quais dessas características você possui?

Quem conquista uma vida feliz? Será que são as pessoas mais ricas do mundo, os políticos mais poderosos e os intelectuais mais brilhantes?

Não! São os que alcançam qualidade de vida no palco de sua alma. Os que se libertam do cárcere do medo. Os que superam a ansiedade, vencem o mau humor, transcendem os seus traumas. São os que aprendem a velejar nas águas da emoção. Você sabe velejar nessas águas ou vive afundando? (CURY, 2003, p.12, 13, 14)

Meu desejo é que todos entendam que ser feliz é agradecer a Deus por mais um dia de vida. É aceitar os desafios e deixar de ser vítima. É ser forte na hora de receber um não e tentar outra vez até receber um sim.

Ser feliz é recomeçar quando seus planos não saírem como planejado, pois se você ainda não errou, ainda não viveu. Ser feliz é dar um simples abraço e ter a capacidade de dizer, te amo.

Ser feliz é valorizar os pontos fortes das pessoas e não os pontos fracos. Isso eleva a motivação e a confiança das mesmas. Todos no mínimo possuem uma fortaleza, neste mundo você vai aprender com as pessoas, foque as qualidades, já os defeitos, aprenda como não realizá-los. Ser feliz é compartilhar boas práticas com o próximo e saber que de alguma maneira contribuiu para a sua evolução.

Existem três caminhos para facilitar seu autoconhecimento e buscar a felicidade. São eles: a visão, a missão e os valores pessoais.

O que é essencial para sua vida? Qual sua meta profissional? Quais são seus sonhos? O que lhe dá energia? No que você acredita? Como gostaria de estar daqui a três anos? Quais são seus valores?

Difícil responder a essas perguntas? As necessidades e desejos são individuais e particulares, porém não perca tempo, procure refletir e descubra o que faz você levantar todos os dias e enfrentar esse mundão. Agora é o grande momento para compreender sua visão, missão e seus valores pessoais.

Visão pessoal

A visão pessoal é a capacidade de visualizar uma oportunidade no futuro. Quando ela é identificada, você muda a forma de encarar os problemas e os transforma em desafios extraindo experiências e criando oportunidades. Diferentemente de outras pessoas que encaram os problemas como grandes problemas e se tornam vítimas deles. A visão pessoal contagia seu interior, dando-lhe forças para enfrentar seus desafios com toda paixão.

> *Quem tem um "porquê" enfrenta qualquer "como".*
> *Viktor Frankl*

A primeira vez que ouvi esta frase foi num treinamento, fiquei pensando no quanto ela fazia sentido e logo fui pesquisar a respeito. Frankl foi psicólogo e passou por experiências nada fáceis. Foi prisioneiro e um dos poucos sobreviventes dos campos de concentração. Infelizmente perdeu sua esposa, pais e irmãos no holocausto. Na prisão, Frankl analisou o comportamento de alguns prisioneiros e concluiu que os sobreviventes eram aqueles que tinham um propósito, um porquê para seu futuro. Esta análise fez com que ele refletisse e identificasse sua visão pessoal e, consequentemente, seus momentos difíceis e as dores vividas foram se superando. Todas as dificuldades foram encaradas e transformadas em planos para o seu futuro. Após vencer os desafios, Frankl lecionou em universidades renomadas e escreveu livros. A visão pessoal de Frankl o levou a enfrentar os desafios com coragem e determinação. Não importa onde você esteja agora, existe sempre uma oportunidade, existe sempre uma saída.

Missão pessoal

A missão pessoal é um conjunto de atividades e desafios. É o caminho que será percorrido. Tudo que será necessário FAZER para alcançar seus sonhos, alcançar a sua visão pessoal. Cuidado com os pensamentos de apenas querer SER ou TER. Eu quero ser...! Eu quero ter...! Isso também é importante, porém, o negócio é FAZER. Faça diferente e seja o melhor durante a jornada em busca dos seus sonhos, consequentemente, você vai TER ou SER tudo que almejou. Quando temos uma missão pessoal, conseguimos gerenciar cada etapa em busca da felicidade. Deixamos de lado tudo aquilo que desvia nosso foco. Simplesmente ela deixa claro o que precisa ser feito para alcançar seus sonhos. Atenção! A missão pessoal não é criada de uma hora para outra. Ela é revelada por meio do autoconhecimento. Se criar uma missão pessoal qualquer, possivelmente enganará e no futuro a vida cobrará aquilo que você deixou de fazer hoje, gerando frustrações e até mesmo depressão.

Felicidade 360°

Valores pessoais

Os valores pessoais são experiências de vida para as quais atribuímos importância. Todo ser humano possui valores pessoais. O que os define são: o ambiente familiar, a sociedade em que vivemos e nossos relacionamentos. Conhecer-se também ajudará a identificar os valores que farão sentido para sua vida atual e para seu futuro. Em busca da felicidade e dos sonhos você, encontrará desafios nada fáceis e, em alguns momentos, se sentirá sem importância alguma, mas quando se lembrar dos seus valores pessoais terá forças para seguir em frente.

Alguns exemplos de valores pessoais:

•	Família	•	Coragem
•	Amor	•	Honestidade
•	Paixão	•	Paz
•	Fé	•	Determinação
•	Saúde	•	Equilíbrio Emocional

Esses são apenas alguns exemplos. E você? Quais são os seus valores? O que é mais importante? No que você acredita? Pense nisso!

Sucesso a todos!

Referências
CURY, A. *A Fascinante construção do EU*. São Paulo: Ed. Planeta do Brasil, 2011.
WINTER, GAYAN SYLVIE. *O poder do autoconhecimento: conhecer-se melhor pode mudar o rumo da sua vida*. São Paulo: Ed. Melhoramentos, 2008.
CORTELLA, MARIO SERGIO. *Qual é a tua Obra? Inquietações propositivas sobre gestão, liderança e ética*. Rio de Janeiro: Ed. Vozes, 2012.
CURY, A. *Dez Leis para ser feliz: Ferramentas para se apaixonar pela vida*. Rio de Janeiro: Ed. Sextante, 2003.

6

Felicidade
Um jeito de viver

Essa tal felicidade... Quem não deseja ser feliz e estar de bem com a vida? Mas, como ser feliz nos dias de hoje diante de tantas turbulências? Pressão por resultados, pouco tempo para estar com a família, excesso de informação, estresse, o voo que foi cancelado, alto índice de violência nas cidades, engarrafamento no trânsito e etc. Prezado leitor, esse texto não se propõe a mostrar fórmulas para ser feliz, mas apresenta algumas reflexões para que você tire suas próprias conclusões. Felicidade não se ensina, mas se aprende no cotidiano da vida. Até porque a felicidade para uma pessoa pode significar conquistas materiais, para outras isso pode não ser tão importante. Esse artigo apresenta dicas para que você analise e depois adapte à sua realidade, de acordo com a sua própria definição de felicidade

Cersi Machado

Cersi Machado

Considerado um dos palestrantes mais criativos e dinâmicos da atualidade. Atua há mais de 12 anos como palestrante motivacional e treinador empresarial. Autor dos livros: Os 7 fatores do êxito pessoal e profissional e Afie o seu machado - comprometa-se com o seu sucesso. Coautor dos livros Ser+ Líder, Ser+com Motivação, Ser em Excelência no Atendimento ao Cliente e Ser+com PNL. Especialista em Gestão Estratégica de Recursos Humanos, graduado em Administração de Empresas, formado em Gestão de Negócios. É Master em Neurolinguística-PNL, tem certificação avançada em Emotologia e formação em Hipnoterapia. Aplica uma metodologia inovadora em palestras e treinamentos, combinando Neurociência do Comportamento, PNL, Quociente de Adversidade, Coaching, Emotologia e animação em 3D. Participou de treinamentos e formações com grandes especialistas, entre eles: Robert Dilts (USA) um dos maiores trainers da PNL, Consuelo Casula (Itália) e com o Prof. Luiz Machado Ph.D. criador da Emotologia.

Contatos
www.cersimachado.com.br
cersi@cersimachado.com/equipecersimachado@gmail.com
(67) 3421 - 2164 / 8122-6761

Cersi Machado

O que é felicidade?

Você já percebeu que algumas pessoas possuem riquezas materiais, status, uma ótima posição social, mas são infelizes? Notou que outras têm muito pouco, passam por diversas dificuldades para ter algo, mas demonstram felicidade e paz de espírito? A felicidade não é o que as pessoas têm, mas é o significado que elas dão àquilo que elas têm.

Felicidade é um estado, uma sensação de bem-estar e contentamento. Felicidade é valorizar o que se tem, sem deixar é claro de almejar algo a mais para a sua vida. Em uma de minhas palestras faço um questionamento para os participantes: pensem em um objetivo que desejam para esse ano. Muitos acreditam que o objetivo é ser feliz, mas eu alerto que felicidade é um estado que uma pessoa experimenta, portanto não é um objetivo. Objetivo é algo concreto, datado e com um prazo realista para alcançá-lo. Basta lembrar de uma experiência feliz que teve um dia que o sentimento de felicidade começa a tomar conta.

Então, a felicidade não é uma sensação eterna porque não dá para estar feliz o tempo todo. Por esse motivo é que a felicidade pode ser um jeito de viver, uma forma de se colocar diante dos altos e baixos da vida. Todos nós sempre possuímos pelo menos duas escolhas: uma é ficar assistindo a vida passar, de braços cruzados esperando que o mundo venha nos fazer feliz; outra é ter atitude, fazer valer a pena e criar momentos de felicidade. Muitas pessoas quando estão infelizes acham que o sofrimento não terá fim. Todo mundo tem desafios na vida, mas felicidade consiste em saber dar a melhor resposta diante da adversidade. Não é o que acontece na nossa vida que determinará nossa felicidade, mas como nós elaboramos tais acontecimentos.

Gosto muito da música de Gonzaguinha que retrata bem a ideia de felicidade: Viver! E não ter a vergonha de ser feliz. Cantar e cantar e cantar a beleza de ser um eterno aprendiz...Eu sei que a vida devia ser bem melhor e será, mas isso não impede que eu repita, é bonita, é bonita e é bonita.

E pra você, o que é felicidade?

Mente feliz, corpo feliz - produza a química da felicidade

Expressar felicidade é o caminho para adotar uma postura positiva na vida. Você pode se acostumar a se pôr em um estado de ale-

Felicidade 360º

gria e felicidade. O corpo e a mente fazem parte do mesmo sistema, ou seja, os pensamentos influenciam instantaneamente a nossa tensão muscular, a nossa respiração e postura corporal. Não há como mudar o estado mental sem mudar a fisiologia. Isso significa que, quando estamos felizes, o corpo está feliz. Uma pessoa que expressa felicidade produz neurotransmissores ligados ao bem-estar e prazer. Então, você pode ficar mais consciente para usar a sua fisiologia para produzir e expressar mais felicidade, e com isso, fazer dela um jeito de viver e encarar os desafios que a vida apresenta.

A neurocientista Suzana Herculano, no livro "*Fique de bem com o seu cérebro*", afirma que embora a felicidade comece no cérebro, ela precisa se expressar no corpo e se estampar em um sorriso para que tenha a sensação plena de felicidade. Então, quando você adota uma postura alegre o corpo vai estimular o cérebro a produzir substâncias associadas a esse estado. Uma expressão facial de felicidade, um sorriso, faz ativar estruturas no cérebro que conduzem ao estado de felicidade.

A ciência vem demonstrando que uma pessoa que está feliz apresenta uma resposta imunológica mais eficaz. Pesquisas realizadas na University College, em Londres, mostraram que o sistema cardiovascular de uma pessoa feliz funciona melhor. Há uma correlação entre felicidade e o bom funcionamento do sistema circulatório. Os pesquisadores identificaram que pessoas mais felizes liberam menor quantidade de cortisol, substância que contribui para a hipertensão. A felicidade é um santo remédio para o corpo e para a mente. É um antídoto contra o estresse melhor do que muitas drogas vendidas em farmácias, não apresenta contra indicações nem limitação etária. (Suzana Herculano 2007)

Se você se mantém numa postura de desânimo, de insatisfação, o seu corpo expressará tais sentimentos e isso vai contaminando você e os outros que estão ao seu redor. Mas, se você apresenta um semblante alegre, otimista, o seu cérebro vai potencializar esse estado. É importante ressaltar que uma pessoa pode se sentir infeliz por vários fatores, tanto bioquímicos, como também, pela falta de perspectiva de vida, crenças negativas, baixa autoestima entre outros.

Veja, por exemplo, as pessoas que expressam felicidade, aquelas que sempre estão de bem com a vida. Elas não andam curvadas, de cabeça baixa, pois elas estão, na maioria das vezes, de bom astral, elas se acostumaram a se manter numa postura vital.

Veja as dicas a seguir para expressar mais felicidade em sua vida:

- Ouça e sinta seu corpo. Pergunte-se de vez em quando: como estou me sentindo? Como está a minha fisiologia? Melhore seu estado interior ajustando sua postura corporal;

Cersi Machado

- Sorria mais. Quando você sorri, os músculos relaxam e o cérebro produz substâncias químicas, entre elas a dopamina e a endorfina, dando origem a estados positivos;

- Respire corretamente, alinhe seus ombros e olhe para frente, isso vai melhorar o seu estado interior;

- Aceite-se como você é. Muitas pessoas não são o que acreditam que são, elas acham que estão passando uma determinada imagem quando, na verdade, passam uma imagem contrária. Depois ficam desapontadas. Seja você mesmo, expresse sua felicidade com naturalidade.

Felicidade 360 graus

Será que existe mais ou menos felicidade? Será que alguém consegue ser feliz no trabalho, ao mesmo tempo que não é feliz dentro de casa? Ou seja, feliz em um contexto da vida, enquanto que em outro não há felicidade?

Se estivesse agora em seu aniversário de oitenta anos, minutos antes de soprar a velinha do bolo, e olhasse para o passado, como se sentiria? Feliz, realizado, com sentimento de missão cumprida? Ou, arrependido, infeliz porque poderia ter feito diferente, poderia ter amado mais, encontrado mais tempo para ficar com as pessoas que ama e curtir mais os momentos que a vida proporcionou?

Lembro das aulas de filosofia, quando o professor estimulava uma reflexão através da seguinte pergunta: quem sou eu? Hoje em dia temos que substituir essa pergunta para, quem somos eu? Você não possui apenas um papel na vida, mas vários que integram a sua identidade pessoal. Você pode ser pai de família, gestor de uma empresa, estudante, amigo, filho, membro de uma igreja e etc. Então, temos vários papéis na vida, porém, temos que tomar cuidado ao pensar que existe vida profissional e vida pessoal, pois na verdade o que existe é VIDA.

Verifique quais são as áreas da sua vida que considera as mais importantes, pois a vida não é só trabalho, não é só contas para pagar, ela é formada pela área familiar, lazer, financeira, saúde, profissional e outras. Saiba identificar o que o deixa feliz nas diversas áreas que compõem sua vida, e busque isso. Saber aproveitar o tempo, buscando atingir grandes motivos em cada área da vida é um grande segredo de sucesso. Então, é preciso criar motivação para nos fazer sentir bem, pois nossas motivações ditam onde encontramos nossa felicidade, nossos prazeres. Daniel Goleman, ph.D., no livro "O Cérebro e a Inteligência Emocional" afirma que a palavra motivação partilha sua raiz com emoção, ambas vêm do latim motere, mover .

Felicidade 360º

Goleman diz que qualquer coisa motivadora nos faz sentir bem. Aí está a razão porque muitos afirmam que a felicidade não está no destino, não está somente na conquista de objetivos, a felicidade também está na jornada, pois quando temos objetivos significativos para alcançar, o movimento gerado na direção daquilo que é importante é o que vai fazer a jornada prazerosa, dará brilho a vida.

Portanto, é importante que você desenvolva a felicidade 360 graus, aprendendo a usar seu tempo preenchendo as áreas da vida para obter satisfação plena. Faça valer cada momento e não se esqueça que tempo não é dinheiro, é VIDA. Pense nisso!

Felicidade nos relacionamentos

Será que as pessoas com as quais nos relacionamos podem afetar nossa felicidade? Atualmente, muitas pessoas, por estarem tão focadas em resultados no contexto profissional, se esquecem da qualidade dos relacionamentos. Ninguém alcança sucesso sozinho, para isso é preciso saber se relacionar positivamente com as pessoas ao nosso redor, mas também devemos conviver com pessoas que acrescentam coisas boas em nossas vidas.

Um estudo realizado pela Harvard Medical School revelou que as pessoas que nos rodeiam influenciam nosso estado de espírito. Se uma pessoa de seu convívio fica feliz, a chance de você ficar mais contente, só por conviver com ela, é de 60%. Como se fosse um efeito dominó, a felicidade contagia.

É claro que sempre é você quem permite se alguém vai influenciá-lo ou não. A escolha sempre está em suas mãos. Um dos principais motivos que acabam gerando relacionamentos infelizes é a expectativa. Ou seja, muitas vezes criamos expectativas distorcidas em relação às pessoas com as quais convivemos e depois nos frustramos porque a expectativa não foi atendida. Esperamos demais dos outros, sem nos colocarmos no lugar da outra pessoa para entender como ele enxerga a vida. Para agregar felicidade em suas relações faça a sua parte, siga as dicas a seguir:

- Aceite as pessoas como elas são e respeite o tempo de cada um. Isso vai contribuir para uma boa convivência.

- Compreenda que por trás de cada comportamento existe uma intenção, então, mesmo que você não concorde com a atitude de alguém, ao invés de culpar, julgar, ofender, criticar ou agir impulsivamente, respeite as diferenças e as intenções.

Cersi Machado

- Cultive o bom humor, sem esperar algo em troca;
- Encontre a melhor forma de comunicação para se relacionar de forma construtiva com as pessoas ao seu redor;
- Não economize afeto. Tem gente que guarda afeto esperando que as outras pessoas deem afeto. Afeto aumenta quando é distribuído, quando é trocado. Lembre-se que felicidade nos relacionamentos também se conquista.

Felicidade no trabalho

Um tema bastante discutido hoje em dia é sobre a felicidade no trabalho. Se perguntarmos às pessoas o que significa trabalho, as respostas serão variadas. Para alguns, o trabalho representa castigo, para outros, apenas um meio de sobrevivência, outros veem o trabalho como um caminho de autorrealização. Outras pessoas entendem o trabalho como uma forma de evolução espiritual. A ideia de castigo e sofrimento vinculadas ao trabalho sempre foi muito presente, muitas pessoas ainda acreditam que é falsa a esperança que o trabalho possa ter algum sentido maior, ou até mesmo trazer felicidade, porém, a cada dia que passa, tal ideia está perdendo sua força no contexto profissional.

A felicidade no trabalho está ligada ao significado que cada um atribui àquilo que faz, ao sentido da profissão. Todos nós atribuímos um significado para aquilo que fazemos, e esse significado vai determinar o quanto de dedicação vamos colocar para executar as atividades. Se o significado do trabalho for grandioso, você sentirá prazer em realizar sua profissão. Como consequência vai se sentir feliz.

O professor e filósofo Mario Sergio Cortella apresenta uma distinção entre emprego e trabalho, emprego é fonte de renda e trabalho é fonte de vida. O emprego serve para atender necessidades financeiras, enquanto que o trabalho é a obra de cada um. De acordo com o consultor de carreiras, Julio Cesar Cardozo, emprego é o que você faz por dinheiro; trabalho é o que você faz por amor. Nesse sentido, um emprego nem sempre está relacionado a sua vocação, enquanto que trabalho é algo que dá sentido de realização. E você prezado leitor, tem um emprego, ou um trabalho?

Nós passamos maior parte do tempo trabalhando, sobra pouco tempo para outras atividades importantes como, lazer, saúde, estar com os amigos etc. Pesquisas já informam que, em algumas atividades, o brasileiro trabalha até 48 horas por semana. Então, se não encontrarmos um sentido valioso para o trabalho, passaremos pelo menos 1/3 da vida desanimados, desmotivados e infelizes. O

Felicidade 360º

filósofo Alain de Botton, autor do livro "*Os prazeres e desprazeres do trabalho*", diz que o trabalho, ao lado do amor, pode ser a nossa principal fonte de sentido na vida.

Então, reveja o significado de seu trabalho, aprenda a gostar do que estava fazendo no momento, ou encontre um trabalho que se identifica com você. Procure visualizar seu trabalho como uma missão, como uma forma de ajudar os outros, de servir a outras pessoas, de ser útil naquilo que faz. Pessoas que enxergam um sentido no trabalho, o fazem com entusiasmo. Não escolha fazer de seu trabalho um martírio diário. Ao invés de reclamar do trabalho que tem, agradeça a Deus por estar trabalhando e valorize tudo o que tem, pois muitas pessoas nem emprego possuem para pagar as contas no final do mês.

Reflexão final

Caro leitor, faça da felicidade um jeito de viver, uma forma de se colocar diante da vida. Sempre valorize o aspecto positivo, sem deixar de ser realista. Mantenha o otimismo e valorize os pequenos momentos. Dê a si mesmo pequenos prazeres, os quais muitas vezes você tem ignorado por falta de tempo, por causa da correria do dia a dia. Talvez, um dos motivos porque DEUS não nos deixa saber exatamente o dia que vamos morrer é para que saibamos viver a vida intensamente, mas muitos deixam o mais importante para depois e quando param para pensar muitas coisas não voltam mais

Se for abraçar alguém, abrace de verdade. Quando sorrir, sorria com o corpo todo; se for dançar, dance sem se preocupar com o que os outros vão dizer; se for executar um trabalho dê o melhor de si. Portanto, não desperdice a si mesmo, procure ser feliz no aqui e agora, onde estiver e com quem estiver ao seu lado.

7

Gente competente:
faz diferente!

Não há modo correto de andar pelo labirinto, como não há um modo errado. Existe apenas o seu modo. Vá na velocidade que sua alma indicar e seja fiel ao seu caminho. "Quem busca precisa continuar procurando até encontrar, pois procurar é a tarefa sagrada que move todos os homens e mulheres que querem se realizar por completo"

Debora Capell Simone

Debora Capell Simone

Educadora Corporativa, consultora na área de Gestão de Pessoas e palestrante. Sócia-diretora da empresa Desenvolver e Treinamentos, desde 2008. Formada em Pedagogia pela UFSCar, pós-graduada em Gestão de Recursos Humanos pela FGV, aluna de especialização Latu Sensu em inovação e Gestão em Educação a Distância pela USP. Pratitioner em Neurolinguística. Apresentou o programa televisivo denominado EAD Século 21, veiculado pela TV Século 21. Sólida experiência de mais de 15 anos na área de Recursos Humanos, adquiridas em empresas como: Bunge, Bradesco, IBM, Grupo Pão de Açúcar, Jamef, Avon, Abyara, Jonhson&Jonhson, entre outros. Responsável por criar, desenvolver e ministrar projetos e palestras para o corpo de colaboradores das empresas, vinculando a estratégia educativa ao negócio. Orientada para trabalhos cujo objetivo é a melhoria da performance de indivíduos e organizações. Atualmente trabalha no grupo EMS, na área de Gestão de Capital Humano.

Contatos
deborahcapell@gmail.com
(19) 9 9197-8290

Debora Capell Simone

Nos anseios promissores de encontrar alguma resposta para as minhas inquietações internas, mergulhei neste projeto denominado Felicidade 360 graus, muito consciente em saber que a resposta àquilo que a muitos de nós angustia não é um lugar a se chegar, mas um caminho a ser percorrido. Um caminho não tão distante quanto parece, mas sim um firme propósito individual e coletivo, disciplinado e orientado. A abordagem 360 graus permite a premissa de alcançar todas as suas múltiplas facetas, seja na vida individual ou coletiva, e a questão está mais ligada a como esse caminho será conduzido, do que, de fato, se será alcançado, pois a boa condução já é o próprio fim.

O ser humano vive na busca incessante de recursos e bens materiais a fim de atingir este essado. No entanto, notamos que muito além de conseguir bens materiais, a felicidade é um estado emocional, mental, adquirido de uma estabilidade interna e equilíbrio externo fundamentado e constatado pela alma. É um pulsar do coração diferente e é a certeza de se estar trilhando os caminhos certos que fazem nosso coração vibrar! Nascemos felizes, isso já nos pertence; e na verdade, é um processo de reencontro, mais do que uma busca externa. Ainda quando crianças podemos atingir facilmente esses patamares, estando com as necessidades básicas supridas. A perpetuação desse estado se dá na medida em que ainda desconhecemos o mundo e a relação de consumo existente e decorrente de nossa permanência dentro deste universo. A escola e a sociedade ainda não poluíram nossa mente predizendo padrões, estereótipos de certo e errado, ainda não nos moldou! Após poucos anos letivos, a escola nos ensinará o estado de não-criação, ensinará a copiar, a repetir pensamentos alheios, histórias e comportamentos, ou seja, nos ensinará a não pensar.

Quando crianças, ainda possuímos uma mente elástica, nossos olhos veem o mundo de forma criativa, colorida, sem padrão. Pesquisas indicam que toda criança antes dos sete anos de vida é cem por cento criativa e que, à medida que os anos passam, essa capacidade vai pouco a pouco diminuindo, chegando a trinta por cento na idade adulta. Tornamo-nos adultos sem vida criativa! O mercado hoje necessita de profissionais criativos, mas esses profissionais são escassos. É possível retornar às origens e desfazer os paradoxos alcançados, atingindo a maestria do pensamento e da criatividade, fazendo sua alma regozijar-se dentro desse cenário, afinal de contas **gente competente faz diferente!**

O advento da tecnologia, as ferramentas como as redes sociais e o *e-learning* quebraram as barreiras do tempo e do espaço, e trouxeram à luz a verdade. Utilizar essas ferramentas, além de outras possíveis que fortaleçam nossas mudanças de paradigmas e nos

Felicidade 360º

tornem mais criativos, alavancam não só um indíviduo melhor, como um profissional mais competente e mais realizado. Por meio do pensamento e da ação embasada em novos conhecimentos é que nos expandimos e provocamos o rompimento de amarras para alcançar uma nova etapa do processo evolutivo, que ocorre em todas as dimensões humanas (física, emocional, mental, social e espiritual). Quando o indivíduo aumenta suas capacidades e se transforma, transforma também o mundo. Esse sentimento de pertencer e fazer a história e não apenas assisti-la já amplia nosso horizonte, desencadeando ações coletivas de melhoria contínua para toda a sociedade.

Essa é uma das premissas da felicidade: nosso coração e nossa alma vibrando com novos patamares evolutivos! O caminho da felicidade nem sempre é suave, tranquilo, talvez façamos descobertas capazes de mudar nossa direção e provocar escolhas que necessariamente nos trarão mundanças, mas, ao mesmo tempo, esse será um convite irrecusável de ver a realidade. Ao falar do nosso estado de contentamento e felicidade, inexoravelmente falamos de alma, e assim como aprendemos a mensurar desempenho, aprendemos também a mensurar índices antes pouco exequíveis, como o estado de felicidade. O olhar para dentro requer estratégias e caminhos que conduzam à verdadeira felicidade. Felicidade e alegria são escolhas e estão sob nosso controle! Pensar também é um processo interno e o seu fruto é o aprendizado! Um dos itens que nos leva à satisfação e felicidade. Como você imagina uma pessoa competente?

Feche os olhos por um segundo antes de responder!

Respire fundo...

Imagine uma pessoa bem apanhada, com *status*, bens materiais e rica? A maioria de nós enxerga dessa forma! Segundo um teste realizado pela Universidade de Havard, temos em nossa mente ideias pré-concebidas e fixadas de sucesso e felicidade. Precisamos resgatar o ser pensante e criativo que existe em nós!

É comprovado cientificamente que a felicidade não aumenta de acordo com o que temos. Essa é a tirania do ter em detrimento do ser, prevalecendo sob condições e circunstâncias. Ao inverter essa ordem, ganhamos uma nova ótica e passamos a nos doar no sentido de realização, passando, inevitavelmente, a sermos muito mais felizes em todos os aspectos. Segundo publicação da Folha de S. Paulo, o brasileiro é o segundo mais insatisfeito com seu emprego e também com seu salário; em ambos os casos só perde para os japoneses. Também não é para menos, uma vida louca e frenética, em que acordar, produzir, ver TV e dormir alimentam uma alma carente com poucos e escassos nutrientes emocionais e sociais. Só podia culminar

Debora Capell Simone

no ápice do estresse, da fadiga e da infelicidade.

Trabalhos sem propósitos, sem paixão, apenas para pagar o pão, não necessariamente produzem uma sociedade melhor. Saiamos da esfera Brasil. Estados Unidos, um povo que nos últimos 40 anos dobrou seu número de carros em circulação, que realizou vinte e cinco vezes mais viagens, onde a riqueza material aumentou e a felicidade baixou.

Os americanos estão infelizes, perderam o propósito de conviver. Vou para outra parte do Globo: Ásia. Um país cuja cidadezinha do tamanho do Rio de Janeiro, que nunca enfrentou uma guerra antes, preocupou-se com outros indicadores, que não somente os baseados no sentido econômico, que contemplam o ser humano como um todo, em todas as suas esferas e plenitude, considerando a espiritualidade.

O nome da cidadezinha é Butão, um lugar onde não existe pressa, não existe impaciência e que é considerada uma das cidades mais pobres do mundo. Lá, há um respeito profundo com relação à natureza, taxas de analfabetismo e violência muito baixas e o seu povo, mesmo na simplicidade enraizada, sem grandes mercados de luxo e consumo, é feliz. Isso nos indica o porquê de o Nordeste ser considerado a região brasileira mais feliz, estando nos patamares de Finlândia e Bélgica no ranking global, segundo o IPEA. Não, isso não é um conto de fadas!

Nesse reinado surge o conceito de Felicidade Interna Bruta, o FIB, um indicador não só em crescimento econômico, mas em aspectos psicológicos, culturais, ambientais e espirituais em contrapartida ao PIB já existente.

Assim também deve atuar a área de Recursos Humanos nas empresas e, de fato, é isso que os colaboradores no cerne da questão têm como expectativa sobre a mesma. Enquanto o próprio RH é visto como um recurso humano, ficamos distante da equalização de se gerar bons frutos e bons resultados, em contrapartida, ao deixarmos de investir na área e nas pessoas, produzimos um resultado ainda mais desastroso. Entender que o lucro econômico não é apenas o que permeia a célula de uma empresa, e que seus empregados também mensuram outros lucros embutidos não tão perceptíveis, faz com que atendamos a esse tipo de demanda, o que propiciará uma maior desenvoltura e até mesmo uma maior competitividade no seu nicho.

O ser humano é um complexo biológico, social, cultural, psicológico e espiritual. Os seus valores estão fundamentados nesses elementos complexos. Para se conquistar a felicidade com razoável constância e harmonia, é preciso manter todas as necessidades desse complexo atendidas com equilíbrio. A mesma coisa acontece com as empresas. Dar lucro é o objetivo principal, no entanto, outros objetivos periféricos permeiam o seu íntimo e saber lidar com eles

Felicidade 360°

faz toda a diferença, a saber: respeito ao meio ambiente, bem-estar dos colaboradores, respeito à diversidade, satisfação do cliente, imagem, reputação e cidadania.

Satisfação, realização, aprimoramento são valores não perceptíveis, mas que mantêm o colaborador ao seu lado. Muitos são os brasileiros que veem no trabalho um significado a mais. O emprego não se resume a salário, é algo que as pessoas querem fazer com prazer e que as coloca perto de um sonho. Ao entender isso e formatar ferramentas para diagnosticar esse crescimento, temos em mente estar pagando o melhor salário que uma empresa pode pagar, e quando um empresário consegue fazer com que a sua equipe se sinta bem paga e realizada, ele passa a ganhar muito mais dinheiro, porque, em troca, ele tem colaboradores interessados e cuidadosos, cientes de suas responsabilidades, muito mais respeitosos e capazes.

Pessoas que fazem o que gostam tendem a trabalhar com muito mais produtividade. Então, qual é a receita? Vamos acabar com o entendimento estabelecido de que o homem é uma máquina que precisa produzir e dar lucros. Nós não somos máquinas! Não somos recursos! Somos o elo criativo de fazer acontecer segundo a nossa vertente criadora, e por isso, cada um é único! Nós, enquanto sociedade, vivemos na tentativa da recuperação de uma felicidade efêmera que nós tivemos em algum momento e, portanto, a buscamos nas coisas mais superficiais.

No desejo latente de recuperar esse estado de felicidade, vivemos por essa vida afora acreditando estar a felicidade em coisas, e, por esse motivo, valorizamos tudo o que pudermos comprar, movimentando cada vez mais esse sistema em colapso! O mundo como hoje é concebido não se sustenta mais: os recursos naturais se esgotam. Os resíduos de nosso consumismo exacerbado sobram acumulando em grandes lixões, deslocam-se às montanhas e tudo isso sobrepesa na natureza. Mas sobrepesa também em nós, proporcionando-nos baixa qualidade de vida.

Hoje, mais do que nunca, estamos entendendo que precisamos gerar outros tipos de soluções que nos levem a um nível de satisfação, de crescimento de todos, inclusive de um planeta mais sustentável, permitindo que a vida, com muito mais satisfação e felicidade, continue ocorrendo em sua forma mais elevada. É esse o convite da transformação da nossa geração. Precisamos deixar de ser vítimas inconscientes da mídia, repletas de imagens de violência negativas e alimentar a "contra-imagem" de trabalharmos juntos em direção a uma meta comum, com um sentimento de interesse comunitário. O novo paradigma está emergindo: conexão,

Debora Capell Simone

compreensão e cooperação, segundo Erwin Lazlo. Nesse novo paradigma, deixemos o medo, a complacência e consumo exagerado.

Hoje, mais conscientes, entendemos que a felicidade depende da harmonia da compreensão do mundo externo com o nosso mundo interno, ou seja, na fusão dessas duas realidades que convivem permeando nosso dia a dia. Uma não vive sem a outra. Seremos realmente felizes ao produzirmos, nesse caos, pérolas! Rubem Alves nos conta que ostras produzem pérolas! Mas também nos diz que não é toda ostra que as produz. Apenas as ostras que sofrem com a areia que lhes causa uma irritação é que faz pérolas! E eu faço das palavras do mestre as minhas. Acredito na felicidade embasada em uma ostra que passou pelo processo de dor e que irritada, perplexa, e realmente incomodada e indignada produziu suas pérolas.

O conceito de felicidade entrou no debate da Rio+20 como uma alternativa ao PIB, capaz de medir o bem-estar dos países e, portanto, as empresas também precisam agora reatar e inserir dentro do seu estilo esse conceito como fonte geradora, inclusive, de riquezas.

No Brasil, o FIB (Felicidade Interna Bruta) é mais do que um indicador. "É um catalisador de mudança social que tem o potencial de unir poder público, empresas e cidadãos para a felicidade de todos" diz a antropóloga americana Susan Andrews, coordenadora do projeto FIB no Brasil. A introdução de indicadores mais sistêmicos já é um movimento mundial e é parte do espírito do tempo. No FIB, os itens medidos são bem-estar psicológico, saúde, uso do tempo, vitalidade comunitária, educação, cultura, meio ambiente, governança e padrão de vida. Esses tempos estão bem diante de nós, e à medida que a Terra muda, assim também muda a humanidade. O que se tem percebido é que o simples fato de abordar questões como felicidade já as lança como um propósito em si mesmo. E decorrente ou não de pesquisas fundamentadas, quando a busca se inicia, o resultado final é inexoravelmente encontrar melhores caminhos e mais felicidade para toda uma sociedade.

"Destino é procura. Destinação é descoberta. Na descoberta há perturbação, o saber que tudo em que acreditávamos e que não era, não passava de ilusão. E finalmente, há o deslumbramento."

Desejo a você leitor, deslumbramento, pois, **gente competente faz diferente!**

Felicidade 360º

8

Felicidade 360º

"Achei fabuloso o título: felicidade 360º. Fabuloso e complexo. O sentimento de felicidade é o estado emocional mais desejado e aplaudido pelos seres humanos. De fato todos buscam por ela, mas na verdade desconhecemos o que queremos! Esse paradoxo tem o poder de preencher nossas vidas e nos fazer movimentar rumo ao que achamos que seja felicidade."

Edna Adorno

Edna Adorno

Sócia e Diretora da ATO Atendimento, empresa que tem por missão ajudar pessoas e organizações a encontrar sua realização e seu estado de equilíbrio interior. Faz atendimento individual, acompanhamento de gestão e de desempenho, formação de equipe e desenvolvimento de carreira. Atua em vários segmentos corporativos, dedica-se à formatação de empresas quanto a sua identidade, missão, visão e valores através de consultoria e assessoria em desenvolvimento pessoal. Prioriza a aplicação de ferramentas objetivas e que estimulam o pensamento crítico e ampliado. Faz atendimento de Coaching com os Executivos e Gestores como pré-requisito, acreditando dessa forma atingir um nível de compromisso e de movimento sistêmico nas organizações.

Formação profissional
Graduação em Psicologia pela PUC – GO (Pontifícia Universidade Católica de Goiás). Especialista em Psicologia Organizacional. Formação em Coaching pela S.L.A.C (Sociedade Latino Americana de Coaching).

Contatos
www.atoatendimento.com.br
atoatendimento@gmail.com
(62) 8169-0188

Edna Adorno

Existem vários estudos para se entender o contexto ideal ou favorável para obter satisfação com a vida. Alguns abordam contextos históricos, sociais, de saúde, religiosos, profissionais e tantos outros aspectos na vida das pessoas que as poderiam levar a este estado emocional. Outros ainda avaliam os aspectos hereditários, a personalidade ou a pura decisão de ser feliz.

De qualquer forma, geralmente atribuímos uma causa, um motivo, um estado de espírito para se afirmar feliz ou triste. Aqui, minha proposta é analisar a felicidade como uma construção e uma opção. Acredito que, verdadeiramente, pode-se dizer ser feliz quando se tem domínio sobre o que isso representa para si, independentemente de ser ou não compreendido e aceito por quem nos observa. Dessa forma, essa visão ou conceito de felicidade não depende dos aspectos sociais, religiosos, econômicos ou culturais. Ela deve ser construída com base na decisão do sujeito em ser feliz, mesmo que em alguns momentos esteja em dificuldade, tenha conflitos, esteja frente a uma decisão importante, não seja compreendido e aceito pelos outros, mesmo sendo rico, pobre, tenha sucesso ou não; viver em país desenvolvido ou pouco privilegiado. Entendo que ser feliz em 360° é estar em equilíbrio. O que significa isso?

Em pleno século XXI, vivemos a era da informação e da tecnologia ou vice-versa, da tecnologia e da informação – o que representa um avanço em todos os segmentos: no comércio, na indústria, na prestação de serviço, no lazer, enfim, em tudo que temos e vamos fazer usamos a tecnologia, o mundo está digital. Basta apertar um botão e temos a nosso dispor vários recursos para facilitar a nossa vida, porém, estamos cada dia mais presos, mais distantes e isolados uns dos outros. Os valores humanos passaram e passam por uma transformação muito grande. Isso deveria ser bom, mas a sensação que nos dá é que podemos perder o controle e apertarmos o botão errado. Em vez de nos comunicarmos e construirmos uma condição de vida melhor, confundimos e somos confundidos pelo consumismo, pela facilidade, pelo imediatismo. A questão é: sem o processo vivencial, sem a experiência e superações de dificuldades que estão sendo facilitados pelo desenvolvimento tecnológico e pela educação superprotetora não estamos fazendo com que nossas crianças cresçam sem raiz? Será que para se construir uma vida feliz, a frustração não é parte importante para essa conquista? Será que, com tudo tão rápido, a tendência não será abandonarmos o que é simples? Não seria o simples, o esconderijo da felicidade? Não que não devêssemos mudar, quebrar paradigmas, questionar, opor-se ao que não concordamos, criar meios para facilitar nossa vida

Felicidade 360°

moderna. Pelo contrário. Mas até o progresso precisa de equilíbrio, o que em *Coach* chamamos de *"desenvolvimento ecologicamente correto e sustentável"*. Assim, nessa perspectiva é que quero abordar e fazer compreender o conceito de felicidade 360°. Acredito que o nosso olhar e a nossa consciência devem ser ampliados, precisamos valorizar todas as nossas experiências negativas e positivas, tristes e felizes. Nesta perspectiva, os momentos tristes, de dor, de dificuldade, de conflito são importantes, passam a fazer parte de nossa possível e real felicidade. Sem eles a vida não é completa. Sem eles, a felicidade fica reduzida a estados emocionais, a condições externas e não explicita a condição interna e escolhida de ser feliz. Trazendo esse conceito de "Felicidade 360°" para a nossa vida em todos os papeis que desempenhamos, em todos os ângulos, quero compará-la com a evolução da medicina, da administração, da psicologia enfim, com todas, ou quase todas, as profissões. Em toda descoberta ou estudo, parte-se de uma hipótese, um questionamento específico para se provar e fundamentar uma teoria. Este estudo precisa ser ampliado, provado cientificamente para, aos poucos, transformar-se em um estudo macro, complementar e complementado por outras teorias e estudos. Na medida em que se aprofunda na análise, a integração vai sendo necessária para explicar algum fenômeno, alguma doença, algum estado mental ou alguma estratégia de gestão (no caso da administração). Depois, divide-se tudo novamente e entram em cena as especialidades, os estudos minuciosos para não sermos generalistas. Vejam que o mundo é dinâmico e cíclico. Em algum ponto é necessário ampliar, e para termos o domínio dos fatos e o equilíbrio da situação, temos que nos aprofundar e estudar de forma específica os fenômenos, às vezes de forma separada, desconectada do todo, para somente depois integrar ou concluir uma ideia, construir uma teoria no caso da ciência.

Na construção de minha carreira como psicóloga, consultora e agora coach acompanhei várias pessoas e empresas. É visível e impressionante a presença desse ciclo em quase tudo na vida. As pessoas se dedicam em buscar sua realização, estudam, trabalham, ganham dinheiro, juntam dinheiro e estabelecem alguns sonhos como meta. Isso é ótimo, acredito que não podemos crescer e nos desenvolver sem metas, sem sonhos, mas não podemos nos iludir pensando ser a felicidade a própria meta, pois, se assim for, transformamos e condicionamos nossa felicidade somente às nossas conquistas. A terapia, o processo de coaching, a consultoria, enfim, os instrumentos que usamos para a ampliação da consciência do indivíduo direcionam não somente para a postura e meios para

Edna Adorno

alcançar seus objetivos, mas também para estimular as pessoas e empresas a experimentar nos pequenos passos e conquistas o que é ser feliz, mesmo sofrendo em alguns momentos. Olhar para a sua dor, entender e respeitá-la pode ser libertador e não devemos nos iludir: não podemos conquistar e construir nossa felicidade sem primeiro escolher ser livres. Ser livre também é amplo, pois na verdade somos cercados de tantas condições e limitantes que parece utopia. Parece, mas não é. Somos 100% responsáveis pela nossa vida. Mesmo na inércia. Ouvimos isso a todo momento, lemos em todo livro de autoajuda, ouvimos tanto que não paramos para entender o que isso significa. É mais fácil, na maioria dos casos, posicionar-se como vítima, sem trazer à consciência a responsabilidade em todas as escolhas realizadas. Liberdade requer muita maturidade e compromisso consigo mesmo. Mas essa atitude não é tão simples assim. De acordo com a *Wikipédia**, o significado de liberdade tem dois sentidos: o positivo e o negativo. O negativo refere-se a fazer tudo o que se quer sem responsabilidade e compromisso. Mas, aqui queremos enfatizar e nos ater ao aspecto positivo dessa palavra: liberdade significando autonomia - *"elemento qualificador e constituidor da condição dos comportamentos humanos voluntário"**. O indivíduo que é capaz de assumir o que deseja, o que fazer, para onde ir, com quem quer estar, onde trabalhar, quanto ganhar e até mesmo o que sentir... este é livre, é autônomo e somente nessa condição poderá conquistar o que estamos chamando Felicidade 360° - felicidade em todos os ângulos, em todos os contextos de nossa vida: pessoal, profissional, social, de saúde, sexual, religioso, pois tudo isso faz parte da realidade das pessoas. Se alguém diz ser feliz profissionalmente, mas não se considera realizado na convivência familiar, por exemplo, muito provavelmente esteja construindo ou investindo sua energia em maior proporção naquilo que está sendo bom pra ele, não está vivendo plenamente os outros aspectos que também são muito importantes. Talvez esteja vivendo somente 30% de sua capacidade de ser feliz.

Nos atendimentos em processos de *coaching*, por exemplo, temos algumas ferramentas que nos possibilitam trazer a consciência de quem está sendo acompanhado, no caso, o *cochee*, de como ele está canalizando e investindo sua energia em sua vida em geral. Ele analisa cada aspecto como: saúde, espiritualidade, profissão, desenvolvimento pessoal, carreira e outros em nível de satisfação, mensura-se em percentual e geralmente as pessoas se deparam com um desequilíbrio entre esses aspectos. Esse exercício tem como objetivo, além de trazer à consciência o que precisa ser traba-

Felicidade 360°

lhado, permitir ao *coachee* estabelecer um plano de ação, visando reorganizar sua vida, priorizando o que é importante para trazer equilíbrio. Esse é um ótimo instrumento para trabalharmos a realização em 360°. Para conquistar satisfação é vital conhecer a nós mesmos. Trazer à consciência o que nos fará bem, entender como estamos e para onde queremos ir. Dessa forma, pode-se planejar e fazer escolhas, mas isso não basta. O que é mais inspirador nesse processo é se reconhecer feliz e realizado durante essa construção, saborear todos os passos, mesmo aquele difícil, pois dele depende o próximo, e assim sucessivamente.

Escolher ser feliz, viver cada instante consciente dessa decisão, encontrar sentido no presente, no agora. Segundo *Richard Moss, MD, em sua obra "'A Mandala do Ser' – Viver descobrindo o poder do agora é viver como uma pessoa autodeterminante, livre do domínio do medo.*" Essa capacidade, quando desenvolvida, nos leva à essência da vida que nada mais é do que viver plenamente tudo que nos é dado pelo universo. Compreender isso é estar aberto a todas as experiências que nos chegam, não como vítimas, mas como autor de nossa história. Esse estado de consciência e de autodomínio nos faz livre, nos dá a autonomia de escolher o que queremos pensar, sentir e agir. Acredito que nessa escolha possamos decidir pelo equilíbrio, pela felicidade em todos os ângulos, em ser melhores, conquistar nossos objetivos. Fazer dos nossos comportamentos instrumentos de alguma coisa positiva. Não podemos ser felizes fazendo o que não queremos e não acreditamos simplesmente para alcançar algo. Devemos alcançar algo importante para nós, agindo conforme nossos valores e de acordo com tudo que acreditamos.

Conclusão: a decisão de viver no presente, sendo responsável pelos nossos atos, nos conecta em nossa missão, nos faz presente no presente e não presos no passado, na culpa e no arrependimento, e nem na ansiedade de um futuro incerto. A prática nos atendimentos tanto de consultoria quanto em processos de coaching nos mostra que o presente nos redireciona, nos possibilita agir e decidir. Essa ampliação de consciência nos liberta e isso deve ser aplicado em todos os aspectos de nossa vida, em todos os papéis que desempenhamos, em todos os ângulos: profissional, pessoal, social, financeiro, de saúde e tantos outros que queiram enumerar. O interessante é que essa evolução nos possibilita agir de forma congruente ao que somos por inteiro. Isso nos livra de conflitos. Mais interessante ainda são as possibilidades de nossas escolhas: não decido por uma realização pela imposição, e sim conforme meus valores, objetivos e desejos. Nossa felicidade não pode estar condi-

Edna Adorno

cionada a nada que não seja a nossa escolha e essas dependem do nível de autonomia e consciência que conquistamos.

Tudo pode parecer egoísta, mas não é essa a fundamentação. Somente podemos dar aquilo que temos e se não temos liberdade, não fazemos escolhas. Sem objetivo e sem consciência do que é importante para nossa vida, o que iremos compartilhar? Corremos o risco de viver uma série de coisas que não são nossas e sim do outro, assim não compartilhamos, nos apossamos da vida, dos sonhos e dos objetivos do outro. Quem neste cenário, de forma consciente, poderá ser feliz? Em nome do amor, da dependência, da família e de uma série de outros fatores, poderia me responder que sim, várias pessoas são felizes dessa forma. Mas perguntaria: onde está a sua essência em tudo isso? Se a sua vida estiver congruente aos seus valores, tudo bem, mas caso contrário, pode estar perdendo algo muito precioso, a sua própria vida. Mesmo porque, quando aprendemos a escolher, a ser livres, deixamos o outro também escolher e ser livre. Onde está o egoísmo? Quando abdicamos do nosso caminho, das nossas escolhas, acabamos cobrando o outro nessa mesma direção. Um vive tropeçando no outro em nome de um querer bem, até de um suposto amor, sem perceber que, na verdade, estão se distanciando de si mesmos, dos seus sonhos, da sua essência. Quem nessa condição pode ser feliz?

"Exercitar o autoconhecimento, trazer à consciência seus valores e se colocar livre, vivendo o presente é viver em equilíbrio. É sentir felicidade 360°, seja em qualquer situação que escolhemos estar."

Edna Adorno

Referências

1. MOSS Richard – *A Mandala do Ser*.

2. Wikipédia.

3. Sulivan – Apostila da formação em Coaching – S.L.A.C – 2010.

4. Renata Barboza Ferraz, Hermano Tavares, Monica L. Zilberman - *Felicidade: Uma revisão* – Revista de Psiquiatria Clínica.

5. http://www.infoescola.com/ciencias/comprovacao-cientifica/

6. COHEN, Marleine – Revista Planeta, Dezembro 2012/ Janeiro 2013 – Ano 40, Edição 483, pág 50 – 53.

Felicidade 360º

9

Aprenda a ser feliz mudando seus conceitos sobre a felicidade

Embora a felicidade não seja um estado permanente, ela pode ser buscada ao darmos atenção às diferentes esferas que compõem nossa existência. Este artigo o ajudará a encurtar o caminho entre VOCÊ e a FELICIDADE

Eduardo Leopoldo & Aline Sena

Eduardo Leopoldo & Aline Sena

Eduardo Leopoldo é Master Coach ISOR® pelo Instituto Holos. Personal & Professional Coach pela Sociedade Brasileira de Coaching e Practitioner PNL pelo Instituto Ferrarezi. Fundador do ClubedoCoach.org e Diretor do Instituto Leopoldo de Capacitação Profissional – iLCP. Treinador e palestrante.

Aline Sena é decoradora e designer de interiores. Practitioner PNL pelo Instituto Ferrarezi. Membro do ClubedoCoach.org e do Instituto Leopoldo de Capacitação Profissional – iLCP. Palestrante e Treinadora de equipes e gestores.

Contatos
www.ilcpcursos.com.br
www.clubedocoach.org
eduardoleopoldo@clubedocoach.org
alinesena@clubedocoah.org
Skype: eduardo_leopoldo

Eduardo Leopoldo & Aline Sena

Muito se fala sobre os segredos e fórmulas da felicidade quando na realidade este sentimento pode ser acessado através de um simples conhecimento. Prepare-se, pois este artigo levará a você, mais que uma fórmula mágica de felicidade, levará conhecimento fundamental para a busca por realização. Partindo do princípio básico que felicidade tem um significado distinto para cada indivíduo, começo explicando esta informação.

Cada indivíduo é programado desde o nascimento para agir e reagir da maneira como age e reage. Para isso dá-se o nome de "mapa mental".

O mapa mental é o conjunto de informações que cada um registra em seu cérebro a partir do momento que vê, sente ou escuta algo. O que faz uma pessoa gostar, aprovar, sentir-se bem com determinadas situações, e nas mesmas circunstâncias, outras pessoas terem reações opostas, são os registros que cada uma teve desde o nascimento, as sensações, as experiências e a programação que ela teve.

Todas essas experiências vistas, ouvidas ou sentidas, formam o mapa mental e, por consequência, um padrão comportamental.

Exemplo: um gato pode causar reações muito contrárias em pessoas diferentes. Para uns, o gato é meigo, companheiro, bonito, amável e pode proporcionar até uma relação de afetividade e amor entre ele e seu dono. Para outros, o gato é interesseiro, feio e pode causar até irritabilidade e total desconforto em uma pessoa que não gosta de gato por esses e outros motivos.

Podemos nos lembrar de um exemplo clássico: uma obra de construção civil. O que nela para uns pode ser extremamente prazeroso e realizador, para outros pode ser um verdadeiro estresse e gerador de conflitos. Ou até mesmo uma simples mudança nos móveis da casa. Conhecemos quantas pessoas que fazem isso constantemente e outras que mantém tudo sempre no mesmo lugar?

É por este motivo que a felicidade é relativa e às vezes até completamente oposta sob o conceito de uma pessoa para outra.

Se cada um registra em seu mapa mental informações diferentes sobre tudo o que vê, escuta e sente, como poderia então ser possível alguém criar uma fórmula para a felicidade ou até mesmo uma receita para esse sentimento? Não. Isso não é possível!

Se permite uma sugestão, eu digo: Pare de procurar manuais para a sua felicidade, eles simplesmente não existem. O que existe é informação e conhecimento sobre você mesmo. Isso poderá trazer grande felicidade, ou se preferir, a felicidade plena. Muito sábio quem disse que a felicidade está dentro de cada um, pois é a mais pura verdade.

Felicidade 360°

A boa notícia

Não existem fórmulas para a felicidade, o que existem são recursos que nos levam rapidamente de encontro a ela.

Eu não preciso saber o que o faz feliz para dizer que, se você utilizar dos recursos a seguir, sua felicidade estará próxima e que, se absorver os conhecimentos seguintes, sua vida e a maneira como encara a felicidade poderá mudar completamente. Então, como acessar essa felicidade existente em cada um de nós?

Embora a felicidade não seja um estado permanente, pode ser buscada ao darmos atenção às diferentes esferas que compõem nossa existência. Pensando nisso, foi desenvolvido um sistema de autoavaliação chamado Roda da Vida.

A Roda da Vida é uma das ferramentas de autoavaliação mais famosas no processo de coaching pessoal, ou *life coaching*. Ele também é usada para iniciar um processo de coaching para mudança de carreira. Ela serve para medir o grau de satisfação que a pessoa sente em diversas áreas de sua vida. Mas para que medir a satisfação?

Segundo o Michaelis, satisfação é uma sensação agradável que sentimos quando as coisas correm à nossa vontade ou se cumprem a nosso contento. Satisfação é uma espécie de medida psicológica associada à sensação de realização e bem-estar mais prolongados (realizar uma obra, conquistar uma vitória, cumprir uma missão), diferentemente do prazer que é efêmero e mais biológico (comer algo gostoso, comprar um objeto de consumo, fazer sexo).

Podemos dizer que a satisfação está ligada a nossa felicidade. E felizes todos nós queremos estar, certo?

Esse sistema é composto por um círculo com oito divisões. Em cada uma delas é definida uma esfera da vida considerada fundamental para a conquista do equilíbrio pessoal. A ideia principal é que as pessoas façam reflexões periódicas sobre a atenção dispensada a cada uma dessas áreas e desenvolvam um plano de ação para melhorar o que não está satisfatório.

Cada esfera deve ser avaliada atribuindo-se uma pontuação de 0 a 100% que reflita o grau de satisfação, nessa área, nos últimos meses. As principais esferas da vida são: lazer, intelecto, saúde, vida financeira, amigos e família, trabalho, espiritualidade e amor.

1- Lazer: é o tempo disponível para fazer aquilo que dá prazer. Não entram neste item as atividades de trabalho ou de estudo, por mais que tragam satisfação. Essa área refere-se a tudo aquilo que "recarrega as suas energias", que relaxa, diverte e dá satisfação.

2- Intelecto: são as atividades realizadas para o desenvolvimento intelectual. São os cursos, leituras, estágios, enfim, atividades que propiciam enriquecimento com informações que contribuirão para o seu crescimento.

3- Saúde: considero essa esfera como uma das mais importantes, pois sem ela o restante não flui. Deve-se avaliar como a saúde física está sendo cuidada. É preciso fazer exames periódicos de rotina e, quando necessário, submeter-se aos tratamentos propostos. Nesse item existe também a preocupação com a quantidade e a qualidade dos alimentos ingeridos, e com a prática de exercícios físicos. O controle da obesidade e do sobrepeso é fundamental para a manutenção da saúde e da qualidade de vida.

RODA DA VIDA

Ferramenta de Análise Pessoal - Coaching

Nome: _____ Data de Realização _____

Categorias	Pontuação:
Lazer:	_____
Intelecto:	_____
Saúde:	_____
Vida Financeira:	_____
Amigos e Família:	_____
Trabalho e Carreira:	_____
Espiritualidade:	_____
Amor:	_____

4- Vida financeira: analisar se o rendimento financeiro é suficiente para suprir as necessidades de alimentação, vestuário, saúde e lazer de forma satisfatória, ou se a vida financeira é motivo de estresse e preocupação a ponto de trazer desgaste emocional.

5- Amigos e família: avalie os seus relacionamentos observando se é possível contar com os parentes e amigos nos bons mo-

Felicidade 360º

mentos e também nas situações difíceis; se os encontros sociais são agradáveis e amistosos, sem grandes fontes de tensão; se os eventuais problemas são resolvidos com diálogo e boa vontade para "acertar as arestas". Deve-se destacar que esse item não inclui o relacionamento com o marido, esposa ou o namorado.

6- Trabalho e carreira: verificar se a atividade profissional é interessante e traz satisfação, se o ambiente de trabalho permite crescimento, se possui desafios e oferece oportunidades de progresso na carreira.

7- Espiritualidade: deve-se avaliar se há paz interior, coerência de valores e força interna para suportar as dificuldades sem se desequilibrar. Esse item pode ou não estar ligado à religiosidade, mas se sua religião exerce influência nesses aspectos, a espiritualidade terá relação com suas crenças.

8- Amor: considerar se o vínculo emocional estabelecido com o parceiro (a) é satisfatório. Se há respeito mútuo das diferenças e dificuldades individuais e coerência nos atos que impulsionam o casal a continuar unido; se as respostas para superar as dificuldades presentes na vida a dois reforçam os laços afetivos do casal.

Esse sistema tem como objetivo a clareza, lucidez, ou a consciência sobre quais as áreas que constituem a nossa vida, e principalmente, sobre como elas se encontram, num determinado momento em que foram elaboradas. Com ele, é possível fazermos uma análise geral ou específica sobre uma ou mais áreas da nossa vida e, no caso de existir alguma área que não esteja nos agradando, é possível identificá-la e mudá-la, estabelecendo metas e objetivos para fazer essas mudanças positivas.

É certo que, para algumas pessoas talvez existam determinadas áreas nas quais já se sintam satisfeitas e realizadas, e nada adianta fazer para alterar ou mudar, por isso apenas lhes resta tentar manter esses níveis. No entanto, acredito que existam outras pessoas que não estejam totalmente satisfeitas com uma ou mais áreas e, nesse caso, é preciso começar a agir e buscar soluções e estratégias para atingir o nível que lhes satisfaça. Parar para refletir pode ser um bom caminho a quem procura uma alternativa para realizar as mudanças necessárias para alcançar uma vida mais feliz.

Conclusão

Quando nos preparamos para fazer uma viagem, temos de traçar, mesmo que inconscientemente, a nossa rota, e para sabermos onde queremos ir temos que saber de onde viemos. Com a FELICIDADE não é diferente, para irmos de encontro a ela é preciso traçar nossa rota, é preciso escolher um caminho e, para isso, temos que saber qual será o nosso ponto de partida.

A Roda da Vida é uma ferramenta muito poderosa para o nosso trabalho interior. Permite-nos ter uma visão abrangente da nossa vida e é um excelente ponto de partida para o crescimento pessoal, pois recebemos informações muito ricas sobre nós mesmos, o que nos dá uma direção. Então a utilize da melhor maneira possível e o caminho entre VOCÊ e a FELICIDADE estará muito mais curto e simples.

Felicidade 360º

10

Como ficar mais feliz com motivação

Neste artigo, trato da valorização das pessoas socialmente e como indivíduos. Falo da importância do que os outros têm a nos oferecer por meio da troca de experiências, o que elas representam para nós e qual o significado delas na busca constante pela felicidade

Eraldo Melo

Eraldo Melo

Eraldo Melo é um entusiasta, motivador e muito sonhador. Empresário, do ramo de prestação de serviços, com experiência no exterior, como palestrante motivacional, ator e consultor empresarial. Estudou psicologia e é escritor do livro Capital Intelectual da Editora Ser Mais.

Contatos
www.eraldomelo.com
eraldo@eraldomelo.com
(64) 3433-1818
(64) 8122-5397

Eraldo Melo

Para que eu possa começar a falar sobre felicidade e motivação, primeiro é preciso dizer, em minha opinião, o que significam essas duas lindas palavras. Nós não somos felizes, nós ficamos felizes, a felicidade é um estado de espírito, um momento, uma dádiva de Deus, enquanto a Motivação nada mais é que o motivo para a ação.

Temos vários momentos de felicidade em nossa vida, a felicidade de estarmos vivos, de termos o que comer, onde morar, a felicidade de podermos trabalhar, de ir em busca dos nossos sonhos, de termos amigos, família, enfim, felicidade é o que tem de mais positivo na humanidade.

Podemos perceber, em nossa vida, que mesmo tendo vários momentos de felicidade, temos também tristeza, mas como utilizar a motivação para que possamos conquistar mais momentos felizes em nossas vidas? É aí que entra a automotivação, porque a motivação é uma simples palavra, o que realmente faz a diferença na vida é o que cada um de nós fazemos com as coisas ou pessoas que aparecem em nosso caminho. Como dizia a minha querida mãezinha Maria Regina de Souza, quando eu ainda era criança, sempre que tinha um problema e ia correndo para desabafar, com sua grandiosa sabedoria: "meu filho, hoje você foi humilhado, mas amanhã você será exaltado". Sempre que derem a você um limão faça logo uma limonada e não fique perdendo tempo reclamando do quanto ele está azedo. A diferença entre aqueles que perdem tempo reclamando das coisas e aqueles que superam seus medos e obstáculos é uma questão de otimismo e foco, porque enquanto o mundo for mundo teremos tristeza e felicidade. Foi dessa forma que comecei a aprender como eu poderia aumentar os meus momentos de felicidade e diminuir as minhas tristezas. Descobri, ao longo da minha vida, alguns ingredientes fundamentais para que cada pessoa no mundo encontre a felicidade com motivação, sobre os quais discorrerei abaixo:

Amor próprio

Devemos amar a nós mesmos em primeiro lugar, nos admirar, acreditar que podemos realizar quando decidimos realmente fazê-lo, e que somos o melhor projeto de Deus nessa Terra, tudo isso sem demagogia e sem desprezar ninguém, pois qualquer pessoa tem um valor extraordinário, a escolha é dela, se dar esse valor ou não.

É mais ou menos assim: ao se olhar no espelho de manhã, devemos dizer: Lindão! Bonitão! Sou o melhor! Vou conseguir! Eu posso! Eu mereço! E assim por diante. O nosso cérebro não aguenta repetições e se rende às palavras, e passa a acreditar e a se comportar como tal.

Felicidade 360º

No dia a dia, em meio a tantos compromissos, tantos afazeres, a gente às vezes nem percebe a grandeza de Deus e o quanto Ele é maravilhoso conosco, nos surpreende com presentes que dinheiro nenhum pode comprar. Considero-me um homem abençoado por ter tantas conquistas em minha vida; se fosse para colocá-las neste livro, com certeza teríamos que aumentar as páginas. Uma das minhas maiores conquistas foi a minha família: a minha maravilhosa esposa, Maria de Lourdes Lima Melo, e meus três filhos, Emilly Julian Melo, Nicollas Daniel Melo e Ana Vitoria Melo, essas são as minhas preciosidades.

Bom, mas o que eu quero dividir com vocês é o que se passou num dia cheio de compromissos que tive, de muito trabalho, quando, ao chegar em casa, já cansado, vieram ao meu encontro, no portão, como na maioria das vezes, os meus três filhos. Vitorinha, como a chamo carinhosamente, disse-me: "Papai, já tava com muita saudade". Nicollas pediu: "Papai, vamos jogar bola?", e Emilly, ansiosa, querendo me mostrar as notas que havia tirado na escola. O que eu quero evidenciar com esse exemplo, não é só o fato de eles irem até o portão, o que com certeza me tornou ainda mais feliz, mas a capacidade que desenvolvi para saber apreciar esses momentos em minha vida, pois eles fazem a grande diferença. A humanidade necessita viver em sociedade, aprendendo a valorizar os outros e tudo o que eles têm para oferecer.

Trabalho em equipe

Quando um indivíduo consegue trabalhar em equipe, ele se torna mais forte, mais capaz e mais inteligente, porque mais pessoas trabalhando juntas pensam e vivem melhor. Aqueles que não conseguem trabalhar em equipe terão sérias dificuldades para alcançar a felicidade. Como exemplo disso, podemos citar um jogo de futebol, quando um dos jogadores quer a atenção voltada somente para ele fazendo sua apresentação, preocupado apenas consigo mesmo, o time não ganha o jogo.

Imagino que vocês devem estar se perguntando, mas o que tem em comum a felicidade com trabalho em equipe? Eis a questão: o ser humano nem sempre está feliz todos os dias, a todo momento, vivendo a vida em plenitude, e é exatamente nesses momentos em que falta a alegria que os verdadeiros amigos, os colegas de trabalho, a família fazem o seu papel, pois quando compartilhamos, juntos, nossas alegrias, nossas tristezas, nossos anseios e nossos ideais, sempre podemos mais!

Eraldo Melo

Persistência

Dizem que entre a Felicidade e a Tristeza existe uma ponte chamada Persistência. Fazer bem feito aquilo que nos é proposto, fazer com garra e determinação e muita Fé, essa é uma das formas que temos para conseguir atravessar um obstáculo chamado Tristeza. Sempre que passarmos por lutas devemos persistir.

Quando recebi o convite através de uma ligação da editora para escrever este artigo, quase não acreditei. Levei um grande susto! Meu Deus, será um sonho? Será que estão ligando para a pessoa certa? Começaram a vir inúmeras perguntas à minha mente, afinal, eu nunca havia publicado nada antes, e embora já tivesse o sonho e também iniciado o projeto do meu primeiro livro, não imaginei que fosse acontecer assim tão rápido. Foi então que voltei o meu pensamento para a minha vida, há alguns anos, para os meus sonhos, meus projetos. Ao longo da minha vida aprendi várias coisas, uma delas foi que temos de dizer ao universo o que queremos e sentir que o nosso desejo se realizou. Acreditar que já conquistamos o nosso objetivo, porque tudo o que hoje é concreto iniciou-se, um dia, com um pensamento: alguém acreditou, desejou, pois quase tudo o que falamos para o universo conspira a nosso favor. Pude constatar por meio das mãos abençoadoras de Deus, da minha persistência, por tudo que eu já tinha feito para chegar até aqui, por tantas vezes que eu já havia dito que um dia ainda iria escrever um livro, que tudo valeu a pena e, aqui estou eu, caros leitores, escrevendo-lhes essas linhas. Mas voltando ao que quero lhes falar acerca da persistência...

Quando temos um sonho, temos que persistir na sua realização, pois ele é um ingrediente fundamental para nossa vida. Afinal, sonhos realizados são garantia de felicidade. Pensem nisso!

Atitude

Muitas pessoas sempre falam que querem melhorar, mudar o foco, parar de se preocupar com as coisas negativas da vida, mas passam-se anos e anos e elas continuam ali, do mesmo jeito, com a mesma fala, mas nada de ação, nada de mudança, nada de atitude. Dessa forma, o indivíduo continua com a mesma postura, fracassado e frustrado, e ainda tem alguns que, além de não conseguir mais momentos de felicidade em suas vidas, começam a falar que a culpa de seu fracasso é dos governantes, da família, dos amigos, da sociedade que não lhe dá oportunidades, e assim por diante.

Felicidade 360º

As pessoas que querem ter mais momentos de felicidade em suas vidas conseguem encontrar dentro de si a força da Atitude, a mola propulsora que as movem para fazer algo, sem medo de errar, afinal, o erro vai acontecer, o que não podemos aceitar é que esse erro nos vença. Em nossa vida, nós somos responsáveis pelo que seremos no futuro. Você faz as suas escolhas e as suas escolhas fazem você. Portanto, escolha ter mais momentos felizes na vida, escolha ser um Vencedor, escolha viver uma vida plena, cheia de grandes emoções. Acredite sempre em você, afinal de contas, Deus o fez para a excelência, Ele o fez para ser luz, só cabe a você mesmo, decidir se quer ou não brilhar!

Sonho

Sonho!... Ah! Esse ingrediente é crucial para a vida do ser humano, claro que nem mais nem menos importante que os outros anteriormente citados, pois sem Sonho não existe razão de viver.

Qualquer ser humano que um dia quer ser mais e mais feliz deve ter o seu Sonho claramente estabelecido, e sempre ser fiel a ele. Na estrada rumo à felicidade, temos várias paisagens no meio do caminho, que estão ali para nos confundirem, mas se realmente queremos realizar o nosso sonho, jamais poderemos deixar de sonhar, pois como dizia o grande filósofo e médico da década de 50, Dr. Albet Schweitzer, "A tragédia do homem é o que morre dentro dele enquanto ele ainda está vivo". É por isso que acredito sempre numa coisa, e sempre a considero como uma filosofia de vida, tanto é que sempre digo em todas as palestras que ministro Brasil afora: se você tem um sonho, escreva-o, nem que seja em um pedaço de papel, em um rascunho, no embrulho do pão, no computador, em qualquer lugar, pois lhe dará forças para continuar acreditando na felicidade, irá alimentar a sua alma para superar os obstáculos da vida para, no final, sentir a satisfação no mais profundo do seu ser, a alegria por ter conseguido realizá-lo, e mesmo sendo só um sonho, será ele quem lhe dará tudo isso, fazendo com que tenha sempre vivos dentro de você a esperança, o otimismo e, principalmente, a fé. Não se deixe levar pelas falsas paisagens no percurso da sua longa vida, pois mesmo que tropece em alguma pedra, busque em você a motivação, garra e continue a caminhar. Não permita jamais que ninguém diminua o seu valor. Creia e encontrará a tão sonhada felicidade que procuras, lute pelos seus sonhos e jamais desista deles!

11

Ser feliz é tudo que se quer

Neste ensaio o leitor(a) é convidado(a) a fazer uma profunda reflexão sobre sua própria felicidade e existência a fim de detectar falhas que precisam ser consertadas buscando sempre novas alternativas de realização pessoal e profissional. Onde as desculpas não podem mais fazer parte do roteiro para o sucesso

Eugênio Sales Queiroz

Eugênio Sales Queiroz

Cientista Social com MBA - Master in Business Administration em Gestão de Recursos Humanos pela Uninter – Curitiba – PR. Autor de vários livros lançados no Brasil e exterior, entre eles *As 60 Ações Inteligentes Para o Sucesso* pela Qualitymark Editora – Rio de Janeiro. Ministra treinamentos corporativos e palestras de alto impacto nas áreas de excelência profissional, atendimento ao cliente, vendas, marketing pessoal, liderança e na área Educacional. Em suas palestras, procura inspirar os participantes para uma vida pessoal e profissional mais plena. É um dos palestrantes motivacionais mais requisitados do momento por passar uma energia poderosa para os que o assistem. É conferencista convidado da Futuro Eventos, empresa organizadora de congressos internacionais. Autor participante do livro *Os Segredos para o Sucesso Pessoal e Profissional – O Marketing Aplicado aos Relacionamentos* – Editora Ser Mais. Também é articulista de sites, jornais e revistas especializadas.

Contatos
www.eugeniosales.com.br
facebook.com/eugeniosalesqueiroz
consultor@eugeniosales.com.br
(81) 9936-7126
(81) 3723-8256

Eugênio Sales Queiroz

"Viver e não ter a vergonha de ser feliz. Cantar e cantar a beleza de ser um eterno aprendiz."
Gonzaguinha

No caminhar da nossa própria vida, vamos pouco a pouco aprendendo a ver a nossa existência com os olhos da experiência. Mesmo quando a vida nos parece injusta, não podemos perder a alegria de cantar a vida no tom mais alto do nosso ser.

Viver nunca foi e nunca será fácil, pois sempre existe uma dor emocional por trás de tudo, portanto, é preciso enxergar os acontecimentos do nosso cotidiano de forma mais dinâmica, pois problemas sempre irão existir, dificuldades sempre acontecerão, o que de fato vai realmente importar e fazer a diferença é como vamos enfrentar cada fase da nossa vida e como vamos reagir aos acontecimentos.

Seja na vitória ou na derrota, precisamos saber que não somos perfeitos e é preciso avançar na nossa vida com mais determinação e usar toda a nossa experiência para vencermos os obstáculos com muito equilíbrio, isso tudo sem perder de vista o real sentido da nossa existência.

"...eu sei que a vida devia ser bem melhor e será. Mas isso não impede que eu repita, é bonita, é bonita e é bonita".
Gonzaguinha

Claro, todos nós queríamos que a nossa vida fosse mais fácil e tudo mais simples. Mas é importante entendermos também que estamos neste momento, no exato local que nós mesmos nos colocamos, ou seja, os caminhos que percorremos, as nossas escolhas, nossas ações e omissões, nos colocaram onde estamos agora.

Portanto, é de suma importância que se queremos algo melhor e diferente em nosso viver, é preciso que façamos profundas mudanças na nossa maneira de ser, de viver e de agir, afinal de contas, se fizermos sempre o mesmo caminho, chegaremos sempre ao mesmo lugar. Agora, ao traçarmos um novo caminho, na certa, chegaremos ao nosso objetivo de forma mais rápida e mais segura. O que não podemos é reclamar da "comida" insossa, se temos a oportunidade de acrescentar um pouco de sal e melhorar o sabor da mesma.

E por falar em "reclamar", é preciso nos "vacinarmos" contra os "reclamadores de plantão" ou os "negativos de carteirinha", pois eles têm o poder de danificar a nossa autoestima, para muitos deles quanto pior melhor, são aqueles que perguntam qual o nosso time para torcer contra, são aqueles que comentamos sobre nossos novos projetos e eles nos "aconselham" dizendo que não vão dar certo, que não somos capazes. Então, aqui vai uma dica muito importante: vacine-se contra os *negativos*

Felicidade 360°

de plantão" eles possuem alto poder de destruição emocional, fazendo com que muitas vezes nossos sonhos fiquem pelo meio do caminho.

"Posso ter defeitos, viver ansioso e ficar irritado algumas vezes, mas não esqueço de que minha vida é a maior empresa do mundo. E que posso evitar que ela vá à falência.
Ser feliz é reconhecer que vale a pena viver, apesar de todos os desafios, incompreensões e períodos de crise.
Ser feliz é deixar de ser vítima dos problemas e se tornar autor da própria história.
É atravessar desertos fora de si, mas ser capaz de encontrar um oásis no recôndito da sua alma.
É agradecer a Deus a cada manhã pelo milagre da vida.
Ser feliz é não ter medo dos próprios sentimentos. É saber falar de si mesmo. É ter coragem para ouvir um "não". É ter segurança para receber uma crítica, mesmo que injusta.

**(Dez leis para ser feliz, Editora Sextante, 2003)
Augusto Cury**

Se "Ser Feliz" é tudo que se quer, é preciso saber ouvir a voz da sabedoria do nosso coração, pois é lá que encontramos todas as respostas para nossas indagações. É no nosso íntimo que mora toda nossa força maior, e como felicidade deve ser caminho e não só chegada, essa força precisa ser despertada sempre. "Derrotas temporárias" irão sempre surgir naturalmente no percurso da nossa existência e somente os fortes seguirão mais determinados para a tão sonhada vitória pessoal e profissional.

**E como despertar essa força poderosa que existe
no nosso eu interior?**

I.   Acreditando no nosso potencial, pois se nós mesmos não acreditamos quem irá acreditar?
II. Manter contato com pessoas equilibradas emocionalmente que possam nos dar o suporte necessário para avançarmos sempre.
III. Evitar ficar falando das coisas negativas da vida.
IV. Procurar manter um pensamento altamente motivador e inspirador para aumentar a nossa expectativa de realização, pois pensamento negativo além de não ajudar atrapalha nossos projetos mais ousados.
V.   Trabalhar bem a nossa espiritualidade, onde o *Ser Supremo* será o centro da nossa existência.

VI. Procurar viver num ambiente de paz seja no trabalho, em casa e na sociedade como um todo, afinal de contas, quem tem paz tem tudo para dar certo.

VII. Manter o equilíbrio emocional diante dos atropelos que volta e meia aparecem no nosso cotidiano, é sempre muito bom lembrar que uma pessoa equilibrada consegue tomar as melhores decisões diante de grandes tempestades.

E neste exato momento da sua vida amigo (a) leitor (a) como está o grau da sua Felicidade? Você tem tido "tempo" para investir na sua Felicidade interior?

Pergunto isso, porque felicidade exterior podemos até comprar num shopping ou em qualquer outro lugar, mas Felicidade interior é conquista, é lutar para alcançar algum objetivo maior, é não desanimar, é avançar com propósito de vida, é ser coerente com as próprias atitudes, é desenvolver a percepção de saber exatamente o que se quer da vida.

Outro detalhe a observar na nossa jornada de vida é o quanto estamos investindo na nossa realização, o quanto já avançamos e o quanto precisamos avançar, pois a nossa verdadeira felicidade depende muito dos nossos planos e dos nossos projetos mais ousados.

Então, a partir de hoje procure investir de forma concreta e mais assertiva na sua felicidade e tome algumas providências que há tempos você precisaria tomar.

- Se tiver que perdoar alguém ou algum fato da sua vida, perdoe;
- Se necessário perdoar a si mesmo, perdoe;
- Se precisar mudar de emprego ou mesmo de projeto, a hora é essa;
- Se houver a necessidade de fazer um novo curso de aperfeiçoamento ou realizar aquela viagem dos sonhos, não perca mais tempo e se mexa; atitudes diferentes resultados diferentes.

Quero deixar registrado aqui o que sempre digo no final das minhas palestras pelo mundo afora:

Escolha a vida que você quer levar, senão a vida o levará para onde você não queria ir e depois você passará o resto da vida se lamentando, pois a escolha será sempre sua.

E por último, lembre-se: *sua verdadeira felicidade depende muito do seu próprio esforço e amadurecimento espiritual, emocional e das suas atitudes.*

Agora, prepare-se melhor para viver a vida que você sempre sonhou.

Torço por você.

Felicidade 360º

12

Eu quero é ser feliz!
Dá para ser AGORA?

Há alguma prática que traga a felicidade agora?
Sim, desde que esse seja seu real desejo.
Peço ao leitor que procure se esvaziar para ler nesse capítulo os
primeiros passos de uma metodologia para a felicidade. Depois,
pratique o conhecimento ou poderá dispensá-lo, sem qualquer risco de
se sentir infeliz pela experiência. Meu desejo é acrescentar algo útil para
a felicidade, sua e das pessoas de seu convívio, pessoal e profissional

Eunice Abolafio

Eunice Abolafio

Ortoptista pela Escola Paulista de Medicina (UNIFESP), MBA Gestão de Negócios, Neurocoaching pelo Neurobusiness Group (EUA), Master Executive Coaching pelo Behavioral Coaching Institute, Conselho Internacional de Coaching e Sociedade Brasileira de Coaching. Vivência corporativa em Marketing, Comercial, Atendimento e Recursos Humanos em grandes empresas. Consultora em Comportamento Organizacional há mais de dez anos, realizando Assessments e Coaching (mais de seis mil horas), workshops de alinhamento e desenvolvimento comportamental de novos líderes, líderes formais e suas equipes. Professora de Comportamento Organizacional e Liderança nos MBAs: UniRadial, Estácio de Sá, IBMEC São Paulo e Curitiba. Palestrante focada nas melhorias comportamentais, propicia autoconhecimento e reflexão em diferentes níveis hierárquicos e culturais. Realiza atendimentos, palestras e workshops para apoiar professores, pais e adolescentes na escolha e condução de carreiras e/ou melhoria nos relacionamentos interpessoais. Alguns clientes: Alcoa, Alumar, Amil, Brasfanta, Bimbo, Colégio Santa Catarina, Grupo Notredame, Grupo Servtec, Hospital Nove de Julho, Hospital Santa Catarina, Hunter-Douglas, Instituto Sidarta, Natura, Publicis Brasil e Unicoba.

Contatos
www.fenixcomportamental.com.br
eunice@fenixcomportamental.com.br
Facebook: Fenix Comportamental ou Eunice Abolafio
(11) 4612-9234

Eunice Abolafio

Queremos ser felizes e amados hoje e sempre. Entretanto, na prática, para explicar o que é a felicidade, falamos dos momentos felizes, momentos maravilhosos ou acontecimentos extraordinários. Porém, no dia a dia, almejamos com grande expectativa uma nova oportunidade para sermos felizes. Enxergamos a felicidade como o resultado de um estímulo externo especial, que está no futuro. Dificilmente declaramos nossa felicidade AGORA, até porque parece que precisamos justificar o porquê da felicidade. Em pouco tempo, o que gerou felicidade passa a ser normal e não ficamos mais felizes. Assim, vivemos a eterna procura de novos estímulos extraordinários externos, *com a sensação interna de que sempre falta alguma coisa*.

No mundo consumista que valoriza a beleza exterior impecável e os bens materiais como símbolos de status e poder, a felicidade ou o prazer imediato tornam-se cada vez mais importantes. O "Ter" em detrimento do "Ser". Os pais inconscientemente educam seus filhos e reforçam esse modelo. Procuram dar o melhor para seus filhos, que desde cedo falam de seus desejos materiais. Quando ganham o desejado, sentem-se felizes, porém, a cada novo desejo realizado, a felicidade se torna mais fugaz e difícil. Como o desejo de ser feliz é basal, sempre querem *"coisas diferentes"* para ter novos momentos de felicidade. Um perigoso caminho sem fim.

O álcool, por exemplo, entra cada dia mais cedo na vida de um jovem adolescente que, sob seu efeito e junto com a turma de amigos, ficam mais corajosos e imprudentes. Compartilham aventuras irresponsáveis, buscam novos estímulos, com a ilusão de serem felizes se houver muita diversão. As drogas podem ser o próximo passo.

Diversão é confundida com Felicidade e a diversão sem valores e limites é a causa de muita violência e sofrimento no mundo. Será importante conduzirmos a nós mesmos, as crianças e os adolescentes para a educação e o entendimento das emoções e da verdadeira felicidade.

A felicidade é um estado interno positivo e natural. Ela já está dentro de nós desde o nascimento, mas a nossa mente produz pensamentos, lembranças e geram emoções negativas, que poluem e impedem de perceber a felicidade intrínseca e natural. Observem os bebês. Se todas as suas necessidades físicas forem satisfeitas, a felicidade é claramente percebida na sua fisionomia, podendo até dar gargalhadas ao ver coisas simples, sem que ninguém os ensine. Com o tempo, eles crescem e aprendem a desejar coisas, adequando-se ao ambiente e à vida.

Ao desenvolver o autoconhecimento e um estado maior de consciência, sentimos que a felicidade sempre esteve dentro de nós. Ao reconhecê-la e valorizá-la, mudam alguns dos nossos valores. Passamos então pelas fases boas e ruins da vida, mas não somos atingidos no

Felicidade 360º

estado interno de felicidade e paz. Até chegar a este estágio, há um processo e do seu importante início é que tratarei nesse capítulo.

Sou um exemplo da minha própria metodologia para desencadear o processo. Quem me conhece, foi meu cliente, participou de alguma palestra ou dos meus trabalhos comportamentais, sabe que sempre recebe minha energia de amor e felicidade. Precisei e ainda preciso muito de tudo que aprendi, assim como sei que ainda há muito por aprender.

Meu aprofundamento maior no assunto começou no ano de 2003, quando a minha filha Talita, de apenas 23 anos, partiu dessa vida após o quarto dia do primeiro sintoma de uma rara doença. Um sofrimento de proporção indescritível, porém, foi meio dele que consegui me tornar um ser humano bem melhor do que era. Creio que tudo que eu já sabia estava apenas no nível intelectual e repleto de julgamentos de valor. Os grandes limitadores para enxergar além do que é racional e lógico.

A essência e o ego

O que há de tão mágico e poderoso em um bebê recém-nascido, capaz de transformar e tornar felizes ambientes e pessoas? Por que o quartinho do bebê parece um pedaço do céu? Por que com o tempo isso deixa de acontecer?

O recém-nascido é a mais pura manifestação da Essência divina. Ele não tem consciência de possuir um corpo limitado, capaz de sofrer e morrer. Se conseguíssemos tirar de nós tudo aquilo que nos diferencia dos outros, restaria apenas a Essência: um núcleo ou aura energética pura, sincera, radiante e linda. Exatamente como um pequeno bebê. A Essência é o que há de mais maravilhoso em nós, a centelha divina imortal que habita o corpo físico.

Na medida em que a criança cresce, a essência deixa gradualmente de ser percebida e manifestada, pois o ego se agiganta em seu poder. Este é o efeito primeiro da existência do ego: ficamos tão absortos com a interação com o mundo exterior, que deixamos de ouvir as vozes internas, que, não raro, se manifestam sem lógica ou nexo perceptíveis.

Para deixar claro o conceito: se a essência é nosso núcleo espiritual ou nosso eu maior, o ego é a capa protetora psicológica que ilusoriamente nos protege e permite interagir com as demais pessoas. O ego é o nosso poder mental criador usado também contra nós mesmos. Ele constrói formações mentais de defesa por meio dos pensamentos dolorosos que nos afastam do imenso amor que há em nossa essência.

Não há como evitar que o ego surja. E nem devemos: ele é importante para a vivência no planeta Terra, para o aprendizado da vida, a interação com os outros e, portanto, a evolução do ser humano.

Eunice Abolafio

A essência não percebe seus limites corporais mortais. Portanto, sem a interferência do ego, uma criança facilmente se jogaria da janela para voar como um super herói. O medo da dor e da morte – que chegam com a evolução do ego - irão protegê-la de seus ímpetos criativos perigosos.

O problema não é, portanto, a existência do ego, mas é o seu domínio inconsciente sobre nós que nos impossibilita sentir a Felicidade. Nós, adultos, ridicularizamos muitas das manifestações da Essência, ao mesmo tempo em que preparamos as crianças para uma vida semelhante à nossa, que não apreciamos totalmente. E sem consciência da relação essência/crescimento/plenitude, não percebemos estar sacrificando um potencial criativo que cobraremos no futuro.

Quantas empresas reclamam da falta de criatividade e iniciativa de seus colaboradores? E eu pergunto: com tanto medo de errar ou parecer inadequado ou diferente dos demais, como as pessoas poderão criar e agir livremente?

O ego preenche mais os nossos milhares pensamentos, nos conduz às reações automáticas, nos protege porque está relacionado ao medo. Medo de errar, de não ser aceito, de parecer ridículo, de falar o que os outros não querem ouvir. Os pensamentos são de formato julgador e binário. É certo ou errado, proibido ou permitido, branco ou preto. Através do ego não enxergamos a escala do cinza, assim como não percebemos que nada ou ninguém pode estar cem por cento certo ou cem por cento errado. Tudo começa com um rápido julgamento mental, para saber se você é "mais" ou "menos" em uma situação ou frente à outra pessoa. Concluído o julgamento as atitudes condicionadas se manifestam sem consciência, e você estará em um dos dois estados que eu denomino de SIMPLES ou REATIVO. Procure percebê-los em você.

ESTADO SIMPLES – Há diminuição das ações, aumenta a passividade, preferindo o trivial básico ou apenas fazer o que lhe mandam. A postura negativa domina, observando tudo que pode dar errado, para não mudar seu status quo. Favorece o que eu chamo de "*Síndrome do Hardy Ah Ah*", aquela Hiena pessimista dos desenhos animados que falava: Oh vida! Oh Céus! Oh Azar! Isso não vai dar certo!

Há muitas pessoas nesse estado no ambiente de trabalho. Realizam suas tarefas e nada mais. Saem na hora, nem um segundo a mais, nem um segundo a menos e são incapazes de oferecer ajuda para quem não terminou seu trabalho. Sentem muita inveja de quem é promovido ou recebe algo de bom, sem perceber que nada fazem por merecer.

Felicidade 360°

Ao contrário, pensam: - Por que não eu? Ninguém me valoriza! Torcem pelo erro dos outros, principalmente dos bem-sucedidos. Porém, morrem de medo de errar, de tentar fazer coisas novas, de receber broncas. Criticam e culpam os outros pelas suas dificuldades e problemas. Não procuram nem aceitam facilmente as mudanças que possam contribuir com os resultados.

Sempre há algo para reclamar, como o ar condicionado forte ou fraco, o café frio, a água gelada, qualquer coisa. Não são companhias agradáveis, sem perceber que causam o afastamento das pessoas.

ESTADO REATIVO – os que tem esse perfil são donos da verdade absoluta. A palavra mais usada é "não", mesmo que depois repitam exatamente o que o outro disse, apropriando-se da verdade ou ideia alheia. Falam mais do que ouvem ou fingem ouvir, pois, em silêncio, elaboram uma contra-argumentação infalível. Apontam e criticam os erros e as pessoas, mas não reagem bem quando são criticados. Possuem pouco controle de suas emoções. Ficam agitados e nervosos.

Na maioria das vezes, o Estado Simples ocorre quando nos sentimos menos em relação às pessoas e aos ambientes. Já o Estado Reativo costuma surgir quando nos sentimos mais (mais inteligente, mais capaz, mais competente), porém, a incoerência é uma característica humana e o contrário também pode ocorrer.

O mais importante é perceber que não somos mais nem menos do que ninguém. Até mesmo um médico, ao atender seu paciente, se estiver no estado reativo, pode ficar descontrolado quando o leigo paciente pergunta por que ele não receita o remédio ou pede o exame que viu na TV ou na Internet. Quantos gerentes, diretores e pais reagem forte e agressivamente ao receber um *feedback* negativo, por sentirem-se pessoalmente atingidos e precisarem manter a sua falsa posição de superioridade. Quem está seguro do que sabe e do que é, não sente alteração com as palavras alheias. Ao contrário, mantém a calma, para entender a situação real. É capaz de humilde e naturalmente dizer que desconhece um assunto e aproveita para aprender. Para vencer esses estados, simples e reativo, procure exercitar diariamente um novo estado, o aditivado, aquele que sempre faz mais, pouco ou muito, mas sempre a mais do que é esperado pelos outros.

ESTADO ADITIVADO – pessoas com essa característica interferem positivamente nos ambientes em que estão inseridos. Usam a criatividade para mudar as suas reações automáticas e surpreendem positivamente as pessoas.

Eunice Abolafio

São gentis, muitas vezes inesperados, por gerar emoções positivas ao seu redor. Apoiam as pessoas e comemoram o sucesso alheio. São capazes de dar um *feedback* negativo e a pessoa ficar bem e até agradecer. Conduzem a visão dos aspectos positivos das situações que estão incomodando. Fazem coisas agradáveis e fáceis como deixar um bombom ou um recadinho especial em um lugar inusitado.

No dia a dia, procure desenvolver o estado aditivado. Mude suas atitudes para com os outros. Cumprimentar o porteiro do prédio ou a faxineira da empresa com um sorriso, chamar pelo seu nome e perguntar sobre seus filhos. Ao entrar em um elevador, dizer pelo menos "olá" e "obrigado" para a ascensorista. Ao invés de se irritar no trânsito, ouça suas músicas preferidas e cante. Olhe nos olhos das pessoas, esteja realmente interessado por elas. Demonstre seu amor e apreço pelas pessoas, de diferentes e criativas formas. Seja agradável com quem cruzar o seu caminho. Sorria.

No ambiente de trabalho, conheça melhor as pessoas de sua equipe, seus pares e superiores. Saia para almoçar com pessoas diferentes e demonstre interesse pelo que elas dizem. Ouça mais do que fale. Aprenda a fazer perguntas sobre o assunto alheio, para entendê-lo completamente. Na família, busque as oportunidades para elogiar, premiar ou agradecer aquilo que é merecido, ao invés de apenas apontar os erros. O que lhe é fácil pode ser um grande sacrifício para os outros. Não ironize, nem desmereça ninguém, principalmente na frente de outras pessoas. Perceba que a convivência e/ou o poder podem causar o desrespeito. O pior, ao causarmos sofrimentos, os outros deixam de colaborar e passam a torcer pelo nosso erro. Apenas coisas de gente, coisas de ego.

Há muito ego e pouca essência no mundo, enquanto o foco estiver em nós mesmos. Acostumados com o negativo, com as reclamações agressivas, a falta de atenção e gentileza, quando encontramos alguém bem aditivado, estranhamos e desconfiamos. Nós invejamos e criticamos: - ele quer mesmo é ser promovido. Flores sem motivo? Deve querer alguma coisa. Todos querem carinho e atenção, mas no estado simples e reativo, criamos como um campo de força que impede a aproximação das pessoas, até mesmo dos nossos filhos.

Há a lei da física que diz: a cada força exercida sobre um corpo, haverá outra força de mesma intensidade, no sentido contrário. Na vida, esta é a lei da ação e reação. Comportamentos egoicos trazem a infelicidade.

O estado aditivado será o início do processo de autoconsciência, que produzirá reações positivas e agradáveis ao seu redor. A não produção da infelicidade será a chave da porta para o caminho da felicidade.

Que o Deus de cada um abençoe a todos nós!

Felicidade 360º

100

13

A felicidade ao seu lado e simples de ser alcançada

Uma leitura que fornece dicas preciosas de como ser feliz na vida. Em linguagem acessível, vários exemplos de vida mostram como a felicidade pode estar tão perto de você e simples de ser alcançada. Assim é a felicidade, um verdadeiro coquetel de emoções, um estado que ilumina a alma e cujo poder está em suas mãos, ao seu redor, nas pequeninas coisas da vida, de braços abertos esperando por você

Evelyn Vinocur

Evelyn Vinocur

Médica Neuropsiquiatra com mais de 35 anos de experiência dedicados a cuidar da saúde mental de crianças, adolescentes e adultos. Mestre em Neurologia e Neurociências (Universidade Federal Fluminense), Especialista em Pediatria (Pontifícia Universidade Católica, PUC-RJ) e Psiquiatria (Universidade do Estado do Rio de Janeiro). Membro da Associação Brasileira de Psiquiatria e Internacional Member of the American Psychiatric Association e de várias outras associações. Hoje divide o seu tempo atendendo em sua clínica particular no Rio de Janeiro e trabalhando em seus projetos sociais. Diretora do CIESC (Centro Integrado do Estudo do Comportamento) e coordenadora do grupo de apoio ao TDAH (Transtorno de Déficit de Atenção e Hiperatividade) e do GABrio, Grupo Afetivo Bipolar Rio, ganhador do Prêmio Convivendo, 1º lugar em concurso de grupos de apoio a transtornos mentais em todo o Brasil. Profere palestras sobre o TDAH e outros transtornos em escolas e instituições para pais e educadores.

Contatos
www.evelynvinocur.com.br
www.tdahemfoco.com.br
www.bipolaremfoco.com.br
www.terapiadosgansos.com.br

Evelyn Vinocur

Escrever sobre felicidade parece ser uma tarefa fácil e simples, afinal trata-se de discorrer sobre um sentimento universal e presente no dia a dia de todos nós. Entretanto, ao contrário do que parece, o fascinante assunto, além de complexo e instigante, é polêmico e desafiador, não raro sendo o palco de calorosos debates entre os seus pensadores, cujas opiniões são muitas vezes discordantes. Ainda que muitos pontos sejam incontestáveis, como o fato de todos os homens quererem ser felizes, o tema permanece enigmático e até hoje ainda foge ao nosso domínio e pleno entendimento. Afinal, se tivéssemos poder seríamos todos felizes o tempo todo, então por que não somos? Várias teorias tentam explicar tal fenômeno, mas o fato é que ainda não temos uma resposta satisfatória sobre a questão. Tanto que vivemos dia após dia em busca da felicidade, suplicando aos céus que ela esteja sempre presente em nossos corações e que nunca nos abandone. Essa é a felicidade, ah, essa "musa idolatrada, poderosa e iluminada", um dos pontos mais cobiçados por homens e mulheres em todo o mundo. Ficamos à sua mercê, temerosos pela sua ausência, pois sabemos que ela pode ser impiedosa e parcial, agraciando mais a uns do que a outros, à nossa revelia e assim ela prossegue, reafirmando a sua soberania e nos colocando em condição de inferioridade, diante da nossa impotência, ignorância e finitude humanas. Mesmo assim, ela é sempre bem-vinda e tão logo surja em nossas vidas, nos encontrará de braços abertos, esperando por ela.

A felicidade pode ser definida como um sentimento global de bem-estar e alegria que preenche todo o indivíduo fazendo com que ele se sinta em total harmonia e equilíbrio com o mundo, não havendo espaço para a tristeza, medo, culpa ou conflito. É comum que ao se sentirem felizes, as pessoas fiquem envoltas por um "brilho próprio" do qual emanam bons fluidos e energia positiva que "flutuam ao sabor do vento" em direção a novas pessoas. A felicidade é democrática e não discrimina pessoas por etnia, religião, cor, sexo, idade ou classe sócio econômica. Ela pode ser percebida em distintos contextos, como no sorriso de uma criança, no desabrochar de uma flor ou na serenidade de um céu azul em dia de sol. Muitos a recebem como uma dádiva do grande arquiteto do universo e outros defendem teorias como a dos neurotransmissores cerebrais, da neurogenética, dos transtornos de personalidade, da dinâmica familiar e outras. Eu defendo a teoria multifatorial, na qual a felicidade vai depender de vários fatores citados acima, como um novelo de muitos fios. Na prática, globalmente falando, a felicidade é como o sol, que nasce para todos, contemplando-os incondicionalmente. Contudo, vale ressaltar que outros pontos ainda não mencionados também são essenciais para a conquista da

Felicidade 360º

felicidade. É preciso ser humilde e ter sabedoria para usufruí-la da melhor forma bem como estar "aberto" a ela, assim como o sol que só entra no quarto cuja janela estiver aberta.

Assim, prezado leitor, nós, filhos da mesma "terra-mãe", nascemos com o passaporte válido rumo à felicidade e com os recursos internos necessários para sermos felizes. Pois se existe uma meta comum a todo e qualquer ser humano, essa deve ser a busca da própria felicidade, sendo um *must*. De posse dela, a vida fica "muitos quilos mais leve" podendo ser vivida com mais qualidade em todos os setores. Felicidade se constrói, se imita e não pode ser roubada de ninguém. Cada indivíduo tem a sua receita de bolo da felicidade e nenhuma é igual à outra. Felicidade é algo que ninguém pode fazer por você. É um processo lento, que vai sendo construído aos poucos, subindo degrau a degrau, sem pressa.

Como já descrito, vários fatores estão associados à felicidade. Porém, alguns só dependerão de nós e do modo como pensamos e agimos diante da vida. Não vou me prender aqui a situações de ficar feliz por ter ganho um prêmio ou ter tirado a sorte grande, pois tais exemplos são de momentos de felicidade. O meu foco aqui será pensar a felicidade sob um ângulo mais amplo, sólido e duradouro.

Certas habilidades e (pré) disposições vistas em algumas pessoas são o adubo fértil que revitaliza o terreno para o plantio das sementes de felicidade. Elas atraem bons presságios para aqueles que as têm. Começando pela generosidade, bondade, caridade e humildade. Fazer o bem ao próximo é um dos primeiros degraus da escada para a felicidade. Se virmos o mundo como um grande sistema familiar, formamos uma irmandade, todos irmãos, todos iguais e assim não se justificando a avareza, ambição, gula, ganância, roubo, extorção, mentira, luxúria e coisas do tipo, pois tais excessos não combinam com a felicidade genuína e duradoura. Outra disposição positiva é a criatividade, intuição, pensar grande positivo, admiração, obediência, retidão de caráter e disciplina.

A seu lado caminham a justiça, prudência, determinação, valores e símbolos. O bom caráter aliado à proatividade são os temperos para grandes conquistas. Ouça o seu coração, acredite que você é capaz de realizar boas obras. Construa, restaure ou remodele seus próprios limites, amplie suas fronteiras, se superando a cada dia. Cultive o seu jardim para que ele fique "à sua moda". Faça algo bom a cada dia. Parabenize-se, vibra e curta cada vitória alcançada. Não se subestime. Invista em você, nas suas realizações. O que pode ser mais importante do que isso? Seja você o seu melhor referencial de vida e aprenda o bem com os grandes mestres. Realize-se nos seus projetos não importa o tamanho. Seja exemplo para os que convivem com você. Não espere, execute, faça acontecer. Acredite, ouse, arrisque. Seja feliz! Você pode! Não se preocupe em acertar e sim em realizar. Cair e tropeçar faz parte dos altos e baixos da vida, sendo inevitável a presença dos erros até porque muito se aprende a partir deles. Se cair, caia com classe e humildade.

Errar e cair valerão a pena caso produzam conhecimento e mudanças positivas. Não se permita paralisar, continue e conclua a sua obra. Quando a realização de um objetivo é feita com amor, parcimônia, planejamento e monitoramento, as chances de sucesso são muitas. Viver é aprender com os erros, é descobrir a magia da vida em cada novo gesto. É transpor as barreiras, isso é felicidade! Só assim é possível saborear o melhor da vida, fazendo o que se gosta e ao lado das pessoas a quem se ama. Isso é felicidade!

Graças ao grande arquiteto do universo, eu posso dizer que nos dias de hoje eu me sinto uma pessoa feliz e realizada de modo geral. Não que com isso eu queira dizer que eu já tenha conseguido tudo o que eu idealizei ou que eu já tenha alcançado tudo o que gostaria de ter alcançado em minha vida. Não, não é isso. Eu quero dizer que, ao parar para analisar a minha linha do tempo desde o nascimento até o presente eu me orgulho das coisas que eu já fiz, do jeito como eu as construí e com a paz interior que me guiou e iluminou o meu caminho até onde eu cheguei, levando em conta todos os obstáculos que eu tive que superar ao longo deste tão meu, caminho.

A vida é uma infinita soma de pontos emocionais no tempo, assim eu ainda tenho muitas metas a realizar nessa vida. Muitos planos a curto, médio e longo prazos. O estar vivo implica em sonhar. Só a ausência de vida extingue a nossa capacidade de sonhar, planejar e desejar coisas, sendo essa capacidade um pré-requisito para a obtenção de novos objetivos de vida e isso é felicidade! Por isso, queridos leitores, eu hoje me sinto apta a falar um pouquinho sobre esse vasto, complexo e fascinante tema "felicidade".

Você deve estar se questionando, se a felicidade é para todos, por que tanta gente se diz infeliz, injustiçada, sucumbida e humilhada diante de tantas dificuldades na vida? Por que umas pessoas nascem em berço de ouro enquanto outras, em meio ao flagelo miséria e dor? Em contrapartida, você deve conhecer pessoas ricas, bondosas, belas e famosas que declaradamente são infelizes, que se drogam, inclusive muitas dando fim à própria existência até mesmo no auge da fama e juventude. Enquanto outras que se esforçam arduamente para obter o pão de cada dia são declaradamente agradecidas e felizes com a vida. Constatamos que existe alguma coisa ou uma série

Felicidade 360°

de coisas que estão para além da razão, da saúde, do dinheiro, da fama e do bem-estar comum e que também são responsáveis para que uma pessoa seja feliz.

O processo gerador de felicidade é complexo e nada tão óbvio que bastasse ter um carro do ano ou um marido rico para que uma pessoa se sentisse feliz. Nós bem sabemos que a felicidade está presente tanto nos pequenos e mais singelos atos quanto nas grandes e promissoras atitudes. Essa é uma das maravilhas do universo, por isso tudo vale a pena na construção de um caminho do bem, que é um dos passos para a felicidade! Outro ponto a ser lembrado que também contribui para a felicidade é o nosso saber, o conhecimento, a informação e o trabalho honroso e honesto. Ler, estudar, manter-se informado, trabalhar, e ajudar o próximo, certamente fortalecerá o seu caminho nessa vida. Cerque-se de pessoas boas, de bons livros e dos bons ensinamentos. Manter-se afastado de problemas é fonte de sabedoria e inteligência emocional. Outro ponto importante de acesso à felicidade é a inteligência executiva. Otimizar as tarefas, organizando-as, planejando seus prós e contras, gerenciando-as, etc., são condições facilitadoras de sucesso e felicidade. Trabalhar com amor, fazer boas parcerias e ter boas ideias andam em paralelo à felicidade. A transformação do seu dia de trabalho em uma experiência mágica, com chances de reformulação por meio de novas ideias e atitudes é um exemplo de felicidade.

Toda criação e arte é transformação e isso é felicidade. É assim que daremos início à essa nova jornada de reconstrução e remodelação da nossa vida, com o objetivo de crescimento interno e pessoal, que, certamente, vai fazer você se sentir mais próspero, produtivo e, em consequência, mais feliz!

Caro leitor, leia e releia todos os fatores de proteção e risco para a felicidade. Na vida tudo é questão de escolha, de opção. Opte pelo caminho do bem e mantenha-se nele. Em contrapartida, a vida vai lhe ofertar pérolas preciosas, jóias raras e verdadeiros tesouros, que evidentemente estarão disponíveis para você de maneira disfarçada, por exemplo, nas pequenas e singelas coisas da vida e sendo somente passíveis de serem identificadas por pessoas do bem.

Você acredita que uma coisa boa atrai outra coisa boa e de energia semelhante? Você concorda que todos preferem estar juntos a pessoas otimistas, batalhadoras e proativas, em detrimento de pessoas negativas, lamuriosas e derrotistas? Se você entendeu isso já é um bom começo. Deus, fonte de toda sabedoria, bondade e justiça, sendo ele o grande arquiteto do universo, nos colocou no mesmo patamar ao das demais pessoas do mundo sem qualquer distinção.

Evelyn Vinocur

Permitindo que todos comecem o seu ciclo de vida partindo do mesmo ponto. Com base na premissa de que a felicidade existe para todos eu vou sugerir que você busque a sua felicidade, que se permita senti-la, deliciando-se com ela, fazendo dela a grande parceira da sua existência e sua companheira ao longo de sua trajetória de vida.

Em suma, a felicidade costuma ser encontrada nas pequenas coisas da vida, nos pequenos gestos, mas também na sabedoria dos justos, na fé ao criador e na esperança daqueles que acreditam e que se arriscam pelo próximo ou por uma boa causa. Ela é do mundo, tal como o ar que respiramos, para todos. Ela é mágica, sedutora e encanta por onde passa. Ela não se nega a vir, pois é mansa, doce, suave e sensível. É uma benção disponível a quem dela chegar perto, tal como a luz do sol, a beleza das praias, a imponência das montanhas e o brilho das estrelas em uma noite de luar. Para muitos, é tida como impossível, para outros, é objeto de busca interminável. A felicidade é gratuita e faz parte da nossa inesgotável cota de recursos internos. Mas ela é invisível aos olhos de quem não a vê e costuma ser percebida pelos homens do bem, que têm fé e que acreditam que merecem ser felizes. Não se esqueça de que a vida é única e singular não servindo como objeto de comparação à vida de mais ninguém. Podemos, sim, deslumbrar as experiências das outras pessoas, mas jamais acharmos que seremos felizes fazendo o que os outros fazem.

Por fim, caríssimos leitores, eu agradeço a todos vocês que leram esse texto e saibam que ele foi escrito com toda seriedade e comprometimento, na esperança de que possa ser útil na vida de vocês de algum modo, seja na produção de novas ideias e reflexões, seja como uma ferramenta a ser usada na construção da escada para a felicidade 360°, ou seja, aquela felicidade que nasce de você, que emana de você, que circula pelas pessoas e que finamente retorna à você, fechando o ciclo de 360° em você!

Uma excelente leitura a todos!

Felicidade 360º

14

O outro lado da felicidade
O propósito

Felicidade não é uma questão fechada. Há inúmeras formas de pensar sobre ela. O diálogo aberto sobre esse desejo humano é fundamental

Gisa Viana

Gisa Viana

Coach pela Behavioral Coaching Institute, um dos principais institutos Mundiais de Pesquisa e Trabalho na área de Coaching. É membro da Sociedade Brasileira de Coaching (SBC), escritora, palestrante, Practitioner em Programação Neurolinguística e Psicóloga. É especialista em Gestão de Pessoas e há mais de 15 anos desenvolve um trabalho inspirador, promovendo mudanças no âmbito profissional e pessoal. Realiza palestras e treinamentos nas áreas: Liderança, Atendimento ao Cliente e Artes. Já treinou centenas de pessoas e seu trabalho tem como foco: atitude e comportamento com ênfase em excelência humana.

Contatos
www.gisaviana.com.br
falecom@gisaviana.com.br
(15) 8150-2767
(15) 9677-3057

Gisa Viana

Felicidade é um dos assuntos mais discutidos na atualidade. Há várias vertentes e há inúmeras ideias sobre como atingi-la. O grande desafio é como mantê-la. O ser humano tem em si um desejo ardente de viver bem. A busca é incansável. Porém, muitas pessoas se ressentem por não encontra-la. O que acontece? Quais as razões que levam algumas pessoas a se sentirem infelizes ou incompletas? O que um grupo seleto de pessoas que dizem ser felizes fazem? Como elas a conquistaram?

Quando penso em felicidade vejo o resultado de um caminho. Esse caminho está subdividido em circunstâncias que levam à alegria, outras à reflexão doída da alma, também dispara um desejo imenso de chegar a algum lugar como campeões e na contradição dos sentimentos e percepções, vamos nos encontrar com a dor, o desânimo, a vontade de parar e a impiedosa surpresa das decepções, frustrações e a falta de respostas. Dentro da expectativa e da perspectiva de alcançar a felicidade, é fácil parar quando não se sabe para onde se vai. Mas onde queremos chegar? Para onde estamos indo? A felicidade não é um objetivo específico. O que é felicidade para mim pode não ser para você. O estado de felicidade apresentada por diversas faces tem sua singularidade. Ela é uma tradução de como estamos vivendo. Ela é a manifestação dos movimentos importantes da vida dos quais não podemos fugir.

Gerir os papéis ditos humanos, identificar e administrar os sentimentos e as emoções são tarefas difíceis de aprender e praticar. Compreender de fato o que é amor verdadeiro não vem explicado em manuais; quase sempre é revelado nas paginas mais duras e incoerentes da nossa vida.

Manter a convicção de focar e fazer o bem, independente das pessoas ou das circunstâncias, requer de mim e de você princípios. Segundo Stephen Covey, os valores podem mudar ao longo da vida; os princípios são intocáveis. Eles são fundamentais, indiscutíveis e claros.

Para ser feliz é preciso saber a direção e o significado da vida. A isso vou dar o nome de PROPÓSITO. Segundo o dicionário, propósito é uma intenção, tino, sentido, razão. Só pela definição, é possível perceber que a vida precisa ter uma intencionalidade e parece que isso é óbvio demais. Não, não é. Viver ao acaso ou sem o conhecimento de seu potencial, de sua espiritualidade, das necessidades físicas e emocionais, é abrir o portal da frustração e consequentemente da infelicidade.

O propósito exige decisões e estabelece uma relação estreita entre presente e futuro. Quando necessário, um olhar para o passado traz a referência de aprendizados, conquistas, superações que vão respaldar e dar sentido ao caminho a ser seguido. O compromis-

Felicidade 360º

so com a ação no presente e a esperança do futuro envolve a vida em uma aventura velada, mas esperada como se pudéssemos vê-la por completo. O véu do futuro provoca medo mas também injeta a liberdade de criar possibilidades extraordinárias se permitirmos. Sem o propósito, sem o sentido e a direção, o vazio é presente, e para muitas pessoas, resta encher a vida com alegrias efêmeras, êxtase, euforia que ao final traz no corpo na mente e na alma as marcas da paralisação, insatisfação e infelicidade.

Algumas áreas da vida são de fundamental importância. Muitas vezes as negligenciamos por não darmos a elas o valor que merecem. É preciso parar por um instante e ajustar o foco, ter coragem para admitir a fragilidade e assim partimos para soluções reais e possíveis. É preciso ter clareza, se estamos vivendo ou simplesmente sobrevivendo. A seguir, apresento algumas áreas que julgo importantes e você pode verificar o propósito em cada uma delas.

Espiritualidade – Esse assunto vem sendo largamente estudado e discutido. A espiritualidade humana não é religião. A religião é uma forma de expressão ou de experimentar a espiritualidade. Sua importância está sendo validada, justamente pelos prejuízos que o não conhecimento dela tem trazido. Quando não dialogamos com a espiritualidade, podemos gerar um rombo, que como tudo na vida precisa ser preenchido. Os seres humanos são dotados de espiritualidade e não podemos fugir disso. O meu questionamento é: como podemos e buscamos em coisas, ou em pessoas a satisfação espiritual? Não é o bastante ser altamente capaz intelectualmente, há de se ter em desenvolvimento paralelo às inteligências: emocional e espiritual. Ignorar a espiritualidade é ter que inventar, diariamente, recursos plausíveis e evidentes para encobrir um dos maiores questionamentos da humanidade que nem sempre se responde com lógica. Quem sou eu? Para que nasci? Por que estou aqui? Para onde vou após minha morte? Essa força gigante que existe, porem invisível, que eu chamo de Deus, promove em silêncio, um desejo ardente por respostas. Qual é o sentido da vida? Para que tudo isso? Por que ou por quem sou capaz de morrer, ou viver? O que vale realmente a pena nesta vida? Encontrar a direção e o significado da vida muitas vezes passa por questões divinas. Por isso, acredito ser importante pensar sobre o que transcende. Faz parte do grande quebra-cabeça. Eu creio que Deus existe, porém não posso explicá-lo e nem provar. Outros não creem, justamente pelo oposto, por não ter quem prove sua existência. Todos nós temos nossas crenças, nossa forma de ver o divino e de senti-lo. Isso faz parte da espiritualidade. Ela nos dá

Gisa Viana

condições de valorizarmos o que é correto e fazer escolhas que leve a vida a ter um significado mesmo que não seja totalmente lógico.

E você em que acredita? O que dá a você direção e sentido à vida?

Relacionamento interpessoal – Viver rodeado de gente por toda a parte não nos garante felicidade. É preciso ter tino para se ligar a alguém, permanecer conectado e desenvolver laços fortes que superem as dificuldades comuns nos relacionamentos humanos. Aprender a conviver com o outro e ganhar benefícios para a vida, é tarefa para quem tem propósito. Sem ele, os relacionamentos são rasos, artificiais e por isso se quebram tão facilmente. Há de se concordar, que no mundo contemporâneo, precisamos doar mais, olhar para os lados, perceber o outro e aceitar suas diferenças. Nas relações afetivas lidamos com filhos, sócios, vizinhos, cônjuge e comunidades. Muitas vezes gastamos muita energia, querendo moldar as pessoas do nosso jeito e esse comportamento promove afastamento. Para construir relacionamentos sólidos, é preciso ter o propósito de manter e não somente iniciar relacionamentos seja em que área for. A intenção não é somente receber; é dar, servir, ouvir, construir e contribuir. Quando decidimos por aceitar o outro, a alegria passa a ter um outro significado; ela perdura apesar dos percalços que uma relação humana pode oferecer. O ato de dar e receber, de conquistar, de muitas vezes apenas dar, nos oferece um vislumbre de uma das maiores possibilidades do ser humano; o legado para as próximas gerações.

As redes sociais abriram a possibilidade de mantermos contato com inúmeras pessoas. Ironicamente, nossa necessidade por contato humano foi substituída por amigos virtuais. Sabemos que isso não satisfaz, mas facilita a nossa permanência na zona de conforto. Estamos "desaprendendo" a conviver com outros seres humanos e isso é um sinal de perigo.

Para ser feliz é preciso aprender a se relacionar com outras pessoas, passar pela angústia das diferenças, do desconforto da discussão, da constatação que somos imperfeitos, da necessidade do perdão e tantos outros aprendizados que as redes sociais não são capazes de nos ensinar.

Como estão seus relacionamentos?

Lazer – Trabalhar sem trégua a fim de conquistar a felicidade por meio dos bens materiais é um dos maiores equívocos do ser huma-

Felicidade 360º

no. Brincar, se divertir, rir à toa, é um dos fatores contribuintes para se ter leveza na vida e prazer de viver. Quando descansamos, nosso cérebro produz mais e melhor. Nossa mente precisa de descanso, e quando negligenciamos, sofremos consequências a médio e longo prazo. O homem não é maquina como já dizia Charles Chaplin e o que dizer de você? Tem separado um tempo com o propósito de descansar a mente e o corpo? O cansaço leva a alma a fadiga e ela reclama pela inquietação.

Qual foi a última vez que você se divertiu "pra valer"?!

Saúde – Um dos aspectos relevantes da vida é cuidar da saúde física. Muitas vezes empresários me contratam como Life Coach, e uma das primeiras constatações é que a saúde está comprometida. Não é raro, um susto como enfarto, uma anemia profunda, um câncer ou mesmo um alto nível de estresse, que levam essas pessoas ao hospital para um tempo "de meditação". Após esse descanso forçado, se faz necessário rever a vida, os hábitos e assumir responsabilidades para com o corpo mantendo-o bem. O corpo não entra em estafa repentinamente. Ele reclama, dá dicas, dá sinais de que algo não está indo bem. Quando não damos atenção a essa área, e insistimos na ideia de que somos "super heróis", podemos ficar de frente com uma dura realidade de que "Somos finitos" como disse Steven Jobs em seu discurso em Stanford. Saúde é uma das áreas mais importantes da vida. Sem ela não conquistamos, sem ela somos impedidos de viver plenamente e, para alguns, a interrupção é total. É preciso cuidar, prevenir, e planejar envelhecer bem. O fato de não sabermos do nosso futuro, se vamos viver muito ou pouco, não nos exime da responsabilidade de fazermos nossa parte. As urgências que ocorrem na vida de um empresário, ou até mesmo de alguém que trabalha muito em casa ou em uma empresa, geralmente acontecem porque os primeiros sintomas foram ignorados. Saúde e bem-estar. Um tesouro a ser protegido.

Será que você precisa ainda essa semana marcar um check-up?

Finanças – Correr atrás do dinheiro. Esse é o objetivo de algumas pessoas na vida. O dinheiro em si não é ruim. Ele é um meio muito divertido e rápido de realizar sonhos. É bom ter dinheiro. Será que ele traz felicidade? Sabemos que não. É impossível ignorarmos o fato de que, a falta dele também pode gerar problemas e causar brigas, estresse, desanimo, doenças, e outros sintomas. É preciso ter propósito para

Gisa Viana

ganhar e gastar dinheiro. Sem propósito, você pode ganhar muito dinheiro e nunca ficar satisfeito, pois seu foco está completamente nele, e como já vimos, nossa vida não se resume somente ao que temos.

O contrário também é verdadeiro, ganhar e gastar de forma impulsiva, vai trazer fadiga, problemas seja financeiros ou emocionais. Afinal, dinheiro não é tudo.

Ter uma vida financeira equilibrada nos dá condições de viver a vida com mais tranquilidade. Ensinar nossos filhos como ganhar dinheiro sem perder a saúde, a família, os relacionamentos é um dos legados mais importantes que um pai e uma mãe podem deixar. Um bom exemplo, é a realidade que o filme Click com Adam Sandler nos mostra de maneira divertida e profunda.

Perder o controle diante de uma vitrine ou de uma promoção, e ter problema em dizer não em situações de dificuldades, são situações problemáticas que precisam ser confrontadas. Aprender com os erros financeiros que planejamento é bom, é uma lição de coragem; de inteligência emocional e espiritual. Ter as finanças sob controle é fator contribuinte para vivermos mais tranquilos e menos preocupados. Fique atento para o desvio que o leve para longe do que realmente importa na vida. Dar ao dinheiro um novo significado é um bom começo.

A propósito, o que o dinheiro significa para você?

Fizemos um passeio por algumas áreas importantes da vida. Definir felicidade não é fácil. Podemos transitar por essas áreas e observar com cuidado como estamos gastando nosso tempo.

A felicidade não se resume a momentos de alegria, nem tampouco está vinculada a uma determinada área da vida. Ela exige mais de nós.

A felicidade volta a nos fazer perguntas. Você me quer? Então busque-me! Ela não é fácil e nem tampouco difícil demais que não possa ser conquistada. Vida é muito mais do que simplesmente nascer. Esse é o inicio de tudo. O propósito é descoberto passo a passo, a cada dia, a cada aprendizado.

Tenho apreciação pelas palavras de Harold Kushner que fala sobre a vida de maneira simples, mas profunda. Ele diz que estar vivo é ser capaz de fazer o que os vivos fazem. Conta que não há como evitar a morte, mas a única cura para o medo da morte é o sentimento de ter vivido. Viver com propósito é viver a vida com boas intenções e ações focadas no que se quer.

Felicidade não é uma questão fechada. Há inúmeras formas de pensar sobre ela. O diálogo aberto sobre esse desejo humano é fundamental.

O Rei Salomão, depois de ter vivido tanto, e de ter experimenta-

Felicidade 360º

do a angústia dos questionamentos que envolvia sua espiritualidade, as relações humanas, o uso do tempo, a brevidade da vida, ele resumiu nessa frase: "Tudo é vaidade!"

Tudo nesta vida passa! Qual o sentido de ser próspero e não ter saúde para comer o que se pode pagar? De que vale relacionamentos superficiais só por medo de confrontar nossa imaturidade emocional? Por que razão insistimos em dizer que não temos tempo para nos divertir? Quais são as crenças que nos fazem acreditar que não vamos morrer e, por isso, descuidamos da nossa saúde? Por que queremos que alguém explique o inexplicável? Isso tudo acontece, mas nem sempre faz sentido!

Direção e significado à vida acontecem quando nos responsabilizamos menos em fazer o que nos cabe para sermos felizes. Aprender com a vida; o como viver é um caminho. Nessa jornada há aprendizado, tombos, superação, esperança e a ação que nos move para frente.

Viver é aprender com as intempéries, com as decepções, com o diferente. Ser feliz é amar, mas amar gente em primeiro lugar. Pessoas de todos os tipos, raças, crenças e credos merecem respeito e amor. Amar um hambúrguer como se ama gente está na ordem errada. Não faz sentido!

É preciso ponderar, dar valor aos relacionamentos que vão sendo construídos pouco a pouco. A felicidade requer de cada um de nós compromisso, tempo, responsabilidade e determinação. Sobre todas essas decisões há de se ter: propósito.

Talvez nesse livro não cheguemos a um senso comum do que venha a ser felicidade. Ela é subjetiva, escorregadia muitas vezes. O que mais vale na vida não é saber o que é felicidade mas é poder senti-la de verdade, sem subterfúgios, sem maquiagem.

Quando a sentimos, nenhuma história é capaz de explicá-la. A felicidade nos faz um convite todos os dias. Busque-me sem cessar!

Se você é feliz, não se preocupe em convencer as pessoas sobre o grande segredo. Dê apenas a oportunidade delas pensarem sobre à luz não de teorias, mas à luz da realidade do que de fato se vê.

15

As 10 coisas mais importantes para a felicidade

Quando pensei em quais são as 10 coisas mais importantes para a felicidade, tive a inspiração de contar quantas letras formam a palavra felicidade, curiosamente constatei que são 10 letras. Vou fazer o acróstico da palavra felicidade, descrevendo quais são os valores que alicerçam este valor. Vou falar sobre fé, esperança, lazer, *insights*, corpo, inspiração, dinheiro, amor, doação e educação

Giulliano Esperança

Giulliano Esperança

Bacharel em Educação Física (Unesp - Rio Claro), especialista em Fisiologia do Exercício (Escola Paulista de Medicina) e também especialista em Marketing pela Madia Marketing School. Possui MBA em Coaching, Master Coach, Profissional Coach, Leader Coach, Professional Executive Coach pela Sociedade Latino Americana de Coaching e Professional & Personal Coaching pela Sociedade Brasileira de Coaching. Fundador do sistema "Wellness Manager" em treinamento personalizado e diretor executivo do Instituto do Bem Estar Giulliano Esperança. Membro da Sociedade Latino Americana de Coaching e Membro do Conselho Consultivo da Sociedade Brasileira de Personal Trainer. Pai, marido, empresário, personal, coach, mentor e palestrante. "Venho cumprindo a minha missão de motivar pessoas a transformar intenção em ação, e ação em resultados, por meio de treinamento personalizado e hábitos saudáveis."

Contatos
www.giullianoesperanca.com.br
facebook.com/guilliano.esperanca
@GiullianoE
personal@giullianoesperanca.com.br
(19) 98246-5252 / (19) 3023-7711

Giulliano Esperança

A felicidade é uma meta nobre para todos, buscamos ela diariamente e tão importante quanto ter, é preciso cultivar felicidade. Com grande honra espero despertar novas ideias e insghts durante o capítulo. As palavras que aqui escrevo são um dos indicadores que estou cultivando felicidade.

Quando pensei em quais são as 10 coisas mais importantes para a felicidade, tive a inspiração de contar quantas letras formam a palavra felicidade, curiosamente constatei que são 10 letras. Vou fazer o acróstico da palavra felicidade, descrevendo quais são os valores que alicerçam este valor.

Vou falar sobre fé, esperança, lazer, insights, corpo, inspiração, dinheiro, amor, doação e educação. Se algum desses valores que acabei de descrever, fazem parte do contexto em que você julga o que é felicidade, incentivo a continuar esta leitura.

1- Fé

"Viver é acalentar sonhos e esperanças, fazendo da fé a nossa inspiração maior. É buscar nas pequenas coisas, um grande motivo para ser feliz!"
Mário Quintana

Sentir que algo pode acontecer, nos conecta a um sentimento que é maior que nós, esse sentimento se torna a força motriz das nossas ações. Por algum motivo, nem sempre sabemos o porque queremos, simplesmente sentimos que queremos. Com a posse deste sentimento, iniciamos uma porção de rearranjos comportamentais, que nos guiam em direção ao desejado, acreditando que é possível acontecer.

A fé é um condição obrigatória para que a felicidade aconteça, estamos vivendo um cenário infelizmente de muita crueldade e a mudança virá com pequenas coisas.

Em todas as minhas sessões de coaching, meus clientes relatam de como é interessante visualizar que as pequenas mudanças são importantes. Lembro-me de uma sessão com um famoso músico, que relatou a necessidade de estar conectado com algo maior para as suas inspirações, dizendo que diariamente precisava meditar para acordar para a vida, que identificar isso é o ponto de partida para um dia produtivo, é a fé que tudo vai dar certo.

Neste mesmo dia em que ele relatou a importância desta pequena mudança, ele me disse que durante o caminho, enquanto se deslocava para a sessão de coaching, ele pensou que não tinha muita coisa para conversar, porém ele sentia que era importante estar lá, isto é, tinha fé que algo positivo aconteceria mesmo sem a certeza. Relatou ainda, o quanto era importante compreender que a pequena mudança, é um passo que o faz caminhar, que isso não era fácil, pois o caminhar direção certa é uma escolha intransferível e que o milagre só acontece para quem faz acontecer.

2- Esperança

"A esperança é um alimento da nossa alma, ao qual se mistura sempre o veneno do medo." **Voltaire**

Felicidade 360º

Em uma manhã como outra qualquer, olhei em cima da pia da minha empresa um mamão muito maduro, praticamente impróprio para o consumo. Resolvi abrir este fruto e levar para o tronco de uma árvore, onde habitava um sabiá.

Este ato, com a única pretensão de servir o nobre e desprotegido sabiá, mudou a minha vida. Você compreenderá após ler o próximo parágrafo.

Em um sábado a tarde após uma reunião estressante sobre o futuro da minha, cheguei em casa, meu filho subiu no meu colo, ao olhar para ele eu me senti um derrotado, me perguntava o como eu ia cuidar do seu futuro, se eu havia acabado de receber a notícia que a minha empresa estava com os seus dias contados.

Mesmo chorando e muito triste, uma voz interior dizia, 'acredite'.

No dia que eu havia colocado o mamão para o sabiá, fui observado por uma nobre pessoa que se sensibilizou com a minha atitude, esta atitude aconteceu meses atrás, surpreendeu-me. No sábado em que eu recebi a notícia que eu tinha pouquíssima chance de manter a minha empresa, 40 minutos após o meu choro, recebi uma ligação no celular desta nobre pessoa, perguntando se eu estava bem. Ao relatar o acontecido, ele me fez uma proposta de trabalho, que prefiro chamar de milagre. Esta nobre pessoa ainda falou ao telefene, 'uma pessoa que respeita um mamão é a maior prova de que respeita a vida'.

Este trabalho foi e ainda é, a realização de um sonho, criado praticamente com um simples mamão. Graças a ele, hoje, a minha família é provida e tudo começou por causa de um mamão para o sabiá.

Diariamente, colhemos o que plantamos, assim como foi para mim, espero que as suas ações sejam as sementes da sua felicidade.

3- Lazer

"O que fazemos durante as horas de trabalho determina o que temos; o que fazemos nas horas de lazer determina o que somos." **Charlez Schuls**

A modernidade está acompanhada de situações com elavado grau de estresse, dependendo do momento em que a sua vida profissional se encontra, é praticamente impossível se pensar em férias, esta é a minha realidade atual.

A falta desta opção de lazer, pode contribuir negativamente para outras áreas da vida. Somos nós mesmos, quem determinamos os filtros, o que nos atinge positivamente e negativamente. A falta de lazer é um cenário que aumenta o desgaste emocional, o que torna o nosso comportamento reativo.

Aprendi que na realidade, todo dia eu posso ter o meu momento de lazer, que vivemos diariamente papéis, que eles terminam assim que se inicia o outro. Diariamente sou pai, amigo, empresário, marido, estudante, coach, personal, mentor e principalmente aprendiz.

Percebi, que a realização de uma vida está em fazer dos pequenos momentos um verdadeiro e precioso lazer. Que o almoço em

Giulliano Esperança

família, é na realidade um banquete, que o cafézinho após o almoço, é um momento de comunhão. Que nos momentos em que meu filho precisa que eu apenas fique do lado sem fazer nada, é provavelmente o momento em que eu mais esteja fazendo.

4- Indicadores

"O que importa afinal, viver ou saber que se está vivendo?"
Clarice Lispector

Hoje em dia em muitas situações, terminamos o dia com a sensação que trabalhamos muito, que quase nada aconteceu, um certo vazio apesar do dia inteiro de trabalho.

Meu avô contava-me que quando ele era gerente de uma fazenda, que a maior satisfação dele era ver o campo germinado e pronto para a colheita. Ele era tomado por uma enorme alegria ao começar a colheita e que olhar para traz, vendo a missão cumprida indicava que esta sendo produtivo.

Ele também me dizia que ao final da tarde ele adorava galopar, isso era um momento onde ele recarregava a sua energia, passear pele fazenda em contato com a natureza era muito bom para a sua mente.

Para o meu avô a colheita era o indicador de trabalho, ele sabia que a produtividade do campo era a maneira pela qual ele estaria sendo avaliado para continuar o seu papel como gerente da fazenda.

A colheita era uma situação de urgência e não podia ser adiada, tinha que ser feito ou o prejuízo seria grande, já o cavalgar era importante, era algo que fazia muito bem para ele, mas não trazia nenhum prejuízo caso fosse adiado.

Quando penso nos dias atuais, não vemos mais o campo, estamos restritos a uma sala, uma mesa e um computador, parece que quanto mais trabalhamos mais serviço aparece, e o seu final não é em cima de uma cavalo contemplando a natureza, sim dentro de um carro sofrendo com o congestionamento. Aonde está a nossa válvula de escape?

É utópico querer transportar essa realidade para a vida moderna, mas é real e válido dividir as tarefas em urgentes e importantes, isso ajuda a criar os indicadores. Oferece a oportunidade de iniciar um gerenciamento pessoal e aumentar a sensação de dever cumprido.

Urgente é tudo o que está relacionado ao trabalho, é praticamente algo que eu não tenho controle. Importante é algo que está relacionado aos meus papéis de empresário, pai, amigo, marido, coaching e personal.

Diariamente eu determino 3 ações importantes para estes papéis, e ao final do dia vejo o que eu fiz e o que não foi possível. Identificar e verificar o aconteceu é fundamental para reavaliar, compreender os acertos, reconhecer erros e ter humildade para aceitar as mudanças. Só posso ir para algum lugar se eu primeiro sei aonde eu estou.

5- Corpo

"A felicidade e a saúde são incompatíveis com a ociosidade." **Aristóteles**

Felicidade 360º

Sou personal trainer, tenho um instituto com vários profissionais da saúde, trabalho diretamente com o movimento corporal e aprendi que não são as questões fisiológicas que motivam uma pessoa a se exercitar.

Descobri, que a felicidade que eu sinti quando eu carreguei o meu filho pela primeira vez no colo, só foi possível acontecer porque meus músculos sustentaram os meus braços.

Também, que o mesmo coração que ama, é o que pulsa durante o exercício, que a minha criatividade é muito estimulada durante o exercício, um reflexo observado diretamente nas minhas percepções de auto controle sobre o estresse.

Determinei que em minha empresa, o objetivo não é levantar peso, e sim auto-estima. Aprendi que só podemos tirar algum alimento do prato se for para colocar algo no lugar, como por exemplo, comer a quantia certa, isso dura muito mais que os minúsculos segundo de prazer do açúcar.

Descobri também, que não é o sedentarismo o problema e sim a falta do exercício.

Que este exercício é o alicerce para que eu tenha e desfrute da minha saúde. Que cuidar da saúde é obrigatório, pois quem não cuida, é exatamente como ter milhões depositado em uma conta bancária e estar impedido de usar.

6- Inspiração

"A glória da amizade não é a mão estendida, nem o sorriso carinhoso, nem mesmo a delícia da companhia. É a inspiração espiritual que vem quando você descobre que alguém acredita e confia em você."
Ralph Waldo Emerson

Lembre-se que quando falei sobre esperança, eu relatei uma história de alguém que acreditou e confiou em mim. Quando me pergunto o que me inspira, imediatamente vejo que a inspiração é na realidade a busca de uma realização.

Sentimos a realização quando somos reconhecidos, veja como é gratificante receber um parabéns, um agrado, ou palavras de agradecimento.

Isto faz com que a vida tenha o sentido da descoberta, somos seres curiosos, buscamos o novo, muitas situações exigem a renovação e até a reciclagem dos nossos hábitos.

A inspiração depende muito da ação, é ela que vai gerar os resultados desejados e automaticamente levar o nosso subconsciente a estimular a repetição, ou negar esta escolha.

Somos seres sociais, precisamos e dependemos do convívio com pessoas. Precisamos entender que a melhor maneira de mudar uma realidade, é começar a mudança dentro de nós.

Se estamos vivendo um mundo desprovido de felicidade, fica difícil pensar em inspiração, o que não ausenta a nossa responsabilidade sobre a nossa própria felicidade. Acredito que na realidade temos inspiração, quando inspiramos outras pessoas. Que estar perto de alguém sig-

Giulliano Esperança

nifica que você está inspirando esta pessoa a ficar próxima de você, que as suas palavras e as suas ações, são as maiores fontes desta inspiração.

7- Dinheiro

"Se o dinheiro for a sua esperança de independência, você jamais a terá. A única segurança verdadeira consiste numa reserva de sabedoria, de experiência e de competência." **Henry Ford**

Quando as pessoas me relatam que não gostam de exercício, eu sempre pergunto se também não gostam de dinheiro. É unanime o retorno, dizendo que de dinheiro gostam sim. Em seguida faço mais uma pergunta; "Você gosta do dinheiro ou do ele proporciona?"

A felicidade é percebida não pelo quanto temos, mas pelo o que sentimos com o que temos. Devemos incentivar este estado incondicional as coisas materiais, porque podemos perder boa parte de tudo, como já aconteceu comigo, mas a alegria de olhar para si próprio e agradecer por ter saúde, não tem preço e muito menos está em alguma loja esperando a compra.

O pai da minha amada esposa, ficou paraplégico após levar um tiro e hoje está impossibilitado de sair da cama. Não existe dinheiro capaz de fazer isso voltar.

A vida pode ser vivida como uma oportunidade para se preocupar com o que deixaremos, ou com o que levaremos. Em ambas situações, só vamos levar e deixar o que está dentro do coração.

8- Amor

"O verdadeiro amor nunca se desgasta. Quanto mais se dá mais se tem." **Antoine de Saint-Exupéry**

Falar de felicidade e não falar de amor, é como imaginar o mundo sem oxigênio. O amor é um sentimento que ensinamos demonstrando, acredito ser a melhor maneira de transmiti-lo

Se existe uma expressão que é mundialmente reconhecida em qualquer lugar, essa expressão é o sorriso. Ele é na realidade um chave, muitas portas se abrem através dele, por ele entramos em muitos coração.

Entrar em um coração é algo maravilhoso, pois a permissão é um nobre privilégio. Fazer parte da vida de uma pessoa, desfrutar uma amizade é um das formas como se expressa o amor.

Assim como um grande campo pronto para a semeadura, é o amor, quanto mais cultivarmos relacionamentos, mais frutos teremos para colher. Respeita a lei do retorno, volta o que eu lancei.

O que o é feito com amor, transmite algo diferente, uns dizem que é a energia, eu acredito que a energia é o amor.

9- Doação

"Hoje eu amei um pouco mais e me queixei um pouco menos; E na doação de mim mesmo, esqueci meu cansaço." **Aucenir Gouveia**

Felicidade 360º

Faça sem esperar nada em troca, faça por acreditar na vida. Eu tenho por hábito diariamente enviar mensagens via celular para pessoas da minha rede de contato, tenho um retorno muito bacana.

Esta é uma maneira de lembrar que naquele exato momento, alguém está pensando em você, que está doando um simples minuto do seu dia para dizer que torce por você, que deseja positivamente o melhor.

O incrível de tudo isso, é que quanto mais eu dedico do meu tempo para alguém, mais eu recebo, essa é uma lei universal. Eu ouvi de um sábio mentor que temos duas opções para viver, jogando tênis, ou jogando frescobol. No tênis, eu aplico os golpes para enganar a outra pessoa. No frescobol, eu jogo para que a outra acerte, só assim é possível continuar o jogo.

Assim é a doação, eu ganho, sabendo que o outro também está ganhando.

10- Educação

"A educação de um povo pode ser julgada, antes de mais nada, pelo comportamento que ele mostra na rua. Onde encontrares falta de educação nas ruas, encontrarás o mesmo nas casas." **Edmondo Amicis**

A educação é um valor que ninguém pode tirar de você. Com ela conquistamos segurança, um valor fundamental para a felicidade. Vejo a educação com 3 alicerces; a gentileza, o aprendizado e a transmissão.

A gentileza como o ato de se preocupar com alguém, além do que normalmente se preocuparia. Estando atento aos pequenos detalhes e disposto a cooperar, sempre.

O aprendizado, falo daquele diário, onde nos perguntamos, o que foi feito de bom, o que poderia ter feito melhor, aberto para identificar o que não foi legal.

Por último, a transmissão, ou seja, o que eu diariamente transmito? Qual é a mensagem que as pessoas possuem da minhas ações?

Enfim, ser feliz, é a nossa maior busca. Deixo um pequeno desafio para você:

Primeiro, olhando para os valores acima que descrevi, qual foi o mais importante para você?

Segundo, levando em consideração o seu nível de satisfação, que nota de zero a 10 você avalia a sua felicidade?

Por último, o que você ganha quando chegar ao 10?

Dedico esta obra ao meu sábio mentor, meu amado filho, minha esposa exemplar, meus pais e a todos os meus alunos, que me levaram ao aprendizado contínuo. Com enorme satisfação, agradeço a sua leitura e o seu precioso tempo. Termino com as palavras do meu sábio mentor: "Ser feliz não é ter cada vez mais, mas aproveitar cada vez mais o que se tem."

16

O *Flow* e a Motivação

Sentir-se (sempre) feliz tem sido um desafio para a humanidade. Buscar o estado de Felicidade e como a percebemos, paradoxalmente, pode causar angústia. Este texto tenta contribuir com a discussão sobre o tema, trazendo reflexões entre esta busca interior, o real sentido da vida, a motivação e a Felicidade, utilizando-se, entre outras coisas, dos recentes estudos da Psicologia Positiva

Heide Castro

Heide Castro

Diretora da ETOS Consultoria, Assessoria e Treinamento. Psicóloga, especialista em Psicologia Organizacional e do Trabalho pelo CFP. Possui o DEA em Educação pela U.I.B, Espanha. Pós-graduação em Intervenção Cognitiva. Formação em Dinâmica de Grupo pela SBDG e em Target Selection pela DDI International. Membro certificado do PEI – Prog. de Enriquecimento Instrumental de Feuerstein – Em parceria com a ATC - Jerusalém – Israel. Coach com Certificação Internacional pela Lambent do Brasil e em Coaching Positivo pelo IPPC, desenvolvendo este trabalho com executivos e empresas. Atua como Consultora Organizacional em empresas de expressão internacional. Ministra programas de conteúdo exclusivo dentro da Investigação Apreciativa. Palestrante de temas relativos à Psicologia Positiva e *Flow* em Congressos Nacionais e Internacionais. Trabalhou por mais de dez anos em vários subsistemas de Gestão de Pessoas em empresas de grande porte.

Contatos
www.etos.com.br
heide.castro@etos.com.br
(41) 9961-0147

Heide Castro

Psicologia Positiva

É sabido que o ser humano busca a felicidade. Se perguntarmos a um pai ou mãe: "O que seu filho vai ser quando crescer?", ouviremos muito de seus sonhos e expectativas, e finalizando a frase: contando que seja feliz...

Mas o que é felicidade? Não pretendo dar uma resposta pronta, pois se fosse uma resposta fácil e simples não continuaríamos nos perguntando até os dias de hoje.

Meu objetivo é trazer reflexões sobre a ligação entre a Motivação Intrínseca e a Felicidade e, para isto me aproximo da filosofia autotélica, passando pela nossa busca interior pelo sentido da vida. Ao que me parece, ao longo de muitas pesquisas, esta é a resposta mais provável a esta pergunta.

Em 1998 Martin Selligman[1], presidente da American Psychologist Association (APA), fez uma proposta a um grupo multidisciplinar:

> "Estudar o ótimo funcionamento e a felicidade.
> O lado positivo das pessoas."

Até aquele momento, a psicologia se ocupava em tratar as doenças, as disfunções. A psicologia tem sua origem na patologia, quando Freud e o Dr. Breuer, no final do Sec. XVIII, iniciam o tratamento através da palavra a pessoas que apresentavam quadros de histeria.

Utilizando pesquisas e estudos com grupos de controle, a Psicologia Positiva chegou ao seu objetivo que está sintetizado em três pontos centrais: estudar as emoções positivas, os traços individuais positivos e as instituições positivas.

Dentro do estudo das emoções positivas, encontramos a satisfação com a vida, a felicidade e o otimismo.

Conceitos

Não creio que a felicidade seja descrita de maneira científica, tendo em vista a subjetividade envolvida no tema. Tampouco estudos da genética podem descrevê-la, uma vez que, se incluíssemos somente a neuroplasticidade, já poderíamos inferir que temos mais força de alterar a questão genética do que algumas pesquisas apontam.

Mas, dentro de uma possível descrição de felicidade, encontramos que a mesma é uma avaliação, cognitiva e afetiva, que alguém faz sobre a sua experiência de vida, e nisto estão incluídos:
- Experiências emocionais agradáveis
- Níveis de humores negativos baixos
- Uma sensação de satisfação com a vida

---

[1] SELIGMAN, Martin PhD, Felicidade Autêntica, Editora Objetiva, Rio de Janeiro/RJ, 2004.

Felicidade 360º

Bem-estar subjetivo

Analisando esta definição podemos abstrair que felicidade é um processo e não resultado. Por esta razão, tão difícil de ser descrita em um par de frases.

Para a logosofia, o que mobiliza o ser humano é o sentido, propósito especifico que busca para dar forma às mais variadas situações de sua vida.

Prazer e felicidade

A felicidade deve ser uma soma, nem sempre exata e sem restos, de Prazer e Gratificação. Esta soma é interessante para entendermos a ligação dos níveis de felicidade com o processo interno da motivação.

Que o prazer é efêmero, já sabemos, através de nossas experiências, em livros, historias e filmes... Então, se estivermos buscando a motivação através do prazer, este, por ser momentâneo, não terá potência para nos dar a satisfação que buscamos.

Outro aspecto importante e que faz com que o prazer seja volátil é a habituação. O cérebro, para nos poupar energia, trabalha com a sobreposição de imagens / experiências. É esta característica que faz com que a segunda mordida em um chocolate belga, não seja igual à primeira. O cérebro se acostuma e espera novidade na segunda mordida e assim por diante.

Nos habituamos com tudo o que é captado pelos nossos sentidos. E isto faz com que troquemos de estimulo com tanta rapidez, pois o inicial já não causa o mesmo efeito.

A habituação também pode ser uma das causas de nos viciarmos...

Outro aspecto que pode modificar o sentimento de satisfação é a capacidade de degustar as experiências, saborear de fato o que se planejou, desfrutar cada momento vivido.

Podemos saber o que queremos naquele momento, naquela viagem, mas em muitas vezes, fazemos com que cumprir toda a programação seja maior do que o prazer de aproveitar o momento tão sonhado.

É comum observarmos em viagens, grupos e grupos de pessoas correndo com suas máquinas fotográficas, clicando a todo instante, algumas vezes até sem buscar o melhor enquadramento para suas fotos. Após o clique da máquina, partem em busca de novas paisagens, novos ângulos... Eu me pergunto: será que eles estão efetivamente desfrutando da oportunidade de estar naquele local, curtindo o momento pelo qual planejaram e esperaram vários meses? Talvez fosse importante dizerem para si mesmos: congela! Quero deixar meus sentidos absorverem todo o néctar deste local até que as sensações que ele me provoca estejam gravadas em minha memória.

Heide Castro

Motivação

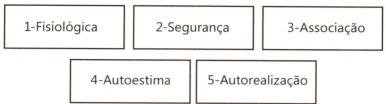

A hierarquia das necessidades de Maslow (Cit. Holland, 1979)

A teoria da motivação sob a ótica de Maslow é baseada em uma lista de necessidades ubíquas ao indivíduo e abrange todas as áreas da vida. São essas necessidades que se transformarão ou não em **motivação**. Caso seja atendida será um motivador, em privação será um fator de desmotivação.

Há um ponto a se considerar em toda esta teoria, o escalonamento. Na verdade, não é tão importante saber distinguir entre as necessidades mais elevadas e as mais baixas. O que realmente importa é saber responder se os objetivos individuais são apenas um meio ou significado. (Viktor Frankl[2]) O desejo de significado pode aparecer ainda que a necessidade mais básica, de segurança, não esteja sendo atendida.

Estudos apontam que existem cinco desejos básicos inerentes ao ser humano, cada um com imenso potencial de liberar os motivos individuais Ao se vivenciar estes desejos, gera-se motivação. Quando impedidos de vivenciá-los gera-se frustração e apatia. São eles:

Desejo de segurança: essa é a razão pela qual nos cuidamos, socialmente, com leis e ajustes que privilegiem este aspecto.

Desejo de atividade: o cérebro e o corpo foram criados para ter atividade. Quando isso não ocorre, pode gerar desmotivação e até mesmo apatia.

Desejo de afiliação: desejo de estar próximo, de ser lembrado, de fazer parte do time, do grupo. Talvez seja esta a razão da criação da prisão como castigo, provocando um isolamento, retirando o indivíduo do convívio social.

Desejo de reconhecimento: umas das piores sensações para um ser humano é não ser reconhecido, não ser visto. Estudos apontam que adoecemos sem este desejo atingido.

Desejo de significado: esse desejo tem relação direta com a missão pessoal. O que vim fazer nesta terra? Que legado vou deixar?

Cada indivíduo, por questões de herança genética, meio familiar e social e educação recebida, possui diferentes desejos. Se ele não encontrar em seu meio atual, seja familiar, de trabalho ou de amigos, a resposta para seus desejos, é possível que fique desmotivada.

---

[2] FRANKL, Viktor, Em Busca de Sentido, Editora Vozes, Petrópolis/RJ, 2009.

Felicidade 360º

Dentro desta visão, as necessidades são os motivadores do comportamento humano, são intrínsecas ao indivíduo. Não é possível adicionar ou reduzir as necessidades das pessoas. Portanto, não é possível desenvolver e/ou aumentar a motivação de alguém que esteja insatisfeito, sem que mudanças nas áreas relacionadas às suas necessidades aconteçam.

Uma vez que tenhamos a nossa escala de necessidades atendidas, para onde nosso olhar deve se fixar para conseguirmos reconhecer e manter a nossa motivação no nível que gostaríamos, de maneira a nos proporcionar a tão esperada realização?

Segundo a psicologia positiva, quando pensamos em uma vida com mais significados, não deveríamos nos esquecer de nossas potencialidades e definir como podemos utilizar amplamente estas capacidades.

Este ajustamento entre a capacidade e a adequação com o momento, com a nossa realidade é que trará a nossa percepção da felicidade. Todo o nosso potencial envolvido na nossa busca.

Flow

Analisando através de outro viés, que não o do prazer, vemos que a felicidade pode ser obtida através da gratificação. E para entendermos este processo, temos os estudos do *Flow!* Fluxo.

Uma atividade de *flow* é sentida em várias etapas de complexidade. E, na medida em que a pessoa aperfeiçoa suas habilidades, ela terá boas condições de enfrentar desafios ainda maiores. Mesmo quando se encontram em situações difíceis, dolorosas, algumas pessoas são capazes de entrar em *flow*. Isto vem de encontro aos estudos da logosofia.

Estando em *flow*, as atividades são intrinsecamente compensadoras. Fazê-las é a recompensa. Usain Bolt, descrito como "uma lenda" pelos noticiários, ao ser perguntado sobre o seu feito nas ultimas olimpíadas disse: "Eu nasci para isto e estar aqui era o que eu deveria fazer". Após todo o esforço, permanecia sereno, caminhando entre as pessoas, dando entrevistas enfim, aproveitando todo o potencial que havia desenvolvido para chegar até lá.

Felicidade não é algo que simplesmente acontece. Tampouco existe felicidade permanente. Ela é construída através de momentos que nós fazemos acontecer, desde que tenhamos esse desejo em mente e dermos o máximo de nossos esforços.

E que tipos de metas e sonhos devemos estabelecer para que a motivação ocorra? Aquelas que nos desafiem!

Para sabermos se estamos em *Flow*, precisamos levar em consideração que as metas devem ser claras, fornecer *feedback* imediato, estar equilibradas com suas habilidades e exigir alto nível de concentração para serem alcançadas.

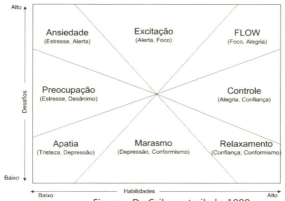

Figura - Dr. Csikszentmihaly, 1999.

A partir de estudos feitos com 10.000 participantes, ao redor do mundo, a equipe do Dr. Csikszentmihaly constatou que, quando as pessoas aproveitam os momentos, conscientemente, ou seja, quando estão em *flow* tem:

1º) Clareza de objetivos: nenhum de nós sai pelo caminho sem ter muita certeza do que quer e o que vai encontrar. Nem o iniciamos na maioria das vezes. Para que se envolva por inteiro em qualquer tarefa é preciso ter o conhecimento detalhado sobre ela. E, que sejam minhas, não apenas de terceiros, da minha mulher, do meu chefe. Mas, com o meu ser envolvido.

2º) Fornecer *feedback* imediato: ao longo da jornada, os sinais por onde estamos passando vão nos confirmando que estamos no caminho para atingir os nossos objetivos. É muito difícil permanecer com energia e motivado para uma tarefa sem receber o retorno periódico e rotineiro de seu resultado. O sentido maior do *Flow* deriva da certeza interna de que o que se faz é importante para mim e tem resultados, sejam estes quais forem.

3º) Equilíbrio entre desafios e habilidades: se por um lado sonhar e se desafiar faz parte de nossa existência, sonhar e colocar metas que estejam, neste momento, distantes de nossas capacidades / habilidades, fará com que tenhamos mais ansiedade e frustração, com poucas chances de êxito.

Mas, se as metas / sonhos forem pouco desafiadoras para a nossa capacidade e habilidade, entramos em outro estágio, de apatia. Muito pouco de nossa energia será disponibilizada para atingir o que planejamos.

4º) Altos níveis de concentração: esta é uma forma muito clara e precisa de vermos se os itens acima foram levados em consideração

Figura

CSIKSZENTMIHALYI Mihaly, A Descoberta do Fluxo, Editora Rocco, Rio de Janeiro/RJ, 1999.

Felicidade 360º

ao definirmos nossas metas. Se estamos em uma atividade que está bastante clara, ela fornece *feedback* preciso e constante ao longo do percurso e equilibrada quanto ao nível de desafios x habilidades, o nível de concentração é absoluto. A entrega é total. As minhas desculpas de "ausência de motivação" ficam em um plano bem distante.

5º) Experiência alterada do tempo: o que acontece conosco quando estamos fazendo algo que realmente amamos? E quando não queremos fazer o que estamos fazendo? No primeiro caso o tempo voa, enquanto no segundo parece que nunca passa. A percepção do tempo é relativa e depende fundamentalmente da nossa entrega. Quando a meta que nos propusemos a fazer for desafiadora, nossa percepção do tempo estará alterada. Não veremos o tempo passar enquanto estivermos executando a tarefa.

6º) Controle sobre as próprias ações: quando estamos em *flow*, temos uma sensação muito forte de estarmos no controle da situação. Mas não é somente o prazer de "controlar" o ambiente, mas, antes disso, uma presença, em grau que raramente acontece no dia a dia. Temos consciência da possibilidade "real" de concretizar nossos desejos.

Flow e evolução

Considerando os itens acima, podemos olhar para nós e avaliamos o atingimento de nossos propósitos, profissionais e pessoais. Fomos até o final de que nos propusemos?

Se não atendeu aos itens acima, é provável que não. Encontraremos desculpas internas para não fazer. Mesmo que nossa resposta tenha sido um sim, nos sentimos felizes ao final? Motivados?

Pois, do contrário, ao atingirmos a meta, o sentimento de satisfação se esvairá rapidamente, provocando um vazio interior, impelindonos a buscar imediatamente outra meta para substituir a meta anterior.

Se a nossa meta for tão somente sermos os melhores pais, podemos nos perder no caminho. Seremos pais que cumprem tudo o que manda a nossa cultura, a medicina, a religião, mas não veremos os nossos filhos crescerem. E o tempo não volta...

Que o *Flow* nos mantenha alerta e motivados no caminho da busca pelo sentido da nossa existência. E que o caminho percorrido nos motive!!!

17

A felicidade 360°
não é subjetiva
Ah! Se todos soubessem...

Este artigo aponta para o contentamento e para a satisfação plena, que são duas características que compõem a essência da felicidade. Aborda também a necessidade de uma desmistificação do conceito moderno no qual se afirma que o importante é ser feliz e que a felicidade na maioria das vezes é inversamente proporcional ao grau de êxito que a pessoa alcançou

Ivan Marcos Kruger

Ivan Marcos Kruger

Palestrante, administrador, 40 anos. Mestre em liderança pela Unisa Business Scholl- SP, pós-graduado em gestão Empresarial pela FGV, e especialização em Recursos Humanos pelo ICPG. Empresário da LK Treinamentos, *headhunter*, professor de pós-graduaçao nas áreas da administração. Realiza Treinamentos Empresariais e palestras desde 2003. Empresário, casado com Patrícia Jahnke Kruger. Até este ano, único Bi-Campeão Nacional de Oratória. Campeão Continental de Oratória e Finalista do Campeonato Mundial de Oratória em Osaka-Japão em 2010. Escritor e colunista de sites empresariais e do jornal local em Rio do Sul – SC, desde 1999. Está atuando em empresas do Brasil, Universidades, Igrejas e ONGs.

Contatos
www.lktreinamentos.com.br
ivan@lktreinamentos.com.br
(47) 3521-6078 / 3521-1901

Contexto mundial sobre felicidade

Premissas

O Butão é um país que tem um indicador chamado FIB (Felicidade Interna Bruta).

É "xique" ser feliz, por isso não se pode acreditar totalmente nos resultados mundiais das pesquisas que afirmam que 77% das pessoas vivem felizes.

Os remédios mais vendidos no mundo são indicadores de que as pessoas vivem tristes.

Os quatro componentes da motivação responsáveis pela felicidade são: algo útil para fazer, alguém para amar, algo para esperar, e um lugar para carregar as baterias e descarregar as irritações.

Filmes, como "*Em Busca da Felicidade*", que são baseados em historias reais comovem e nos dão esperança para continuar a crer que de fato a felicidade existe e está acessível a todos.

Estima-se que 78% das pessoas não estão satisfeitas em seu posto de trabalho.

Existem mais empresas de sucessos, do que pessoas felizes trabalhando nelas.

A alegria é a ausência de ansiedade.

Felicidade extrema pode ser Egoísmo

Não andeis ansiosos de coisa alguma, antes sejam conhecidas diante de Deus, as vossas petições, com súplicas e ações de graça, e a paz que excede todo entendimento guardará os vossos corações." (Filipenses: 4: 6-7).

A Essência da felicidade

Não sei exatamente a diferença entre a alegria e a felicidade, nem sei se de fato há distinção entre esses dois termos, porém tenho percebido que fala-se mais em felicidade do que em alegria. Há um pressuposto no qual se quisermos ser felizes basta observarmos o que a maioria das pessoas está fazendo e fazê-lo ao contrário. Como diz o poeta americano Robert Frost: "No bosque duas estradas divergiam, e eu peguei a menos percorrida, e isso fez toda a diferença."

Creio que todos querem ser felizes, mas poucos conseguem, porque não enxergam o alvo nem o caminho até ele, apesar de acreditarem que o alvo exista. Alegria, conforme o dicionário Houaiss, é um estado de satisfação e contentamento, regozijo, júbilo,

Felicidade 360º

prazer e divertimento. Já, o conceito de felicidade, conforme o mesmo dicionário, aponta para um estado de consciência plenamente satisfeita, bem-estar, êxito. Dentre as duas definições, podemos agrupar o estado de satisfação e o contentamento como duas características comuns ao conceito de felicidade. Em primeiro lugar, o termo satisfação, esta associado à plenitude, e ao título deste livro, geometricamente abordado sob o conceito de 360 graus, que significa a otimização da capacidade, a convicção de algo que está repleto, transbordante ou muito próximo disso. Quem é plenamente feliz não precisa nada em excesso, pois a felicidade já preencheu todo espaço vazio em nosso ser. Alguém satisfeito é alguém que se alimentou o suficiente ou acima do normal e que se contentou por isso. Ainda dentro da característica do estado de satisfação, a ciência química nos ajuda a compreender a felicidade como sendo um estado. Pode-se deduzir assim, que ela sofre variações, como a água, que pode, de acordo com o seu ambiente, apresentar-se sob três estados: sólido, liquido e gasoso, sem perder a sua essência química de oxigênio e hidrogênio. Nesse raciocínio de comparação, as duas moléculas que reagem entre si formando a essência da felicidade podem ser: o contentamento e o estado de satisfação.

O estado de satisfação indica que a felicidade pode ser vista de algumas formas que podem nos confundir da mesma maneira que vemos a água, mas não vemos as duas moléculas que a compõem. Por isso, a definição de felicidade nos parece relativa, quando na verdade ela é objetiva, porém invisível a olho nu. Em um mundo que precisa ver para crer, é difícil enxergar a felicidade, até porque é comum as pessoas disfarçarem sua tristeza com um sorriso falso, uma bebida mais forte, uma música alta, ou dizendo que está tudo bem em sua vida. A felicidade não autêntica nos torna seres isolados, mais individualistas e por consequência, menos felizes. A dificuldade em admitir essa verdade torna o ser humano ainda mais arrogante e distante da felicidade. Podemos escolher como iremos agir ou reagir diante da tristeza. Quanto mais forte sou, menor o tempo de duração da tristeza, logo, a felicidade é força e não alegria, podendo alguém estar fisicamente triste, mas espiritualmente alegre.

A segunda característica na essência da felicidade é o contentamento. Ele não é circunstancial nem físico, mas espiritualmente constante. Como diz o pintor e escritor libanês, Khalil Gilbran, quanto mais profundamente a tristeza cava o nosso ser, mais alegria ele pode conter, e o mesmo poço de onde surge o riso, esteve muitas vezes cheio de lágrimas. O tijolo que ajuda na sustentação da casa não é o mesmo que fora queimado no forno de uma cerâmica? A

Ivan Marcos Kruger

alegria e a tristeza, segundo ele, são inseparáveis e fazem parte de uma balança. Estar vazio é estar em equilíbrio. Por esta razão, uma pessoa cheia de si não consegue ser plenamente feliz, mesmo que ao seu redor, todas as condições visíveis lhe sejam favoráveis. O contentamento tem relação com a satisfação. Temos um vazio em nosso coração do tamanho de Deus, portanto somente ele pode nos preencher. Tal raciocínio indica que as coisas são importantes mas não essenciais. Nesse sentido a ambição é perigosa e o dinheiro um dos principais meios pelos quais a cobiça nos prende. O livro de Eclesiastes nos adverte dizendo que a pessoa que ama o dinheiro jamais terá o suficiente e jamais ficará satisfeito. A felicidade é querer e ter menos. *Thomas Brooks diz que ambição é miséria enfeitada, veneno secreto, praga oculta, mãe da hipocrisia, progenitora da inveja e aquela que cega o nosso coração e transforma medicamento em doença e remédios em males.* Somos tentados a sermos ambiciosos, e vencer esta batalha é uma das coisas que nos leva a sermos verdadeiramente felizes. O antídoto para a cobiça é o contentamento, que não representa acomodação, mas a despreocupação com aquilo que os outros possuem, e a tranquilidade, independente do alcance de nossas metas.

"Um coração alegre é um bom remédio." (Provérbios 17:22)

O importante não é apenas ser feliz

Quando a pessoa é amada e bem quista, ela não precisa de muitos subterfúgios para compensar o seu vazio. O amor preenche nossos espaços vazios, e quando não o temos, tentamos encher nosso coração com alegrias passageiras e muitas vezes fúteis. O que é importante normalmente é chato de fazer e, no momento ou a curto prazo, não nos deixa feliz. Por exemplo, estudar e ler é importante, mas para muitos, um pouco chato. É importante trabalhar, mas nem sempre isso é agradável. Para um filho, a obediência é chata, mas é importante. Quando uma pessoa cresce e faz apenas o que a deixa feliz, ela corre o risco de ser egoísta, inconsequente, imatura, e de difícil relacionamento. Se todos fizerem apenas o que as deixa feliz, todos viverão tristes. Fazer o que é importante para o outro é um gesto de amor, e requer dedicação e empatia. **Ser feliz é importante mas não é o mais importante.** Quando acreditamos apenas na primeira parte desta frase, significa que podemos fazer o que quisermos desde que isso nos faça feliz e nos gere uma sensação de prazer, fuga da realidade, ou momentos de descontração. Hoje, com a busca pelos direitos correndo velozmente de forma exacerbada e

Felicidade 360°

desequilibrada, todos se julgam no direito de fazer suas escolhas de acordo com o que os faz sentir melhor. Isso é fruto de uma sociedade pós-moderna que sofre os efeitos do hedonismo. Esse termo tem origem grega (Hedonê), e significa prazer individual, e imediato, dentro de uma doutrina defensora do prazer como meio correto para se atingir a finalidade suprema do ser humano, que é, ser feliz. A busca hedônica pela felicidade é apenas um entorpecente social para suprir nossas carências, que muitas vezes não são percebidas, não são admitidas, e sobre as quais evita-se falar, por medo de encarar a realidade, e a si mesmo.

Inconscientemente, acha-se alguma moral em tudo o que gera prazer, e é errado tudo o que acarreta em sofrimento. Se eu quero fazer apenas o que me dá prazer, o risco que corro é de não me importar com os outros. Se eu quero escutar uma musica alta e incomodar os vizinhos, eu posso, porque o importante é ser feliz. Se eu quero ficar na frente do computador 90% do dia, eu fico porque o importante é ser feliz. Se eu quero usar droga porque se isso gera felicidade, então está certo. E assim por diante. Se a minha felicidade causa um desequilíbrio no centro da roda social, então há que se pensar um pouco mais. Tudo que fazemos ou deixamos de fazer tem consequências, e a felicidade extrema à qualquer custo, acarreta uma sociedade egoísta e triste.

Os três níveis de felicidade: o prazer, a paixão, e o propósito

A felicidade pode ser dividida em três níveis, segundo Tony Hsieh, um empreendedor americano: prazer, paixão e propósito. O primeiro nível é o do prazer: você come o seu prato predileto, e fica feliz, por exemplo. Isso gera prazer. É algo individual, pois só você sente aquilo. O segundo nível de felicidade é o da paixão. Estar apaixonado por algo ou por alguém, gera um sentimento de felicidade, no qual o tempo voa. Ele é mais duradouro do que o prazer, por isso, mais importante. Significa fazer algo que goste, mesmo sabendo que ali, também terão coisas das quais não gosta. Pode ser um trabalho, uma ocupação, ou uma atividade de lazer, como pescar, ouvir música, praticar um esporte. Esse segundo nível é fácil de entender, pois representa a sua paixão, mas também não nos basta para ter satisfação, ou felicidade plena, conforme prescreve nosso dicionário Houaiss.

O terceiro nível de felicidade refere-se ao propósito ou missão de vida, que faz parte de algo maior do que o próprio indivíduo. Esse é o de maior duração, não depende do prazer e da paixão e, por esse motivo, nos satisfaz plenamente. O propósito está associado aquilo para o qual nascemos, aquilo que exige o melhor de nós, e a atividades nas quais usamos grande parte de nossas competências, ou nossa qualidade mais destacada. Somos felizes quando nos sentimos úteis, e se somos úteis, somos ferramentas e não a obra final. Esse terceiro nível nos faz compreender a brevidade da vida, o desapego aquilo que é tangível, e a enxergar milagres e tragédias como meios e não como um fim. Você até pode ter o direito de ser feliz, mas tem o dever de descobrir o seu talento e usá-lo em benefício dos outros. Buscar apenas a felicidade ou buscá-la como sendo a coisa mais importante é como tentar encontrar uma agulha em um palheiro que não tem agulha.

"Ter sucesso empresarial não é tão difícil quanto saber conduzir um casamento e uma família."

"Nem tudo o que pode ser contado conta, e nem tudo que conta pode ser contado. " Einstein.

Referências

CSIKSZENTMIHALYI, Mihaly. *Descoberta do Fluxo*. Rocco. São Paulo. 1999.

COVEY, Stephen. *O 8º Habito*. São Paulo. 2005. Editora Elsevier.

GILBRAN, Kahlil. O Profeta. Coleçao L & PM Pocket, 2001.

HISH, Tony. *Satisfação Garantida*. Vida Melhor Editora. Rio de Janeiro. 2010.

INRIG, Gary. *Cultivando o Contentamento*. Ministério RBC. 2001.

HOUASSIS, *Dicionário da Língua Portuguesa*: Instituto Antônio Houassis, Editora Objetiva: Rio de Janeiro, 2011. 1ª Edição.

NÓBREGA, Clemente da. *Empresas de Sucesso, Pessoas Infelizes*. Editora Senac. Rio de Janeiro. 2006.

Felicidade 360º

18

Não deixe a vida escolher por você

É chegada a hora de compartilhar um pouco das minhas experiências de vida, com pessoas que possam estar passando por situações parecidas com as que vivenciei. Como em uma boa conversa, transcrevo minhas palavras para que você, querido leitor, possa aquecer seu coração. Se tiver dificuldades, não desista, mesmo quando a dor parecer maior do que o sorriso que você pode mostrar

Izabela Neves Freitas

Izabela Neves Freitas

Graduada em Psicologia pela Pontifícia Universidade Católica do Paraná. Atua como Psicóloga Clínica na abordagem sistêmica. É *personal coach*, oferece aos clientes uma parceria para a otimização de resultados e melhora da performance pessoal, pelo desenvolvimento da capacidade de realização. Desenvolve um trabalho de Terapia do Luto, para que os pacientes possam superar suas perdas e consigam reorganizar as próprias vidas.

Contatos
www.atitudecoaching.com.br
atitudecoaching@gmail.com
(41) 9654-2055

Izabela Neves Freitas

Por vários momentos, a vida não foi muito legal comigo, aos 15 anos meus pais morreram em um trágico acidente de carro. Cinco anos depois, minha irmã mais nova, então com 16 anos, foi acometida por uma doença rara no cérebro (meningoencéfalite herpética) que também a levou embora, praticamente nos meus braços. Foram perdas irreparáveis, entre tantas outras que vieram juntas e, hoje, 20 anos depois me fazem acreditar que tenho potencial para amar. Mas é apenas um potencial, pois coloco aqui meu desejo de amar e, para mim, AMAR é partilhar... Como tenho muito a partilhar, me empolgo com isso. O que espero é que aqui possamos partilhar juntos.

Coração tranquilo

As palavras esquentam o coração, e o meu está aquecido. Pensar nos meus entes queridos é senti-los pertinho de mim, é ter a certeza do colo, do carinho, de ouvir sussurros no ouvido...é ter a certeza de que não existe fim com a morte.

Independentemente de sua crença religiosa, gostaria de registrar, pelo menos um pouco, como vejo tudo isso.

Na vida, a lei da ação e reação é aplicada. É como se tudo o que fizesse voltasse a você, como uma bolinha de frescobol atirada a uma parede, encontra uma barreira, bate e volta. Por isso, acredito que se deva fazer o melhor, amar ao próximo, mesmo que o próximo pareça distante, que é necessário cuidar dos amores e dizer "eu te amo". É importante ficar com a consciência tranquila por ter feito o melhor pelos outros. É jamais esquecer de pedir perdão, mesmo sabendo que não não houve culpa da sua parte em fazer algo, é perdoar e dar a mão, perdoar sinceramente com o coração.

Muitas vezes, o que acha ser um defeito do outro, pode ser um aprendizado para você, que aquilo que julga como errado pode ser a forma que aquela pessoa conhece de viver. Não julgue aquele comportamento que, por algum motivo não concorda, apenas entenda que quem que o teve não sabia fazer diferente.

Não sei bem qual o critério de seleção de amizade para algumas pessoas, não entendo bem como pessoas entram e saem ou são arrancadas bruscamente da sua vida sem um abraço ou uma justificativa, sem sequer dar tempo ou se importar em dizer: -Você não serve mais para mim, ou sua amizade não me importa. Priorizam de acordo com suas necessidades e não pelos sentimentos. Tenho percebido que alguns desentendimentos nos relacionamentos poderiam causar bem menos sofrimento se as coisas fossem ditas mais claramente, mais assertivamente sem recados indiretos ou palavras perdidas nas entrelinhas.

Felicidade 360º

Quando o sentimento é verdadeiro, é necessário ser cuidadoso. Quando encerrado é necessário ser justificado. Quantas vezes deixamos passar algo que poderia ser especial por estarmos voltados demais para nosso ego e não olhamos sequer para o lado para oferecer um abraço ou uma palavra de carinho, de agradecimento ou até de consolo? Quando a distância realmente se aproxima, quando o rompimento invade aquela rotina de abraço e carinho, quando a pessoa vai embora para perto ou para nunca mais, o pensamento que parece ficar é aquele do se... Se tivéssemos retornado aquela ligação... Se tivéssemos respondido aquela mensagem... Agradecido àquelas palavras.. Ahh!!! Se tivéssemos dito o quanto era especial e que faria falta... Nos importado menos com as opiniões alheias, entendido as atitudes, deixado o orgulho de lado, se tivéssemos reservado um minutinho do nosso tempo para pensar antes de magoar.

Hoje era isso que eu queria dizer, que a inveja não deve ser maior do que a amizade, que o orgulho não deve ser o sentimento que predomina nas relações, que a essência da amizade e do amor está em falar e deixar compreender se, se você é verdadeiro o suficiente para partir sem deixar a marca da culpa. Lembre-se sempre: o fato de não ter algo, não justifica você querer o que o outro tem, se fizer sua parte poderá sim ter mais e melhor. Cuide, cultive, conquiste, tenho certeza de que a vida também o presenteará com coisas maravilhosas que estão reservadas para você, e se não for o que imaginava, pelo menos terá feito algo por si e perceberá que é bem melhor ter o que é seu do que querer o que não lhe pertence

Às vezes, quando tomamos uma decisão depois de termos dito o contrário, precisamos peneirar os conselhos e seguir o coração. Isso a gente só consegue quando está fortalecido, é saber que o silêncio da casa não significa que está sozinho, que um calor no coração, nem sempre é angústia, que um sonho bom é a certeza que aquele abraço esperado esteve realmente ali naquele momento.

Que não devemos ser egoístas e nos sentirmos abandonados, pois não estamos...quem nos ama, cuida da gente sem precisar pedir. Aceite o carinho, quando precisar, peça ajuda, não guarde sua dor! Quando tudo parecer escuro, quando parecer que apagaram tudo e pintaram de cinza, acenda uma luz em seu coração, mesmo que seja só uma pontinha. Quando a porta que espera demorar em se abrir, abra a janela e deixe o sol entrar.

Ficamos preocupados demais em estarmos felizes e, principalmente, em não demonstrarmos essa felicidade com medo que o sabonete escorregue da nossa mão, que a gente não consiga pegar e acabamos por ficar escondidos na tristeza. Seria pretensão minha

Izabela Neves Freitas

dizer que não nos sentimos tristes algumas vezes, que a saudade insiste em nos acompanhar em alguns momentos da vida, que o choro vem e que a gente não consegue controlar, que às vezes a gente desabafa e chora e exagera para colocar as coisas para fora, mas dizer que a vida é triste é um apego exagerado ao negativo.

Outro dia uma paciente me perguntou: como é perder alguém que a gente ama? Como a vida continua depois de uma perda tão grande? E eu respondi imediatamente, a vida segue, isso passa, a dor vem e a saudade consome, porém ficar pensando nisso nos derruba. Gosto de dizer que na vida seguimos caminhando em um terreno desconhecido, que vamos andando sem saber direito onde estamos pisando e que, por vezes, encontramos armadilhas, buracos escondidos, disfarçados e que se pisarmos nele, provavelmente cairemos e nos estatelaremos lá em baixo. É praticamente inevitável não cairmos algumas vezes em armadilhas como essa, contudo, se cairmos e tivermos fontes de apoio, esse tombo pode ficar bem menos dolorido. Eu chamo de fontes de apoio pequenos galhos de força em que conseguimos nos segurar. Os bons relacionamentos, amigos de perto ou de longe que a gente pode conversar de vez em quando, uma boa caminhada ao sol, ouvir uma música agradável, um jogo, um brinquedo, um abraço que não precise de palavras. Todas essas coisas e mais um monte delas pode nos dar sustentação para que a gente se escore, assim, se cairmos, o que é realmente inevitável, vai ficar bem mais fácil levantar. Ficar lá em baixo remoendo a tristeza não vai nos levar a lugar algum, não adianta nem pedir por socorro, pois ninguém vai escutar e se ouvir pode até passar por perto e pensar que não adianta que não quer sair de lá. E com tudo que passei e aprendi, o primeiro passo só depende você, comece agora...

Um pouquinho a cada dia, uma ligação para uma pessoa querida, alguns minutos de caminhada ao sol, a leitura de um texto agradável ou até aquela música que você gosta de ouvir. Tenho certeza que com atitudes que parecem pequenas, conseguirá subir e RECOMEÇAR.

Mudança de foco

Estive pensando no quanto é difícil nos desprendermos e mudarmos antigos hábitos, coisas, pessoas, crenças que nos limitem e, muitas vezes, nos impedem de tomar atitudes que podem realmente mudar nossas vidas. Por vezes passamos muito tempo em um relacionamento (de amizade, ou amor) que nos coloca para baixo acreditando que o outro vai mudar, quando na verdade a mudança

Felicidade 360°

deve começar com um passo nosso. No entanto, sequer percebemos quando passamos a agir diferente frente ao outro e ele acaba vindo ao nosso encontro e andando ao nosso lado. A insegurança, o medo, a ansiedade, aquele movimento interno que nos perturba e é alimentado pelo outro, acontece por acharmos que não vamos satisfazer expectativas e é isso que nos fragiliza, nos paralisa e nos impede de irmos em busca de algo que poderá fazer diferença em nossa vida. E quando pensarmos de forma positiva e enfrentarmos o que parecia paralisante, os problemas que possamos vir a enfrentar vão trazer benefícios que só perceberemos depois que o tempo passar...e só vai aparecer mesmo, se tentarmos.

É HORA DE MUDAR O FOCO, estamos habituados a olhar sempre o que existe ou aconteceu de errado conosco e com os outros, ficamos um tempão presos aos nossos fracassos, a situações não resolvidas, a dor sentida e esquecemos-nos de lembrar as nossas conquistas Quando mudamos o nosso foco do negativo para o positivo podemos aumentar significativamente nossa sensação de estar bem e isso diminui a sensação de tristeza e até sintomas do que se diz depressão, nos dá esperança e mais satisfação. Todos nós temos na essência algo que pode nos mover para o positivo, é necessário exercitar a mente com bons relacionamentos, selecionar as pessoas certas para cada ocasião. Não adianta gastar tempo e energia para satisfazer as expectativas do outro. Seja você, ofereça o que você tiver de melhor. Encontre potencial naquilo que você já possui. AGRADEÇA, PERDOE, COMEMORE. Permita-se celebrar cada conquista que já teve. E mais uma coisinha: mude o discurso, com um pouco de cada uma de minhas sugestões, fica bem mais fácil RECEBER.

Escolha viver, é bem mais fácil do que deixar a vida fazer essa escolha por você!

Um carinhoso abraço!

19

Novos modos de tratamentos emocionais e humanos

O amor, a caridade, muito estudo, aguçada intuição e, sobretudo, a férrea vontade de ajudar o semelhante. O propósito destes artigos é despertar a humanidade que jaz adormecida em cada ser humano, lembrando-o da divindade que existe dentro de si e que se exercida, muda todo o contexto do planeta

Jonia Ranali

Jonia Ranali

Formada em Magistério pelo Instituto de Educação Caetano de Campos e em Psicanálise pela Escola de Psicanálise Sigmund Freud e pelo CEDP (Centro de Estudos e Desenvolvimento Psicanalítico), entidades das quais também foi presidente. Além disso, cursou a ACADEMIA DO PALESTRANTE. É psicanalista, docente em Psicanálise e psicanalista didata (profissional responsável por analisar os alunos que, futuramente, serão psicanalistas), supervisora de casos clínicos e sócio-fundadora e idealizadora da Sociedade Paulista de Psicanálise. Jonia expande para o mundo, por meio de aulas online, palestras, workshops e seminários, o poder do nosso emocional inconsciente.

Contatos
http://www.joniaranali.com.br
joniaranali@yahoo.com.br – contato@joniaranali.com.br
facebook.com/jonia.ranali
twitter.com/joniaranali
(11) 3209-7140

Jonia Ranali

Uma nova e moderna Psicanálise

A "minha ciência", a Psicanálise, é por mim extremamente amada e respeitada, pois por meio dela consigo fazer muitas curas, parciais, se os pacientes não querem ou preferem não ir "até o fundo do tacho" para resolver todos os seus problemas emocionais, e curas totais se a isso eles se propuserem.

A Psicanálise passou por várias fases ou etapas, e vou enumerá-las com alguns detalhes.

Imaginem uma árvore. Ela sempre terá um tronco e, nesse caso, essa parte da árvore compreendida entre a raiz e os ramos, foi Sigmund Freud seu ilustre criador.

Mas, a Psicanálise não ficou mumificada por aí ao deus dará e nem desprovida de novos e fiéis seguidores, pois depois tivemos uma segunda geração, com muitos e bons psicanalistas, alguns da mesma geração de Freud, mas os destaques foram Melanie Klein, Jacques-Marie Lacan, Anna Freud, Wilfred Ruprecht Bion e Donald Woods Winnicott que complementaram essa ciência com maravilhosos tesouros, tanto na parte de aprofundamentos teóricos, como na da Psicanálise infantil.

Após isso, nossa ciência foi agraciada com contribuições da terceira geração por teóricos, observadores e magnânimas criaturas humanas que perceberam que nossas emoções começam a existir no momento da concepção e trataram de pesquisar e aprender como colocar métodos, exemplos e vivências para que os "conceptos", depois embriões e após o terceiro mês fetos, já estivessem sendo recebidos com atuais e prósperas maneiras de tratamento.

Isso simplesmente foi uma glória, diminuindo a mortandade infantil, sofrimentos para os pais, e proporcionou uma maior consciência do respeito que se deve ter a esses tão pequeninos seres, quase todos ainda em formação, mas já gravando um número enorme de formas de sofrimentos.

Eu também percebi, ao início de minha profícua carreira, que meus primeiros pacientes mostravam na fala, nas não realizações, nos problemas apresentados, que suas mazelas emocionais dentro do ventre da mãe haviam sido criadas e reforçadas para desespero desses pequeninos seres, que com esses materiais não sabiam lidar, e nem percebiam de onde procediam.

E, no intuito de ajudar, de dar a minha contribuição, estou lançando o livro "Você consegue mudar o mundo", em breve nas livrarias.

Mas, num solavanco, numa explosão de buscas que sempre nortearam a minha existência, fui buscar em outros setores - alguns já muito familiares a mim desde muitos anos atrás - caminhos que fizes-

Felicidade 360º

sem crescer mais a minha ciência e a ajuda que podemos dar aos que dela querem se beneficiar, e consegui juntar o que, inicialmente, posso posso chamar de NOVA E MODERNA PSICANÁLISE. Dentro dela, estou trabalhando com meus pacientes a PARTE ENERGÉTICA, que se mal estruturada ou mais ainda sem conhecimento pelos mesmos pode causar perdas, danos, comprometimentos e até mortes, que serão consideradas, nesses casos, como suicídios ou homicídios inconscientes.

E mais, realizei maravilhosos cursos de TERAPIA REGRESSIVA, que somados à minha experiência me permitem ir até a outras vidas dos pacientes, dentro do tratamento psicanalítico, o que elucida seus relacionamentos tumultuados com seres de sua atual existência, como a família, e também sobre suas não realizações. Com isso, o tratamento psicanalítico ficou mais rápido, muito, muito mais seguro e completo, me trazendo a mais total realização como psicanalista e um bem-estar sensacional aos meus pacientes e ao ensino que faço dentro do meu Curso Livre de Formação em Psicanálise Online.

E, a todos esses grandes mestres que me iluminaram, como se todas as estrelas do céu tivessem se juntado para dar esse fulgor a minha carreira profissional, só posso agradecer. Graças a eles, caminho agora com toda a segurança dentro dessa Nova Moderna Psicanálise.

O caso mais lindo que já tive: "só amor basta"

Existem duas coisas que sempre me fazem chorar: uma delas é todas as vezes que releio um artigo de meu pai - digníssimo membro da Academia de Letras - chamado "Xará" que está em meu blog, e a outra é quando me lembro de um paciente que nunca conheci, e cujo caso aqui contarei, com nomes fictícios, é claro.

Eu possuía na época uma paciente que trabalhava em uma empresa. Um colega muito chegado estava junto com a esposa passando por problemas com o filho mais velho. Ela me contou a história familiar e sugeri que os pais viessem ao meu consultório.

Chegaram no horário combinado e começaram a contar a história deles e dos filhos: Dora era casada e teve o primeiro filho, Tiago, e o pai do menino foi embora logo em seguida, nunca mais soube dele.

Dora criou o filho e, quando ele estava maiorzinho, conheceu Claudio, com quem passou a viver junto. Daí para a frente, Tiago passou realmente a ter um pai, pois Claudio gostava muito do garoto e o tratava realmente como filho. O amor era recíproco.

Estando Tiago com 12 anos, sua mãe Dora engravidou.

Adendo: Dora e Claudio eram muito simples financeiramente e ambos precisavam trabalhar.

Jonia Ranali

A partir do momento em que Tiago soube da gravidez da mãe, começou a ter estranhos sintomas: caía ao chão, puxava o lado direito do corpo, entortava a boca e espumava um pouco.

O casal já havia levado Tiago a uma quantidade enorme de médicos, me trouxeram um calhamaço de dois dedos de exames feitos e cada especialista tinha uma opinião diferente. Vários remédios haviam sido experimentados, sem nenhum efeito.

Perguntei: como era a vida cotidiana do casal?

Levantavam pela manhã, deixavam a nenê que já havia nascido aos cuidados de uma vizinha, depois Tiago na escola, e ambos iam trabalhar. Tiago voltava só da escola, almoçava sozinho, tomava seus remédios e ficava também só pelo resto da tarde.

Quando saíam de seus trabalhos, Claudio pegava Dora, voltavam para casa, apanhavam a menininha na casa da vizinha, e como não podiam pagar uma empregada, revezavam os trabalhos da casa e para com a nenê, até a hora de ir dormir.

E o Tiago? Continuava sozinho vendo toda essa movimentação, percebendo que a nenê tem toda a atenção, e ele? Nada. Por quê? Por já ter 12 anos? Mas se sente muito carente e só. E... tem crises para chamar a atenção dos pais. Emocional é assim: quando Tiago caía e se machucava, os pais eram obrigados a largar a pequenina, os trabalhos domésticos e dele cuidar.

Percebo tudo isso enquanto psicanalista. Depois de me contar toda a história, ficam ansiosos me olhando.

Segura do que lhes vou falar e orientar, principio:

"Vou dar um remédio ao Tiago e ele vai ficar bom". Os dois ficaram me olhando espantados, esperando uma nova receita de algum outro remédio. E eu continuo: "Esse remédio chama-se AMOR. Vamos mudar toda a rotina de vida de vocês: o Cláudio tem disponibilidade de ir almoçar com o Tiago, ao invés de almoçar em sua empresa? Então faça isso. Vá buscá-lo na escola e almoce com ele. E, quando ambos saírem do trabalho, ao invés de irem direto buscar a nenê na vizinha, devem ir para o seu "casulo", conversem com Tiago, deem a ele muito amor, carinho, peguem-no no colo, mesmo ele tendo já 12 anos. Digam que o amam, que ele é o primeiro filhinho de vocês, jantem com ele e, depois de tudo isso feito, um de vocês vai buscar a nenê, o outro fica com Tiago. O que ficar com ele, conte que tem muita tarefa em casa a fazer. Peça sua ajuda e mostre o quanto a colaboração dele é importante. Falem que vocês são três adultos, cuidando de uma bebezinha que é dele e que ele também deve cuidar dela. Ensinem-no a trocar fraldinhas, a dar uma mamadeirinha de suco e a brincar com ela. Mostrem o quanto gosta dele

Felicidade 360°

e como sorri quando ele conversa com ela". E, por aí, fui a fora mostrando ao casal as novas atitudes a serem tomadas.

Ambos metendo os cotovelos nos joelhos, levaram as mãos ao rosto para não perder uma só palavra do que eu lhes dizia. E saíram matutando sobre o que eu lhes aconselhava, sem receio nenhum do que iriam encontrar pelo caminho novo a seguir.

Os pais, apesar de muito simples na matéria, eram esclarecidos espiritualmente e desejosos da cura do filho, que viam sofrer e se machucar, dia a dia. Procederam exatamente como lhes orientei.

Na outra semana, quando voltaram para a sessão, os dois me olharam com uma grande sensação de amor, de admiração e de gratidão nos olhos e me disseram que me tomando como estrela guia haviam feito exatamente o que lhes recomendei e que Tiago não havia tido mais nenhuma queda ou sintoma do que acontecia antes. Contaram-me que quando Claudio foi buscar Tiago na escola, no primeiro dia, este abriu um largo sorriso, pegou o pai pela mão e foi mostrá-lo aos colegas, encantado, surpreso, feliz e radiante, dizendo:

- "Este é o meu pai, este é o meu pai. Vejam, este é o meu pai".

Pela noite quando os pais chegaram em casa sem a bebê, ele ficou pasmo, correspondeu ao carinho a ele dedicado e depois ajudou a cuidar da irmãzinha e o pai no lavar da louça e da roupa. Ficou encantado ao ver que podia tocar na garotinha, dela cuidar também e que era muito amado por mamãe e papai.

Bem, nem preciso dizer que eles não mais voltaram às sessões, pois eu lhes disse que continuassem agindo dessa forma e se alguma coisa novamente desse errado que me procurassem.

Tiago hoje já deve ser adulto e talvez já tenha até casado e esteja com filhos, MAS ESTE É O CASO QUE JAMAIS ESQUECEREI EM SEUS MÍNIMOS DETALHES E ESTA TAMBÉM É A RAZÃO PELA QUAL AMO TANTO A CIÊNCIA QUE ESCOLHI PARA COM ELA TRABALHAR, E QUE VOU CONTINUAR AMANDO SEMPRE, POIS É A CIÊNCIA DAS CAUSAS.

FAÇA, MAS "FAÇA MESMO" – VALE A PENA.

Uma experiência particular e real

Quando a cortina do dia se abre para que os rútilos raios de sol arribem à terra para aquecê-la e fertilizá-la, os homens, mergulhados em luz, encontram horizontes escancarados, para suas jornadas. Mas, de um refugo que foi ensinado por sábios, profetas e puros de coração, nos vêm a noção da CARIDADE e a de instituir um mundo justo e menos preconceituoso.

Jonia Ranali

E, estava eu, iniciante nessa arte majestosa da CARIDADE, quando ainda era bem jovem e na fase de filhos muito pequenos, labutando num Centro Espírita chamado "Razin", egresso da Federação Espírita do Estado de São Paulo. Vou contar como fui parar em tal abençoado lugar.

Nascida em família católica, fui batizada, crismada, saí vestida de anjo na procissão de Santo Antônio – por uma promessa feita por minha madrinha. Mas, meu coraçãozinho vislumbrava paisagens mais profundas que responderiam a todas as indagações que pairavam em minha mente juvenil. E, voltando ao Razin, estava desenvolvendo o meu trabalho nessa vivenda e lia muito a respeito de espiritismo, pois fazia Evangelhos antes dos trabalhos de passes e, por esse motivo, possuía muitos livros desse mister.

Meu então marido tinha ido há dias atrás para o Rio de Janeiro com o seu progenitor, pois uma prima dele havia perdido o marido e os três filhos do casal em um acidente, quando o carro em que estavam pegou fogo na estrada e os quatro morreram carbonizados.

Estávamos perto do Natal quando se comemora a vinda do menino Jesus, e a humanidade, à falta de motivação interior, tantos os pecados cometidos, principalmente contra os excluídos e oprimidos, numa espécie de confissão de culpa, carrega na iluminação das árvores, das ruas e vitrines. Cada lar, um festival de cores e lâmpadas pisca-pisca. E por um dia desses, no quintal brincavam meus filhotes com os vários animaizinhos que possuíam, e eu fazia algo, e de vez em quando os espiava. Então, chegou a Marilene, vamos chamá-la assim – a prima de meu cônjuge que havia sofrido aquele infortúnio, acompanhada do pai dela para nos visitar. Buscava consolo para a sua dor junto aos familiares paulistas. Trouxe mimos para as minhas crianças. Eu não a conhecia. Que moça linda. Alta, corpo proporcional, loira e com encantadores e luminosos olhos claros. Essa boniteza havia perdido a mãe há meses atrás e agora só restavam ela e o pai.

Conversamos muito, ela me contou de todo o acontecido, estava desesperada e sem perspectivas de vida. Os dois filhos mais velhos já eram adolescentes, mas havia um temporão que ela adorava e que chamava de "pulguinha", com o qual desvelava-se em extremos mimos. Escutei todo o relato por ela fornecido, dei-lhe bastante carinho e apoio, mas meu coração sentia que algo faltava ainda, e que aquele era um dia que prenunciava coisas boas para nós todos.

Então fui à prateleira de meus livros espíritas, escolhi um condizente com a situação da então desesperada criatura. Essa obra versava sobre carma - por que razão as coisas acontecem de uma forma tão dolorosa para certas pessoas - e dei-o de presente a ela. Bem, não mais a vi e nem soube dela.

Felicidade 360º

Passaram-se por volta de uns dois anos, quando, com surpresa, recebi uma carta de Marilene. Na missiva, ela me dizia que havia "devorado" o livro e, em seguida, foi procurar uma casa espírita pelas redondezas de onde morava, começou a frequentá-la e iniciou os cursos oferecidos pelo centro. Sua tristeza foi passando, o sorriso voltando, conheceu um rapaz e se casaram. Como não podia mais ter filhos, adotaram uma menina – que hoje com certeza já é uma moça feita. Nessa carta me contou do por que a estava redigindo: no local espiritualista que continuou a frequentar, um determinado dia lhe disseram que alguém havia indicado ou ensinado a ela o que o espiritismo é, e que a mesma deveria escrever, ou falar com essa pessoa para agradecer. Ao terminar de ler a carta, senti no rosto o perpassar de uma carícia.

Ali estava eu, chorando muito de felicidade por eles, de joelhos no chão agradeci a oportunidade de ter feito algo tão pequeno, mas tão precioso, apenas com a intuição de que deveria dar a ela "aquele" livro, escolhido entre tantos outros, com minhas mãos guiadas pelos mentores superiores. Conta ela em sua missiva que sonhou, noites que um homem de ar suave, metido numa túnica branca como a neve, inconsútil, resplandecendo paz e ternura dela se aproximava, e ela sabia que era Jesus, amigo dos pobres e dos sofredores, e ele abria os braços num gesto amigo, neles estreitando amoravelmente Marilene, e lhe dizia que com o acidente dos amados, ela havia limpado uma negra mancha de seu passado.

E, eu, que já fazia CARIDADE, comecei a fazer mais ainda, o que continua acontecendo até hoje. Quantas peças de roupinhas de bebês de minhas mãos saíram para abrigar corpinhos frágeis e desprovidos de qualquer trapinho que pudesse aquecê-los, enquanto via meus rebentos felizes e saudáveis em folguedos no quintal, salvos por lindas roupinhas das intempéries do tempo e com seus brinquedos dos mais variados tipos.

Hoje sou apômetra, estudando e trabalhando com Apometria, conhecida desde os tempos da Atlântida, mas só mais recentemente divulgada.

Agora, novamente de joelhos estou agradecendo tudo o que tenho e tudo o que posso fazer e o que ainda farei pelos meus semelhantes...

20

O poder da felicidade está em suas mãos

Vivemos em um mundo que parece oferecer atalhos para a felicidade. Não é preciso muito esforço para obter sucesso. Contudo, a felicidade incondicional está naqueles que encontram respostas dentro de si e se reportam positivamente aos desafios diários. O objetivo deste artigo é mostrar o caminho para a real felicidade a partir de estudos que estimulam o cérebro a se tornar mais criativo, motivado e produtivo

Kátia Brunetti

Kátia Brunetti

Proprietária da Idiomas e Traduções Anália Franco, atua há 15 anos como professora de idiomas e literatura (inglês/português/espanhol). Graduada no curso de Tradutor/Intérprete realiza trabalhos de tradução, interpretação, transcrição e revisão nas áreas de Administração, Autoajuda, Comércio Exterior, Esoterismo, História, Hotelaria, Jornalismo, Marketing, Nutrição, Pedagogia, Psicologia, Relações Internacionais e Turismo. Reconhecida como especialista em treinamento e desenvolvimento de professores, consultora de idiomas e pedagoga empresarial, desenvolve um trabalho inspirador e eficaz focado em resultados, comprometimento e produtividade. Criou o programa *Teen Today*, um preparatório para adolescentes e jovens adultos ao mercado de trabalho, envolvendo técnicas de coaching, mapas mentais, oratória, memorização, orientação vocacional e plano de carreira. Como palestrante e escritora atua nas áreas de PNL, Neurociência, Pedagogia Empresarial, Terapias Holísticas, Liderança, Motivação e Coaching.

Contatos
contato@itanaliafranco.com.br
(11) 2671-6971

Então, o que é felicidade?

Felicidade não é viver sorridente o tempo todo, não se trata de eliminar o mau humor da sua vida. A definição mais clara utilizada por neurocientistas, psiquiatras, psicólogos, gestores comportamentais e monges budistas é: a felicidade não um simples sentimento, é, principalmente, um estado do Ser. Essa resposta engloba viver uma vida significativa, utilizando seus dons e seu tempo. É fazer e se sentir parte de uma sociedade. É enfrentar aborrecimentos e crises com gratidão. Trata-se de uma vontade de aprender, crescer e evoluir mesmo em situações de desconforto. Esse sentimento requer ação e atitude sobre a vida. Viver é ter a consciência de nossa missão na Terra. Quando a pessoa realiza seu chamado, a vida flui serena e tranquilamente. O universo é feito de mudanças. Nosso planeta, a natureza, nossa vida – tudo se transforma e evolui.

É possível alterar sua vida e experimentar a felicidade em todos os aspectos. Independente de onde estiver nesse momento, nunca é tarde para encontrar um novo caminho. Nossas crenças são capazes de nos fazer feliz, mas também podem limitar essa possibilidade. Uma afirmação ou um pensamento positivo abre portas. Esse é o ponto de partida para a felicidade. Como você está se sentindo agora? Gostaria de se sentir melhor? Se estiver sentindo algo desagradável (medo, tristeza, depressão, culpa, ciúmes) é porque perdeu temporariamente a conexão com a positividade do universo. Não deixe esses sentimentos dominarem sua mente. Controle seus pensamentos. Você pode. Eu posso. Todos nós podemos. É possível realizar seus sonhos com qualidade de vida. É possível trabalhar, ganhar dinheiro, construir uma família e ser muito feliz. Você já deve ter ouvido falar que as palavras têm poder. As afirmações, tanto positivas quanto negativas, abrem portas. Elas são o ponto de partida do caminho para mudanças significativas. Devemos, então, reeducar nossas palavras, elas são a chave para solidificar mudanças favoráveis. Utilize afirmações positivas em seu dia a dia:

- Eu sei quem eu sou e me amo incondicionalmente;
- Meus relacionamentos são importantes na minha vida;
- Eu tenho senso de missão e amo meu trabalho;
- Eu escolho meus sentimentos e atitudes;
- Eu aprecio todos os momentos da minha vida;
- Eu me liberto de decepções e mágoas do passado;
- Eu cuido da minha saúde.

Felicidade 360º

O trabalho e a felicidade

O trabalho é o caminho para a concretização e realização de nossos sonhos, mas para muitos ainda é visto como um sacrifício. As pessoas que trabalham com amor encontram a verdadeira felicidade em seu trabalho, enxergam nele a oportunidade gratificante de aplicar suas habilidades e se sentem felizes em realizar sua missão, independente de almejar grandes ganhos financeiros. Você é o maior responsável pela realização de seus sonhos. Quais são seus sonhos? Você tem clareza de como alcançá-los? Reflita, reveja metas e objetivos já alcançados, projete novos: são atitudes que o ajudarão a ativar o poder da felicidade em seu trabalho. De acordo com a Psicologia Comportamental, a verdadeira felicidade encontra-se na autorrealização. Sua vida é consequência do que você é. Quanto mais qualidade investir nela, mais retorno terá.

Identifique seus objetivos e faça suas resoluções pessoais. Pergunte a si mesmo:

- O que faz sentir-se bem? O que lhe dá alegria e energia?
- O que faz sentir-se mal? O que lhe dá raiva, medo e tédio?
- Que valores quer refletir em sua vida?
- Como você pode contribuir para uma atmosfera de crescimento? Onde aprender, criar, ensinar e ajudar?

Qual é sua definição para uma vida feliz?

Saiba que a resposta para essa pergunta é muito importante. A partir do momento que você entende que a felicidade está dentro de si, ela se torna uma bússola que o guiará a viver melhor. A felicidade é um caminho holístico. Quanto mais você aprende sobre a felicidade mais descobre sobre si mesmo e o que é importante para sua vida. Abaixo seguem dicas para uma vida mais feliz:

• **Aceite-se como você é** – sem autoaceitação limitamos e bloqueamos a felicidade, prosperidade, sucesso e amor. A vida se torna mais fácil quando temos confiança em nossas ações e atitudes. Lembre-se que você é único e consequentemente seus talentos e habilidades.

• **Ame e se deixe amar** – as relações amorosas são cruciais para nosso bem-estar e felicidade. Os relacionamentos são importantes para nosso aprendizado. É a partir deles que aprendemos a ter compreensão, cuidado e segurança. Estar perto das pessoas que amamos nos faz sentir mais feliz. Amor e felicidade possuem inúmeros benefícios para a saúde. Quando estamos felizes, as células se regeneram e os órgãos ficam mais saudáveis. Atos verdadeiros de amor levam a felicidade duradoura na vida dos seres humanos.

• **Seja grato** – agradecer as pessoas é uma poderosa fórmula mágica para atrair a felicidade. A gratidão é o grande multiplicador da vida. Agradecer começa com um simples "Obrigado" porém deve ser sentido diretamente no coração. Seja grato por tudo o que já recebeu (passado), por tudo está recebendo (presente) e por tudo o que deseja atrair para sua vida (futuro).

• **Esteja presente** – nossa vida só ocorre em um momento chamado presente. O passado existe em nossa mente apenas como memórias. O futuro é a visão ou ideia de nossos objetivos. O futuro é, sem dúvida, o que criamos no presente, resultado de nossos pensamentos, ações e palavras. Viver no presente é o primeiro passo para encontrar o equilíbrio. Estar presente é estar consciente, viver o momento, desfrutar a vida. Todos os momentos são preciosos, portanto escolha viver o agora: velhas defesas do passado e ansiedade do futuro bloqueiam novos sucessos.

• **Sorria** – "Sorrir é o melhor remédio". Estudos comprovam grandes benefícios de um sorriso: alteração instantânea do humor, diminuição do nível de estresse e da pressão arterial. O sorriso é contagioso, quando sorrimos iluminamos nossa vida e a vida das pessoas ao nosso redor.

• **Pense positivo** – o pensamento positivo traz paz interior, satisfação e uma vida mais saudável. Utilize palavras positivas como: "Eu posso", "Eu sou capaz", "É possível". Antes de iniciar qualquer plano ou ação, visualize em sua mente o seu sucesso. Ignore pensamentos negativos e os substitua por pensamentos alegres e construtivos.

• **Perdoe** - poucas pessoas reconhecem o enorme impacto que o ato de perdoar causa em sua felicidade. Pesquisadores descobriram que as pessoas que guardam mágoas e ressentimentos tendem a ser dominadas pelo ódio, raiva e espírito de vingança e assim podendo ser levadas a altos níveis de estresse, ansiedade, depressão e neurose. Perdoar faz bem para a alma. Não podemos continuar carregando um passado infeliz.

Pequenos hábitos podem trazer grandes resultados

A felicidade ou a falta dela pode afetar fortemente a sua vida.

Felicidade 360º

Você deve trabalhar ativamente essa energia para manter-se feliz.

1.   Exercite seu corpo todos os dias por pelo menos 20 minutos. As endorfinas produzidas por meio de exercícios físicos ajudam a elevar o estado de espírito.

2.   Anote dez afirmações positivas sobre você mesmo. Por exemplo: "Eu sou saudável." Coloque esse papel em locais estratégicos como no espelho do banheiro, na mesa do escritório. Leia essas afirmações todos os dias.

3.   Medite por pelo menos 15 minutos. Se não gostar de meditação, passe esse tempo refletindo sobre seu dia, suas esperanças, seus sonhos.

4.   Cerque-se de pessoas felizes. Fique longe de pessoas com energia "tóxica", aquelas que fazem fofocas ou reclamam de tudo.

5.   Passe um tempo ao ar livre. Respirar ar puro e desfrutar da natureza é uma das maneiras mais saudáveis para sentir-se melhor.

O que faz você feliz?

Nos últimos anos, o campo da Psicologia Positiva, área que estuda uma visão mais aberta e apreciativa das motivações e capacidades humanas, começou a fornecer respostas a essa questão. De acordo com um estudo realizado com mais de 4000 participantes os fatores classificados como primordiais para a felicidade são: gratidão, entusiasmo, otimismo, amar e ser amado. Repare que todos são fatores que estão sob nosso controle. Portanto, a felicidade não é algo distante ou inatingível e não depende de circunstâncias, objetos ou eventos. É uma parte inseparável da consciência, porém oculta e, às vezes, encoberta por pensamentos negativos e preocupações. Em um dia nublado, as nuvens escondem o sol, mas sabemos que ele está sempre lá. As nuvens de pensamentos negativos e preocupações escondem a felicidade. Temos que dispersá-las para poder senti-la. A felicidade é algo que vive dentro de você, de seu coração e sempre estará lá.

Quando passar por uma experiência negativa, se possível, identifique os erros para poder corrigi-los e mais tarde não repeti-los. Identifique também qual a lição que essa experiência pode proporcionar a você. Encontre uma maneira de se sentir grato pela experiência e expresse sua gratidão. Pode levar alguns dias ou meses para superar a dor, raiva ou mágoa. É importante que supere! É importante ter compreensão, aceitação e gratidão pela oportunidade de aprender, crescer e evoluir com tal experiência.

Tudo o que necessitamos é descobrir como silenciar o burburi-

Kátia Brunetti

nho da mente. O que os místicos, gurus e santos têm feito ao longo dos anos? Eles buscam a felicidade interior, algo de nossa natureza, que nos pertence e ninguém pode tirar. Essa felicidade que estou falando é constante e eterno. A felicidade está dentro de você. Acalme sua mente, relaxe e experimentará a verdadeira sensação de ser feliz.

Como viver um dia feliz?

Você pode criar um dia feliz e gratificante realizando pequenas mudanças em sua rotina diária. Sua preparação deve começar na noite anterior. Antes de deitar para dormir diga a si mesmo que na manhã seguinte acordará uma hora mais cedo do que o habitual. Reflita sobre os benefícios que terá por levantar mais cedo e planeje o que fará nessa hora extra. Quando o despertador tocar pela manhã, levante com um sorriso no rosto e faça suas atividades habituais. Acordar cedo lhe dará mais tempo na parte da manhã e poderá prestar atenção em suas ações. Quando comer, por exemplo, preste atenção à sua alimentação. A concentração ajuda a realizar a ação de uma maneira mais eficiente. Lembre-se de sorrir mais durante esse dia. Dar um "bom dia" com um sorriso influencia positivamente a todos. Cumprimente as pessoas que trabalham com você mesmo que nunca tenha feito isso antes. Seja paciente e tolerante. No trabalho, lide com todas as situações de maneira positiva e decisiva, isso influenciará a todos ao seu redor. É tudo uma questão de escolha. Exerça seu poder de escolher uma atitude positiva. Nesse dia especial, faça as coisas sem pressa. Aproveite e aprecie todos os bons sentimentos vivenciados.

Estamos chegando ao final deste encontro. Agradeço sua companhia nesta leitura e me despeço com uma mensagem final: lembre-se que ser feliz é um processo para a vida toda. A ideia é seguir hábitos saudáveis que trazem um impacto profundo em sua vida, melhorando-a substancialmente. O importante é trabalhar as habilidades, aprimorá-las e mantê-las. A sua maior função é florescer. Da semente à flor. Escreva sua própria história e seja feliz! Que sua jornada seja coroada com amor, alegrias e sucesso.

Felicidade 360º

21

O normal é ser feliz

A felicidade, como apresentada neste texto, não se refere apenas a momentos alegres. Ela é algo muito mais profundo, que transcende todo o entendimento. Pode ser acessada a qualquer momento, independente das circunstâncias à nossa volta. É transcendente, real, atual e grátis

Leno Pappis

Leno Pappis

Formado em Teologia, possui também certificação em Programação Neurolinguística (PNL) pelo Instituto Sul Brasileiro de PNL, é Terapeuta Condicionativo pelo Instituto Brasileiro de Hipnologia, e membro da Sociedade Íbero Americana de Hipnologia. Analista Comportamental com certificação internacional pelo Behavioral Coaching Institute, Certificação internacional Professional e *Self coach* pelo Instituto Brasileiro de Coaching, Global Coaching Community e European Coaching Association. Além disso, é um profundo estudioso da Metafísica. Doutorando em Metafísica pela University of Sedona, atua também como *coach*, palestrante e psicoterapeuta holístico presencialmente, ou pela internet.

Contatos
www.lenopappis.com.br
lenopappis@hotmail.com

Leno Pappis

Quem é feliz vive mais e melhor. De acordo com alguns estudiosos americanos, pessoas felizes vivem, em média, vinte por cento a mais do que as pessoas infelizes. Pessoas felizes em geral são mais saudáveis, e respondem melhor às enfermidades quando aparecem. A felicidade é contagiante. Uma pessoa feliz em um grupo aumenta em quinze por cento as chances de as outras pessoas no grupo serem felizes também, por isso acabam tendo um melhor desempenho social e profissional. Afinal, quem não gosta da companhia de pessoas sociáveis e produtivas, que sabem dar valor à vida e extrair dela o que de melhor ela tem a oferecer?

O maior presente que podemos dar ao planeta é a nossa própria felicidade. Fazemos parte de um conjunto chamado Terra que, por sua vez, está inserido em um conjunto maior chamado Universo. Não é preciso ser um grande matemático para entender que quando mudamos o valor de um membro do conjunto, mudamos o valor de todo o conjunto. Sendo assim, quando nos tornamos mais felizes, estamos instantaneamente aumentando o grau de felicidade de todo o planeta e, consequentemente, de todo o Universo. Portanto, se você tem a tendência de se achar um pouco egoísta por buscar a sua própria felicidade, não há motivo, afinal, mais uma pessoa feliz no planeta significa um planeta mais feliz.

A ilusão dos sentidos

Percebemos o mundo sensorialmente através de nossa visão, audição e sinestesia, como o tato, olfato e paladar. Assim como inserimos dados em um computador por meio de um teclado, scanner ou microfone, utilizamos nossos canais sensoriais para inserir dados em nosso cérebro. A esses dados adicionamos nossa própria interpretação do que estamos percebendo e assim criamos o nosso mapa da realidade. É importante notarmos que do mesmo modo que um mapa não é o território que ele representa, também nossa interpretação da realidade não é a realidade em si. Se perguntarmos a várias pessoas onde podemos encontrar a felicidade, teremos muitas respostas diferentes, baseadas em suas diferentes interpretações da realidade, dentre as quais podemos citar as mais comuns.

Dinheiro

É muito comum, e até certo ponto natural concluir-se que a felicidade e o dinheiro estão fortemente conectados. Um bom punhado de dinheiro resolveria os problemas financeiros da maioria das pessoas,

Felicidade 360º

ou possibilitaria a realização de certos sonhos impossíveis, trazendo com isso muita alegria e satisfação. Costuma-se achar que quanto mais dinheiro uma pessoa tiver mais feliz ela será. Ainda que seja possível utilizarmos o dinheiro para festejarmos, comprarmos carrões e fazermos viagens, expressando assim a nossa felicidade, e viver momentos de muita alegria, o fato é que não se mede felicidade com dinheiro. Se assim fosse, quanto mais dinheiro alguém tivesse, mais feliz seria e, da mesma forma, quanto menos dinheiro, menos felicidade. No entanto, é fácil observarmos que existem pessoas muito endinheiradas no mundo que são infelizes, e que, ao mesmo tempo, existem pessoas sem dinheiro e ainda assim muito felizes. Assim como há pessoas extremamente ricas e felizes, bem como pessoas extremamente pobres e infelizes. Na verdade, em todas as classes sociais vamos encontrar pessoas infelizes e pessoas felizes, comprovando, portanto, que a medida de felicidade de uma pessoa não está atrelada à quantidade de dinheiro que possui.

Saúde

Ainda que a saúde seja um fator importante para vivermos nossa plenitude física e expressarmos nossa vitalidade, ela também não serve para a medição de felicidade. Se fosse assim, todas as pessoas doentes seriam infelizes, e todas as pessoas saudáveis seriam felizes. Já conheci pessoas jovens transbordando saúde, vivendo num poço de infelicidade. Também já conheci pessoas idosas, com muitas complicações físicas, se sentindo felizes e de bem com a vida. Existem pessoas saudáveis que são infelizes, e pessoas doentes que estão felizes. A verdadeira felicidade não é abalada pela doença, e nem mesmo pela morte. Nos leitos dos hospitais do mundo inteiro podemos encontrar pessoas infelizes e pessoas felizes, comprovando, portanto, que a verdadeira felicidade não está diretamente relacionada ao estado de saúde de uma pessoa.

Religião, profissão, beleza, local, etc...

Há pessoas felizes e pessoas infelizes em todas as religiões existentes. Da mesma forma podemos encontrar pessoas felizes e pessoas infelizes exercendo todos os tipos de profissão, desde as mais comuns até as mais especializadas. Existem pessoas consideradas feias, que são muito felizes, e também existem pessoas belas que são infelizes. Existem pessoas felizes e pessoas infelizes em todas as cidades do mundo. Concluímos, então, que o estado de felicidade não está atrelado a nenhum desses fatores.

Leno Pappis

Entenda a sua essência

Para encontrarmos a felicidade, precisamos entender algumas verdades fundamentais sobre a natureza do nosso próprio ser e do mundo que nos rodeia. Precisamos redescobrir quem realmente somos, conectando-nos com nosso estado natural. É preciso que paremos de procurar lá fora aquilo que sempre esteve aqui dentro. Isso mesmo. A felicidade nunca esteve longe. Pense numa criança. Visualize em sua mente, agora, um lindo bebê. Sério, pare essa leitura por uns dois minutos e faça isso. Você já viu alguma criança nascer triste? Eu com certeza não.

O ser humano quando nasce, nasce para ser feliz. É como se a força que originou a vida estampasse em todas as crianças o selo da felicidade. Elas são felizes simplesmente por existirem. Crianças têm apenas uma coisa em mente: se divertir. Muitas vezes ganham um presente caro e se divertem mais com o colorido do papel que o embrulhou do que com o próprio presente, para a frustração daqueles que a presentearam. Há um vídeo muito popular na internet de um bebê dando gargalhadas enquanto o seu pai rasga um papel em sua frente. Que tal assisti-lo agora?

Lembre-se: você e essa criança são feitos da mesma essência. A capacidade de rir diante de um papel rasgando, mesmo passando por desafios na vida é algo inerente a você. A felicidade plena é o seu direito inalienável. Jesus certa vez falou que quem não for como uma criancinha não poderá ver o Reino de Deus. Ver o reino de Deus é viver a sua plenitude, e isso inclui felicidade abundante. Isso só é possível quando paramos com as comparações, com a preocupação excessiva com o futuro, com as mágoas do passado, e voltamos a viver como uma criança, vivendo o agora, nos conectando com o que há de belo aqui e agora.

Neste exato momento você pode olhar a sua volta e encontrar muitas coisas belas e simples. Pare agora e fixe sua atenção em todas as cores que existem ao seu redor, fique em silêncio enquanto ouve todos os sons à sua volta, escorra seus dedos pelo livro que segura e sinta a textura do papel, fique atento a todos os cheiros e sensações sinestésicas ao seu redor. Faça esse exercício por cinco minutos e perceba como isso o traz de volta para o presente e faz surgir uma vibração diferente no seu interior. Sabe o que é isso? É o código da felicidade sendo reativado dentro de você. É você redescobrindo aos pouquinhos a sua verdadeira essência e a sua capacidade de viver no agora e ser feliz.

Tudo é vibração e energia

Agora preste atenção na natureza. Perceba como há um padrão de expansão e crescimento nela. Perceba como a natureza está sempre caminhando para mais vida, mais abundância, mais plenitude. Quando uma semente é jogada ao solo, e a ela são dadas as condições normais, o que esperamos é que ela cresça e se multiplique. Se isso não acontece, ficamos desapontados. Sentimos isso porque fazemos parte do Universo, porque flui em nós a energia essencial que faz borbulhar vida e alegria em todo o Universo, a mesma energia que faz surgir novos planetas, estrelas e galáxias enquanto você lê estas páginas. Estamos participando de uma grande orquestra universal, que toca uma bela música de felicidade e expansão. Quando algo sai do tom nós percebemos imediatamente. É por isso que quando algo não flui nessa frequência divina, nós, de pronto, percebemos, e se não nos afinamos, ficamos destoados com o fluxo da vida.

O normal na natureza é abundância e fartura, beleza e diversidade, equilíbrio e alegria.

Todo o Universo e toda a natureza são feitos da mesma energia. A energia do Universo é vibração. Portanto, nós, como parte deste Universo, somos seres vibráteis, vibrando no mesmo tom dessa linda orquestra. A tristeza é a resposta emocional que sentimentos quando desafinamos, quando nosso padrão vibrátil destoa da vibração essencial que permeia todo o Universo. Se quisermos nos alinhar novamente com o padrão divino, precisamos apenas nos expor à vibração original.

Se tivermos dois violões em uma sala que estejam afinados na mesma frequência, ao tocarmos uma das cordas em um deles, o som se espalhará pelo ar e, ao atingir o outro violão, fará com que a corda no tom correspondente comece a vibrar juntamente sem ser necessário que a toquemos. A frequência emitida por um dos violões faz com que a mesma frequência seja ativada instantaneamente no outro violão.

O código divino em nós

A Bíblia e outros escritos antigos apontam para o fato de que fomos feitos à imagem e semelhança de Deus. Ou seja, somos essencialmente frequência divina. Por mais atordoados que possamos estar, em algum nível vibra em nós a frequência divina original, ainda que não possamos percebê-la conscientemente devido ao nosso estado de desconexão. Isso é uma ótima notícia, pois entendendo a lei da vibração, tudo o que precisamos fazer é nos expor à frequência divina, e assim como a corda do violão, aquela nossa parte interior que carrega a mesma frequência será reativada por esta exposição. Essa frequência está disponível gratuitamente para todos os seres humanos. Podemos percebê-la no sorriso de uma criança, num animalzinho de estimação que nos diverte, no canto dos pássaros, na imensidão do Universo, na beleza das matas e dos mares, na brancura da neve, na imponência das montanhas, no azul do céu, numa leitura inspiradora, numa oração, num momento de meditação, apenas para citar alguns exemplos.

Reativando o código

Portanto, tenha sempre em mente que você já nasceu feliz, podendo, em algum momento, ter se desconectado desse estado. Lembre-se também de que o estado de felicidade está a sua disposição o tempo todo, como um código escrito na própria natureza. Portanto, a felicidade não é algo a ser conquistado, mas algo a ser permitido. É preciso fazer as pazes com o momento presente, é preciso livrar-se do passado e do futuro. A felicidade não está no amanhã, e nem nas memórias do ontem. Só há um momento para ser feliz, e o momento é agora, pois a vida é um eterno agora. Não precisamos ir muito longe para ouvir um pássaro cantando, ou encontrar uma bela flor pelo caminho. Você consegue perceber nas coisas mais singelas o segredo da felicidade? Pare por um momento e observe à sua volta, talvez se dê conta de que a felicidade está bem aí ao seu lado. Pois a felicidade vibra naturalmente em todo o Universo, e podemos entrar em sua frequência através da observação da singeleza que nos rodeia. Podemos senti-la quando menos esperamos. Podemos senti-la de forma pequena e permitir que se expanda e cresça dentro de nós até o ponto de irradiar e afetar nosso ambiente, influenciando a todos a nossa volta.

Quero concluir esse capítulo, desafiando-o a adotar cada vez mais uma postura que corresponda à essência maravilhosa que já vibra em você, fazendo com que esse seu lado divino vibre cada vez mais forte e domine todo o seu ser. Eu o desafio a praticar a gratidão sincera. Gratidão pelas pequenas coisas que acontecem todos os dias, gratidão pelas coisas fantásticas que já estão acontecendo, e pelas coisas maravilhosas que acontecerão em breve.

Eu desafio você a fazer, todos os dias, uma lista com dez motivos pelos quais pode ser grato. Com isso estará estabelecendo um canal com o lado divino da sua existência. Um portal com o infinito. E dessa conexão coisas maravilhosas surgirão. Uma vida que você talvez nunca imaginou ser possível.

Eu desafio você a observar as coisas singelas, a ouvir o canto dos

Felicidade 360°

pássaros, a caminhar de pés descalços, a tomar banho de chuva, a ouvir o barulho do vento, o farfalhar das folhas das árvores. Eu desafio você a deitar ao ar livre à noite, e de barriga para cima observar as estrelas, o amarelo da lua, sentir o cheiro da noite. Eu desafio você a voltar a ser como uma criança, a se esquecer dos problemas, a gargalhar de um papel rasgando, a dançar desengonçadamente, rir sem motivos. Isso ativa o código divino em você. Isso é reconexão, isso é felicidade.

Talvez vão chamá-lo de louco, mas como já dizia a canção: "louco é quem me diz, que não é feliz."

A você, caro leitor, direciono a vibração da minha gratidão.

Que a Divindade transmute a mais pura luz, todas as memórias que nos desconectam da essência divina e nos impedem de ser feliz. Sou grato, sou grato, sou grato.

22

Beleza Leve
Autoestima x
Autoconhecimento

Não se pode falar em beleza sem conteúdo interior. A supervalorização da aparência física nos remete a um mundo irreal e ilusório de quem somos para o mundo externo

Luci Fagundes

Luci Fagundes

De Uberaba - Empresária - Esteticista Instrutora. Consultora Visagista treinada por Philip Hallawell. Terapeuta ortomolecular. Especializada em Maquiagem Definitiva e Designer de Sobrancelhas. Autora do livro - "Beleza Leve - O Visagismo Aplicado no Autoconhecimento".

Contatos
www.belezaleve.com.br
luci.fagundes@hotmail.com

Luci Fagundes

Não se pode falar em beleza sem conteúdo interior. A supervalorização da aparência física, nos remete a um mundo irreal e ilusório de quem somos para o mundo externo. Os olhares preconceituosos de cobranças que recebemos por toda parte têm, como referência, padronizações impostas pela sociedade. O corpo é o veículo que porta a alma e não o contrário, mas isso parece não ter valor para quem é manipulado emocionalmente pela mídia.

A identidade íntima perde seu poder quando não é valorizada por si mesma. A beleza produzida tem mais brilho quando se reluz por dentro.

Mas, afinal, o que significa ter identidade própria e de preferência com brilho? Isso só é possível se desenvolvermos o senso crítico sobre tudo, e, principalmente, sobre quem somos. A reflexão nos leva ao questionamento lógico sobre a manipulação da mídia e suas apelações emocionais para vender produtos e serviços.

Um exemplo clássico da falta de senso crítico são as pessoas dismorfofóbicas, pessoas que não aceitam sua aparência e desencadeiam várias patologias como a bulimia, anorexia e vivem fazendo plásticas até ficarem deformadas. A maioria de nós têm certo conflito ao se olhar no espelho e não gostar do que veem, porém somente aqueles que sabem valorizar a beleza da individualidade conseguem transcender para além do espelho sua beleza autêntica.

A beleza interior

O corpo é o veículo que possibilita nossa comunicação com o mundo. Ao nascer, sabemos que ele pertence a nós e à sociedade por tempo limitado, por isso é registrado em cartório. Será nossa veste neste cenário onde representaremos no palco da vida. Sua complexidade é motivo de muito estudo e nem sempre o valorizamos como merece, por ingratidão ou ignorância sobre os verdadeiros motivos que o recebemos.

Quando nos olhamos no espelho, não percebemos que são vários corpos encaixados sutilmente um ao outro e que podemos estudá-los, classificando cada um pelas funções que realizam para garantir seu equilíbrio e saúde: corpo biológico, corpo energético, corpo emocional e corpo mental.

CORPO BIÓLOGICO – longe de ser apenas algo de ordem biológica, ele terá sempre uma dimensão sociocultural por receber e emitir estímulos dentro do espaço que ocupa. Pense em como você está agora, olhando estas páginas e como isso é possível, - estímulo externo - um grande regimento de células está agora trabalhando para você "simplesmente" ler e entender o que está escrito, – estímulo interno.

Felicidade 360º

Respire, relaxe a língua, a face e todo o corpo, já parou para pensar que esta máquina potente e inteligente, com identidade própria, trabalha sem seu comando e só se preocupa com seu bem-estar? Agradeça seu corpo e sentirá a resposta como um profundo bem-estar. Cuidar dele por gratidão é diferente de cuidar por vaidade, ele não é como um objeto que podemos descartar quando não o queremos mais ou por não corresponder às nossas expectativas de beleza. A gratidão revela o respeito por nós mesmos e mantém uma autoestima sadia.

CORPO ENERGÉTICO – de onde vem e como funcionam essas energias em nosso corpo? De acordo com a ciência da conscienciologia, só existem dois elementos no universo: consciência e energia. Toda matéria são energias condensadas, que podem ser caracterizadas em duas formas, imanentes e conscienciais:

IMANENTES – do universo, terra, água e plantas; são puras, brutas, sem informação, que podem ser transformadas, e das quais absorvemos o tempo todo.

CONSCIENCIAIS – são energias que passam por filtros de informações depois de absorvidas pelas consciências ou indivíduos, que imprimem sua marca e as transformam como bem entendem. Assim, cada um emana um tipo de energia de acordo com seus pensamentos e emoções. Um exemplo de energia com informação são as construções, onde tudo o que se utiliza vem da natureza, matéria bruta, e depois é transformado em blocos de tijolos, em monumento, por meio da informação impressa pelos construtores.

NO CORPO – são conjuntos de chacras muito estudados pela acupuntura na medicina chinesa. Nossas ações internas e externas são interligadas aos meridianos que distribuem essas energias. Aos chacras maiores como platochacra (nas solas dos pés), sexochacra (na região do perino), umbilicochacra (pouco acima do umbigo), esplenicochacra (no baço), cardiochacra (no tórax, próximo ao coração), laringochacra, (na região da garganta), frontochacra (entre os olhos) e coronochacra (no topo da cabeça).

As doenças muitas vezes são diagnosticadas como bloqueios dos chacras por falta de circulação energética em algum órgão ou por todo o corpo. Somos uma máquina de absorção e exteriorização de energias o tempo todo. Podemos sentir as trocas energéticas com ambientes e pessoas, observando se ficamos bem ou mal ao receber um telefonema ou entrar num ambiente. São elas que revelam quando estamos bem ou mal, é nosso cartão de visita.

CORPO EMOCIONAL – a inteligência emocional é considerada pré-requisito para o autoconhecimento, sem ela não refletimos sobre nossos comportamentos. Sofremos e somos felizes o tempo todo por questões pessoais ou situações que não sabemos ao certo decifrar se é paixão, dramatização ou sentimento verdadeiro. Se alguém nos abandona, o sentimento de injustiça demonstra incompreensão sobre o outro. Se nos sentimos vítimas diante dos problemas é por falta de coragem para assumir as consequências das decisões erradas que tomamos ou por falta delas. Ficamos confusos diante desse turbilhão de emoções intrínsecas.

A inveja é uma emoção que demonstra baixa autoestima da pessoa invejosa, desencadeando um sentimemto distorcido, em que se quer ser ou ter o que é do outro, mas não se quer pagar o preço da conquista. O contraponto dessa emoção é a inveja reversa, a prepotência e autossuficiência que desencadeiam emoções de serem invejada por todos, carregando a psicosfera com energias conflitivas e antipáticas. A inteligência emocional leva à compreensão de que podemos ser e ter tudo que queremos, por nós mesmos. Pensar ser mais do que o outro revela ignorância perante as pessoas e que não temos nada a aprender com elas. Sempre estamos aprendendo com todos, as pessoas são catalisadoras de nossa evolução. A forma com que age ou reage a essas emoções demonstra seu nível de inteligência emocional.

As emoções são áreas, como campo minado, que às vezes não queremos pisar por medo de explodir e em quanto não as enfrentamos sem dramatizar, nos comportaremos a partir delas. Uma boa forma de se conseguir isso é exercitar o autoperdão de nossas imaturidades e não idealizar ninguém. São traumas e feridas emocionais profundas que enquanto não resolvidas não evoluímos.

O maior desafio é decifrar em nós o que são emoções e sentimentos. Emoções podem ser descritas como paixões instintivas e euforias que nem sempre são sadias, os sentimentos, como o que transcende a essas emoções. Mas saber identificar e vivenciar isso por nós mesmos não é tão simples. Assumir esses conflitos já é um grande passo para começar a nos compreender. Vale à pena fazer essa viagem.

CORPO MENTAL – pode-se dizer que a nobreza mora aqui, por sua sutileza e capacidade de aprender, interpretar conhecimentos, saber mudar e redirecionar as informações em atitudes que tomamos. Aqui se forma e conclui o senso crítico com perguntas e respostas elaboradas com racionalidade e lógica. Tudo que queremos, podemos conseguir se começarmos aqui primeiro nossa capacidade de buscar recursos e criar saídas para tudo que desejamos está nos mapas mentais que nos guiam pelos caminhos que não conhecemos, mas sabemos serem possíveis por estarem calçados pela vontade.

Buscar informações é importante, mas ter inteligência para utilizá-las a nosso favor e de outros é ser sábio. Temos muito que

Felicidade 360º

aprender sobre nós mesmos, e como em toda grande jornada, começa-se pelo primeiro passo, e penso ser avaliando nossas crenças e valores o início dessa caminhada.

Falar resumidamente sobre a funcinalidade de nosso corpo, tem por objetivo conhecer e cuidar dele com gratidão e respeito, isso refletirá a beleza de nossa alma.

Beleza e identidade

A identidade começa a ser desenvolvida na infância, pela percepção de se ver separado das coisas, de se ter um nome, um sexo e um rosto refletido no espelho. Depois começa a identificar os outros e os objetos, por isso quer saber o nome de tudo.

Os pais não se dão conta da responsabilidade e consequências de criar a imagem dos filhos. As escolhas feitas são de gosto e preferência estética dos pais, que projetam imagens que são reflexos de si mesmos nos filhos, que refletirão seus medos, limitações ou suas qualidades, sem considerar sua individualidade. Quando se expressa uma imagem que não corresponde à realidade dele, pode ocorrer uma desorientação da percepção de si mesmo. Uma imagem extrovertida, por exemplo, pode constranger a criança se ela não tiver esse perfil.

A criação de uma imagem que passa a ser sua identidade não é só uma questão de estética, mas uma forma de desenvolver aspectos positivos e amenizar outros negativos do temperamento da criança. Reforçar a liderança, a docilidade, a inteligência, e amenizar traços negativos como arrogância, agressividade e ansiedade pode ser possível se os pais estiverem atentos a isso.

Na adolescência, ela assume definitivamente sua própria imagem o problema é que nem sempre tem bom-senso estético e ainda não sabe qual imagem quer refletir para o mundo. Essa indefinição pode durar a vida toda. Ao perguntarmos qual imagem ela gostaria de refletir, a maioria não sabe ou fala de imagens idealizadas de outras pessoas e não de si mesma.

Ter uma imagem que reflete nossa identidade individual, requer muito trabalho e autoconhecimento. Delegar aos cabeleireiros e maquiadores esse trabalho ajuda, mas, saber exatamente o que queremos completa nossa beleza na identidade refletida no espelho.

Cuidados estéticos – como consultora visagista especializada em maquiagem definitiva, fiz mudanças expressivas em minhas clientes apenas refazendo as sobrancelhas dentro do padrão da imagem que melhor expressa sua personalidade. Suavizando ou marcando sem carregar a expressão é uma verdadeira plástica sem

Luci Fagundes

cirurgia. Para ter sucesso, você depende muito do profissional, procure sempre um que realmente seja técnico. Em todos os seguimentos há profissionais capacitados que podem ajudar você a mudar seu visual gastando pouco e sem os exageros das plásticas. Faça uma consulta ao seu cabeleireiro e verifique as possibilidades de mudar seu visual. Se não tem como pagar um tratamento estético, compre um massageador e faça você mesmo massagens em seu corpo, isso ativa a circulação, evita celulites e ameniza as gorduras localizadas. Vasculhe seu guarda-roupa e analise se suas roupas não estão presas a uma imagem do passado e se realmente estão combinando umas com as outras e, ainda, se correspondem à imagem desejada. Pequenas mudanças podem trazer grandes diferenças.

Conclusão

Para entender nossos comportamentos diante desses conceitos preestabelecidos, observe os paradigmas ou modelos que embasam seus pensamentos. A maioria de nossas ideias deriva de pressuposições que temos como certas e estão integradas em nós, de tal modo, que temos dificuldade de pensar sobre elas. Não pensamos nessas pressuposições, pensamos com base nelas. Nós as definimos como realidades fundamentais, por isso não pensamos mais nelas ao longo da vida.

Construir um paradigma com senso crítico, por si mesmo é o que define sua autenticidade. Isso demanda tempo, estudo, reflexão, mas já que você vai conviver consigo mesmo para o resto da eternidade, por que não começar agora a descobrir quem é de fato em vez de representar quem não é?

A beleza autêntica é a coragem de ser a melhor pessoa que voce pode ser agora. Dar o melhor de si em tudo que fizer e sentirá realizada, por conseguir ser voce mesma.

Não aceita joga e nem entra em jogo de ninguém, por não precisar jogar pra conseguir o que quer.

Será capaz de dominar seu corpo para que ele tenha a forma que deseja por ser você que o dirige.

A beleza autêntica é construída de dentro para fora, do contrário de fora para dentro, anulando e ignorando a si mesmo, não se reconhecerá autêntico.

A fonte da felicidade por meio da beleza é a capacidade de ser e aceitar você mesmo.

Felicidade 360º

23

A felicidade e a gratidão

O segredo de ser uma pessoa feliz está em ser grato principalmente por tudo aquilo que você tem na sua vida, mas que não pode tocar fisicamente. Tudo que tem o poder de genuinamente de fazê-lo feliz não pode ser comprado, ganhado ou roubado, tem que nascer, tem que ser gerado por você

Lunice Dufrayer

Lunice Dufrayer

Psicóloga, psicoterapeuta, palestrante e empresária. Graduada em psicologia pela PUC-GO, Pós-Graduada em Testes Psicológicos; Psiconeurolinguística; Psicossomática Humana; Psicologia da Saúde e Hospitalar; Administração de Recursos Humanos; Formação de Gerentes; MBA Gestão Empresarial; pesquisadora e autodidata em Neurociência. Consultora na área de relacionamentos pessoais e profissionais, ministra palestras e workshop utilizando técnicas de neurociência, PNL e saúde para o desenvolvimento da inteligência emocional nos vários tipos de relacionamentos.

Contatos
facebook.com.br/psicologalunice
psicologalunice.wordpress.com
psicologalunice@gmail.com
(62) 3922-0321
(62) 8151-5597

Lunice Dufrayer

Acredito que até esse ponto do livro, você já aprendeu várias formas e formulas para alcançar e manter a felicidade. Por se tratar de algo não palpável, é um assunto que literalmente "dá o que falar", até por que, cada pessoa tem uma visão do que seja a felicidade, então, vou falar da forma de encontrar a tal felicidade, na verdade vou falar de como eu vivencio-a. Falar de emoções não é um assunto difícil para mim, uma vez que trabalho com isso todos os dias, ou seja, assunto não palpável é comigo mesmo.

Quando me convidaram para escrever sobre as várias formas de ser feliz, comecei a fazer uma auto avaliação do que seria felicidade para mim, e principalmente o que escrever para vocês sobre esse assunto, que não fosse algo etéreo, sonhador e longe da vida verdadeira do dia a dia. Por isso resolvi escrever sobre mim – como vivencio a felicidade.

Desde que me lembro de que eu existia, me lembro também que era uma menina feliz. Filha de classe média baixa estudei em colégios bons graças ao período militar e depois graças às amizades do meu pai. Sempre vivi no meio de meninas ricas, e essa diferença era bem visível, mas nunca me senti infeliz por isso, ao contrário, sentia-me privilegiada por poder aprender comportamentos mais refinados e conviver com pessoas mais cultas.

Lembro-me bem o quanto era difícil viver, ainda assim eu via graça em tudo. Nos finais de semana quando tinha que fazer faxina na casa – sou a filha mais velha de cinco filhos, aproveitava para escorregar no sabão enquanto lavava a varanda, e no final do dia, sentia-me feliz em ver a casa limpa e cheirosa.

Nossos natais eram memoráveis, minha mãe fazia meu pai buscar um galho de árvore tipo da região do cerrado, era na verdade um pedaço de árvore retorcido que minha mãe decorava cada ano com uma cor de fita e de bolas. Também pintávamos toda casa – eu e minha mãe, com cal e pó xadrez, não tínhamos dinheiro para comprar tinta, mas ao final ficava um espetáculo! E assim fui crescendo e vendo alegria em cada coisa, por mais difícil que fosse.

Você pode estar pensando, ah! Mas era só uma criança, e para criança tudo é festa. Só que eu vivi essas dificuldades financeiras até o dia do meu casamento! Ser adolescente não é fácil, além dos amores flutuantes comum nessa idade, minhas amigas tinham tudo que eu nunca imaginei ser possível ter um dia, a realidade delas era uma coisa muito longe da minha realidade.

Casei com o grande amor da minha vida, e tudo parecia um conto de fadas, até tudo desmoronar com cinco anos de casamento. Havia tido dois filhos, um com quatro anos e o outro com 1ano e meio, e eu com 23 anos, ufa! E agora? Vivi todos os sofrimentos e

Felicidade 360º

lutos de uma separação, tive altos e baixos, mas era teimosa, queria sentir como aquela menina feliz novamente.

Eu sabia que era possível, sabia que aquele sentimento era verdadeiro, genuíno, ele havia vivido comigo durante tantos anos e sobreviveu a tantas dificuldades, decepções, restrições financeiras e "nãos", e fui buscá-lo novamente.

Com 23 anos, dois filhos pequenos, uma faculdade de psicologia por terminar, uma casa para administrar e uma traição, eu tinha tudo para sucumbir, ou no mínimo enlouquecer. Poderia até fazer essa escolha, mas ela tinha uma cara feia e eu não gosto de coisas feias. Como uma boneca de porcelana esfacelada, fui me remontando e comecei a sentir alegria em cada caco que conseguia colar, meus filhos precisavam disso, mas eu precisava mais, não aceitava ser "infeliz".

Terminei o curso de psicologia, aprendi quatro idiomas, viajei meio mundo e eduquei dois seres mais do que especiais. Quando meu filho mais velho estava na faculdade em Brasília, esteve um fim de semana em casa e disse:

-Mãe, perguntaram-me na faculdade se sou feliz – assunto de filho de psicóloga. E perguntei o que ele havia concluído, ele disse:
-Sim, sou muito feliz!
- E como você chegou a essa conclusão filho?
- Se eu tenho uma família que me ama, se estou com saúde, faço o curso que quero, se tenho dias mais tranquilos do que turbulentos, bons amigos, se tenho sonhos e estou correndo atrás deles. Se fizer um balanço, tenho todos os motivos para ser feliz.
- Nossa filho, interessante e racional sua análise!
- Como assim mãe? Foi você que me ensinou isso a vida inteira!
Era verdade! Havia me esquecido que já estava vivendo a felicidade novamente e não tinha me dado conta. Foi aí que comecei a exercitar a felicidade através da gratidão. Não foi preciso persegui-la, ela estava ali do meu lado o tempo todo como sempre esteve desde que eu me entendi "por gente".

Só que naquela época eu era grata às pequenas coisas, as grandes coisas, as coisas medianas. Era grata por permanecer horas conversando com as amigas e vizinhas de infância, pela comida diferente que minha mãe fazia aos domingos – frango caipira, aos vestidos que ela costurava às pressas para poder usar na festinha do final de semana. Era imensamente grata pelo cachorro que meus pais permitiram que tivéssemos por quase toda infância e adolescência – que até hoje é motivo de farra entre os irmãos.

Lunice Dufrayer

Comecei a compreender por que por várias vezes meus filhos me diziam: - Mãe, o mundo não é cor de rosa de bolinhas azuis. Por que eu sempre tive facilidade para ver o lado positivo das coisas, até mesmo das dificuldades e sofrimentos, isso deixa algumas pessoas indignadas ou irritadas, mas meus filhos só queriam que eu fosse menos otimista.

Não sou nenhuma viajante deslumbrada, na verdade, sou uma mulher muito centrada e racional, mas que descobri no exercício da gratidão o segredo da minha felicidade, e as pessoas às quais ensinei o processo, também descobriram como é mais fácil se sentirem felizes.

Você deve estar se perguntando, como assim ser grato por tudo? É exatamente como fala na bíblia? Não, não é bem daquele jeito, pois quando estou "P" com Deus, fazemos "aquela sessão de terapia".

O segredo de ser uma pessoa feliz está em ser grato principalmente por tudo aquilo que você tem na sua vida, mas que, não pode tocar fisicamente. Tudo que tem o poder de genuinamente te fazer feliz não pode ser comprado, ganhado ou roubado, tem que nascer, tem que ser gerado por você.

Muitas pessoas pensam, vou ser feliz quando terminar minha faculdade, quando estiver ganhando bem, quando comprar o carro do ano, quanto comprar a casa própria, quando tiver isso, quando tiver aquilo, quando tiver daquilo. Sempre exercitando o verbo "Ter", nunca o "Ser", é muito contraditório, se você quer SER feliz então porque acha que será no TER.

Não sou contra ter as coisas, aliás, acho ótimo, sou uma boa consumista, mas não são as coisas que compro que me faz feliz, a felicidade não está no poder de aquisição, mas no dá gratidão. No sentimento de gratidão por ter saúde, dirigir seu carro confortável, entrar no shopping ou loja que você escolher e poder comprar o que o dinheiro der, e se não der para comprar nada, ser grata por estar ali e poder ver tanta coisa bonita, tanta gente diferente, por vivenciar tantas emoções em um lugar desses, afinal você tem um cérebro perfeito. Por ser uma pessoa com capacidade crítica, por saber ler e com isso adquirir conhecimento, por poder ter opiniões, opções, ou por ter a consciência de que em alguns momentos as opções são limitadas ou difíceis de definir, impossível nunca – mas esse é outro assunto.

Como todas as pessoas do mundo, vivo momentos de tristezas e desânimos, dinheiro curto, problemas de família, lutos reais, decepções amorosas, problemas de saúde e crises existenciais, vivo exatamente o que todo ser humano vive, mas nem nesses momentos me sinto infeliz. Tenho a consciência da necessidade de viver situações adversas para poder saber medir e valorizar os outros momentos. E é exatamente quando transponho as dificuldades é que percebo que

Felicidade 360º

tenho muito mais a ser grata do que a reclamar.

O ponto de vista que você tem de cada experiência é fundamental para que possa pontuar sua experiência. Será que o que você tem vivido merece uma pontuação tão baixa capaz de anular todas as outras coisas que acontecem na sua vida? Será que esse sofrimento precisa ser vivido tão intensamente? Será que a culpa do que está acontecendo é realmente do outro? Será que você realmente não tem alternativa? Bem, particularmente acho que você deve estar com muita pena de si mesmo e investindo sua energia de forma inadequada.

Fácil falar, não é? Não estou vivendo o que você está vivendo, tem razão! Mas como te disse anteriormente, eu também vivencio dias ruins, e alguns, muito ruins. Ainda assim sou feliz, por quê? Por que felicidade não é um estado continuo e ininterrupto, como respirar, ser feliz não necessariamente precisa de que nada aconteça, aliás, deve ser um tédio, e certamente não haveria evolução na estrutura emocional se você nunca saísse da "zona de conforto".

Então vamos lá para a "tal fórmula" da felicidade – da minha fórmula, é claro! Ao acordar agradeça por isso, afinal poderia ter morrido dormindo – o que não deve ser nada mal, mas você ainda tem coisas para realizar, então deixe essa parte para o final da vida. Voltando, agradeça por tudo, pela boa cama, pela roupa de cama limpa, pelo banho – sinta a delícia que é tomar banho. Mas Lu, acordei atrasada, ok! Vá se organizando e dando valor a cada movimento, aos pequenos detalhes. No caminho do trabalho, seja grata pelo que está recebendo do dia, mesmo que ainda não esteja vivendo o que deseja para si mesmo. Lembre-se a "zona de desconforto" serve para se tornar uma pessoa melhor, bem como, para "ajustar" seus sonhos e ideais.

Esse exercício parece chato e meio sem propósito, mas na verdade o objetivo é criar uma rede neural de pensamentos positivos. O contínuo exercício vai fortalecer essa rede até o ponto de que você passe a ser uma pessoa alto astral, alegre, divertida, positiva, atraente, amável, saudável física e emocionalmente e tantos outros pontos positivos. E vai aprender a fazer com tanta naturalidade, que com o tempo estará "ensinando" as outras pessoas como serem felizes.

Lembre-se de agradecer principalmente por tudo que não é físico, pelo que não pode ser tocado, esse é o segredo de aumentar a luz, a energia, de movimentar os anjos, de ser ouvida por Deus, de mexer com o universo, seja lá qual for a sua crença. O exercício da gratidão passa a ser prazeroso e gratificante.

Vão existir dias em que os problemas vão estar "borbulhando", "derramando". Nesses dias permita-se vivenciar tudo isso, agradeça se conseguir, mas respeite seus limites como um ser humano normal. Assim que der uma "aliviada, volte ao exercício. Nem todos os

Lunice Dufrayer

dias são fáceis, e muito menos coloridos. Mas cabe a você tentar colorir o maior número possível de dias da sua vida. Isso mesmo, sua felicidade é exclusivamente responsabilidade sua.

Nesse momento da minha vida, continuo feliz - sentindo-me como uma menina. Cheia de pequenos problemas, vivendo crises existenciais leves, ganhando menos do que gostaria, achando o trânsito um caos, "brigando" com a balança e com os exercícios físicos, tendo noites de insônias por causa do calor, sentindo saudades dos filhos, pouco tempo para encontrar os amigos, muitos livros para ler, gavetas para arrumar e enlouquecendo com a casa quando a empregada não vai. Continuo esbarrando com pessoas grosseiras, mal humoradas, continuo pegando fila de banco, ás vezes, ficando presa em engarrafamentos, me assustando com as deselegâncias de alguns vizinhos, convivendo com pessoas maldosas e fofoqueiras. Como todos, fico "P" com atendentes despreparados, com as cias telefônicas, com o atendimento do plano de saúde... Continuo vivenciando tudo isso e muitas outras coisas que algumas pessoas acreditam ser motivo para serem infelizes.

A diferença, para que possa me sentir feliz é... O exercício de ser grata por todas essas dificuldades e ainda assim ser amada por minha família, por ser querida e respeitada por meus pacientes, por ter poucos, mas grandes amigos, por estar com a saúde tranquila – não perfeita. Por poder ver o por do sol todos os dias, ainda que usando óculos, por ficar toda arranhada nas brincadeiras com meus gatos, por escutar o cantar do pássaro belga que meu pai me deu de presente, por saber que quando a noite chegar vou dormir em uma cama limpinha e gostosa, por poder beber uma água fresca quando a sede é muita, por poder dar gargalhadas juntas dos meus irmãos durante os churrascos que inventamos para comemorar o "nada" só por termos a graça de ter uma família. Sabe, acho que felicidade é contagioso, por que esse exercício eu aprendi desde que era pequena, ou será genético? Não importa, por que o que eu quero mesmo é continuar a ser feliz.

Felicidade 360º

24

Coaching de FELICIDADE

Este capítulo explora o tema da felicidade em abordagens
de *Coaching*, *Mentoring* ou *Counseling*, bem como em outras
metodologias de desenvolvimento humano, uma vez que a
felicidade e o bem-estar são a busca primordial de todos os seres
vivos. Este artigo está fundamentado em ensinamentos espirituais
ocidentais e orientais e na experiência do autor

Marcos Wunderlich

Marcos Wunderlich

Presidente Executivo do Instituto Holos. *Master Coach* e *Mentor* ISOR®. Ministra cursos de Liderança-*Coach* e Formação em *Coaching* e *Mentoring* do Sistema ISOR® com abordagem holístico-sistêmica e complexa em cursos abertos e em empresas. É filiado ao ICF – International Coach Federation e seus cursos têm a chancela de qualidade dessa organização no programa CCE-*Continuous Coaching Education*. Filiado ao IBCO – Instituto Brasileiro de Consultores de Organização, Consultor CMC – Certified Management Consultant pelo ICMCI – International Council of Management Consulting Institutes. Formado em *Coaching* por Tim Gallwey na escola *The Inner Game*. Criador do Sistema ISOR® de *Coaching, Mentoring, Counseling* e *Holomentoring*® para desenvolvimento de pessoas e suas organizações.

Contatos
www.holos.org.br
diretoria@holos.org.br
(48) 3235-2009
(48) 3338-1218

Marcos Wunderlich

Talvez a primeira pergunta do leitor seja: por que o título "*Coaching* de Felicidade"? Isso existe? É mais um modismo? Explico em breves palavras: a felicidade é a grande busca de todas as pessoas. Todas, sem exceção, querem ser felizes, ou melhor ainda: querem se livrar do sofrimento e serem felizes. Todos os nossos atos, atitudes, comportamentos, por mais simples, ínfimos ou banais que sejam, são governados por essa premissa – queremos nos livrar do que não gostamos, pois nos deixa infelizes, e queremos obter o que gostamos, pois nos deixa mais felizes.

A busca pela felicidade está presente, consciente ou inconscientemente, em todas as atividades humanas, reuniões, decisões, terapias, em todo aconselhamento, em todos os relacionamentos e interações humanas e também em todas as atividades de *coaching*.

Queremos sentar na melhor mesa do restaurante, trânsito sem engarrafamento, temperatura agradável, comida saborosa, melhor assento no avião, pois isso nos faz mais felizes. Não queremos o contrário, pois nos sentimos um tanto infelizes e criamos rejeição ou aversão.

A motivação básica de todas as pessoas é querer ser feliz e livrar-se do sofrimento.

Assim, em cada impulso ou atividade, a negação ou afastamento do que não satisfaz, e a busca ou querer manter o que nos satisfaz, estarão sempre presentes, constantemente, cada minuto de nosso dia a dia, mesmo que em nível inconsciente.

A felicidade condicionada ou comum

Esse mecanismo interno que temos, de busca do que gostamos e rejeição do que não gostamos, é um profundo condicionamento mental, que opera de forma quase automática e nos faz acreditar que o mundo é assim mesmo, governado dessa forma.

Esse condicionamento nos leva inevitavelmente a buscarmos a felicidade fora de nós, como a obtenção de um bem material, no alcance de uma determinada meta, na mudança de algo que nos incomoda, numa promoção profissional, num casamento ou divórcio, numa pós-graduação e assim por diante.

Esse tipo de felicidade é chamado de **felicidade condicionada**, ou construída, pois está vinculada a uma situação externa e é **construída** pela nossa própria mente. Nós não podemos negar que ela está presente em todas as pessoas e, também, precisamos entender que não há nada de errado com ela. No entanto, é preciso lidar de forma mais assertiva com esse tipo de felicidade.

Um primeiro entendimento dessa assertividade se dá quando

Felicidade 360º

percebemos que todas as situações da vida são passageiras e que, portanto, a felicidade que sentimos poderá dar lugar, em outro momento, a um sentimento de desgosto ou infelicidade. Por exemplo, podemos ter uma grande alegria ao comprar um carro novo, mas em pouco tempo essa alegria não existirá mais da mesma forma, até poderá se transformar em preocupação se o carro for roubado ou se a renovação do IPVA ou seguro forem muito caros.

A questão da **felicidade condicionada, ou construída**, é que ela não é permanente, ou seja, não dura muito tempo, e pode se transformar em fonte de infelicidade. Precisamos compreender que tudo no mundo se transforma rapidamente, e que nada perdura indefinidamente. Até mesmo nossa família, nosso corpo e nossas atividades estão em permanente mudança; o que era não é mais. Essa é uma lei da vida, as constantes mudanças e a impermanência de tudo.

Entrando na prisão condicionada

Uma vez que as situações de felicidade se desfazem, vem a sensação de perda daquilo que nos fazia feliz e acabaremos novamente a criar novos planos para o futuro. Novas metas, novas buscas, novas expectativas. E assim as situações se repetirão como antes: se alcançarmos nossas novas metas e realizarmos nossos novos desejos estaremos felizes por um tempo. Depois virá a decepção, que nos levará a criar novas metas externas e condicionadas e, assim por diante, indefinidamente. Essa é a maior prisão humana, esperar pela felicidade no futuro.

É essa a prisão que nos faz correr, querer alcançar realizações e metas o tempo todo, criando uma vida sôfrega movida pelo medo de sofrer e pela esperança de obter felicidade, sem clareza, discernimento, sem condução ou assertividade. Apenas corremos indefinidamente em ciclos de alegria e sofrimentos sem fim.

Algumas linhas de *coaching* estão fortemente ligadas à realização de metas. Se não houver clareza e assertividade na condução adequada das metas, a atividade de *coaching* poderá se transformar numa prisão muito sofisticada, gerando no *coachee* profunda decepção futura, pois a meta alcançada gerou apenas uma satisfação ou felicidade temporária, e que ele continua tão ou mais iludido quanto antes. Essa situação é muito comum e é essencial que pessoas que praticam o *coaching* realmente entendam a forma de lidar com metas futuras sem gerar prisão ou decepções aos clientes.

A felicidade plena ou incondicional

Este é o segundo tipo de felicidade: aquela que não depende

Marcos Wunderlich

de nada externo e de nenhuma realização. É a felicidade que está sempre presente dentro de nós e que se manifesta apenas quando estamos conscientes e presentes no aqui-agora.

A **má notícia** é que essa felicidade é quase que desconhecida das pessoas de um modo geral, além do fato de que ela não pode ser construída ou obtida por esforços. Precisamos apenas aquietar mais a mente e deixá-la se manifestar livremente. Portanto, ela não depende de nada externo: nem de pessoas, nem de bens materiais; nada disto é necessário para a felicidade plena.

A **boa notícia** é que sempre estamos num eterno agora, e que podemos cultivar esta presença, sintonizarmos no aqui-agora e perceber a profunda paz e felicidade dentro de nós, de forma quase que instantânea. Podemos treinar estar no aqui-agora. É apenas uma questão de, em primeiro lugar, adquirir esta consciência para, então, sintonizar-se. Há varias formas de obtermos esta sintonização com o aqui-agora. É disso que se trata o verdadeiro desenvolvimento espiritual das pessoas.

Aprender a aquietar a mente, não seguir os pensamentos – deixando-os livres dentro de nós, observando-os surgir e dissolver-se no espaço vazio da mente – sintonizar-se com a natureza, meditar, orar, contemplar cada momento; exercícios de visualização são formas poderosas de permitir a sintonia com a profunda paz e felicidade do aqui-agora.

Lembre-se sempre de que não há nenhuma maneira de sairmos do aqui-agora, tudo no universo está mergulhado num eterno e imutável aqui-agora, um espaço infinito sem começo e sem fim, que permite que todas as formas surjam e desapareçam dentro de si mesmo. Então, ao mesmo tempo em que há o **imutável**, há também o **mutável**, as infinitas manifestações, os processos dos ciclos universais e também os pequenos ciclos humanos e do nosso dia a dia.

Como lidar assertivamente com as duas felicidades

É importante ter a consciência de que convivemos com as duas felicidades: a **condicionada/construída** e a **incondicional/plena**. Não podemos vê-las de uma forma dicotômica, como certo x errado, bom x mau. Ambas são necessárias.

Somente permanecer na felicidade plena nos deixaria inativo. Somente a felicidade condicionada nos gera também infelicidade e nos impulsiona para vivermos em função do futuro.

O segredo está em uni-las, levar a plenitude da felicidade incondicional para nosso dia a dia operacional e cíclico, de modo a não perder nossa plenitude em momento algum, independentemente dos acontecimentos. Para que possamos fazer isso assertivamente, precisa-

Felicidade 360º

mos conhecer alguns princípios, adquirir compreensão das leis universais que nos regem para podermos dar a condução adequada.

Regras gerais para unir as duas felicidades

1. Compreensão das mudanças – no mundo manifesto, a regra geral é o movimento. Tudo que aparece ou surge é o início de um ciclo processual, tem prazo definido de existência e o ciclo fatalmente terminará. Isso significa que não podemos manter nada indefinidamente, precisamos entender e aceitar que a constante mudança de tudo é regra da vida. Assim não geramos apego a nada e vemos como normal que o fim de um ciclo - grande ou pequeno, longo ou curto - é o começo de um novo ciclo.

2. Compreensão do probabilismo – tudo na vida é probabilístico; não temos certeza de nada e os acontecimentos que surgem em nossa vida estão fora de nosso controle. Podemos apenas controlar nossas atitudes, mas não os acontecimentos. Aquilo que planejamos pode acontecer como pode não acontecer. Portanto, se alcançamos uma meta ficamos felizes sim. Mas se não a alcançamos, ficaremos igualmente felizes, pois a nossa felicidade incondicional não depende da meta ou qualquer outra situação externa.

3. Viver o aqui-agora – procuramos viver a cada momento em plenitude, sem nos prendermos às expectativas. Embora tenhamos expectativas e planos do futuro, elas não nos aprisionam, pois aprendemos a viver a vida como ela é, como ela se apresenta para nós a cada momento. No aqui-agora, em sua essência profunda, cada momento é precioso e maravilhoso.

4. Metas e planos sem prisão – processualmente sempre vamos viver com metas e planos futuros, mas o segredo é não fazer delas uma prisão para o futuro, vivemos o aqui-agora, sabemos do probabilismo da vida e aceitamos como a vida se apresenta. Afinal quem nos comanda é a própria vida. Somos uma manifestação dela e é ela quem traça os nossos rumos. Podemos nos esforçar, mentalizar, seguir as metas; nada há de errado e podemos realmente obter aquilo que desejamos e vemos isso como uma dádiva e não nos prendemos. Se não obtivermos o que desejamos também compreendemos e não sofremos, permanecemos felizes no agora como ele é. Agimos como um pássaro, ele sempre voa o quanto pode e não o quanto ele quer.

Conselho aos coaches

Quero considerar a importância desta compreensão das duas fe-

Marcos Wunderlich

licidades no *coaching* ou mesmo em outras atividades semelhantes. Um *coach* ou orientador precisa compreender o que foi escrito aqui para que não aprisione, nem a si e nem ao seu cliente, a uma determinada meta. Podemos ajudar sim nossos clientes a obter metas, mas nunca há certeza do resultado. Além disso, não se deve vincular a felicidade humana a uma meta, seja ela qual for. Metas são só metas, são irrelevantes para a vida. A liberdade plena não depende de metas. O importante é a felicidade a cada momento, independentemente das metas. Se as alcançamos, tudo bem, e se não as alcançamos, também estará tudo bem, esta é a verdadeira e profunda compreensão da vida, da liberdade que sempre tivemos, não vinculada a nada.

Agora, no mundo empresarial vivem-se metas o tempo todo. As mesmas regras são válidas e não perdem seu valor. Normalmente alcançamos a maioria das metas, mas não todas o tempo todo. Nas empresas temos que ter todos os esforços, mas ao mesmo tempo compreender que a vida é probabilística, que nem sempre as metas serão alcançadas, e isso não deve significar a infelicidade para as pessoas.

Felicidade 360º

25

Felicidade e simplicidade

Felicidade é poder ser eu com meus erros num mundo em que só há 'sabichões'. É poder errar em meio a pessoas que só acertam. É ser simples convivendo com pessoas complicadas.
É sentir que estou crescendo e que para isso sou capaz. É quando posso soltar as rédeas e deixar um pouco o tempo correr...

Marta Beatriz Horn Schumacher

Marta Beatriz Horn Schumacher

Consultora e Analista em Desenvolvimento Humano. Palestrante e instrutora — Treinamentos *"In Company"* na Área Comportamental. Redatora do Jornal "O Presente". Empresária-sócia da **Mosaico Desenvolvimento Humano.** Graduação em Língua Portuguesa e Literatura. Especialização em Literatura Brasileira. Especialização em Dinâmica de Grupos – Sociedade Brasileira de Dinâmica Dos Grupos - SBDG. Especialização em Administração Estratégica de Pessoas. Formação em Análise Transacional.

Contatos
www.mosaicodh.com.br
marta@mosaicodh.com.br
(45) 9999-6160

Marta Beatriz Horn Schumacher

Tac, tac, tac, barulho contínuo. Estava assistindo o meu filho enquanto se divertia com um simples *bat-beg*. Movimentos rápidos com as mãos e com o olhar focado no objeto. *Bat-beg* é um brinquedo feito de duas bolinhas e uma corda. Também conhecido como bate-bate, nada mais é do que uma corda com duas bolinhas enlaçadas em um anel. Quando criança, tive um desses. Havia de várias cores, o meu era rosa. O objetivo era ficar batendo as bolinhas umas nas outras, pelo máximo de tempo possível até que elas se encontrassem em cima e em baixo em alta velocidade, sem machucar as mãos. Uma missão quase impossível! (...) Lembrei-me de que eu insistia até acertar e me enchia de orgulho e felicidade ao conseguir.

Não resisti. Vendo meu filho, a cena foi um convite. Voltei a experimentar o brinquedo. A minha frustração, é claro, veio imediatamente em seguida à primeira tentativa. O máximo que consegui foi bater as bolinhas em minhas mãos. Bater e sincronizar as bolinhas como fazia no meu tempo de menina, agora dependia de mais treino. Continuei tentando. E assim como no passado, aos poucos percebi que minha habilidade voltava e os resultados ficaram melhores. Senti a mesma sensação de antes: a sensação de quem conseguiu atingir um objetivo. Não fosse a inspiração que me deu em escrever, teria continuado a brincadeira.

Brincar! Como era gostoso brincar. Poucas coisas, às vezes sucatas, nos faziam passar horas inteiras em criações e novidades que a nossa cabeça de criança tinha a liberdade de inventar. Da brincadeira com o *bat-beg* e tantas outras, não guardei a habilidade, mas guardei todas as sensações que o brincar me trouxe. Era uma viagem. Desligava-me de tudo e ficava plenamente envolvida com o brinquedo. E foi assim com cada um deles, por mais simples que fosse. Eram poucos, muito poucos. Presente de família, quase nenhum. Isso nada impediu. Era uma viagem também com aqueles que eu e meus amigos inventávamos com qualquer coisa que estivesse ao nosso alcance: coisas da natureza, embalagens da cozinha e da lavanderia da mamãe e até as ferramentas do papai. Tudo, tudo mesmo nos provocava para a criação e diversão.

Simplesmente divertido. A criançada se reunia todos os dias. Do nascer ao pôr do sol. Só parávamos pela insistência de nossas mães por razões óbvias: hora das refeições, hora da escola ou hora de se recolher. Aí já era noite. A escuridão nos impedia de ver, mas não de sentir. Queríamos ficar ainda mais um pouco. Ríamos por não enxergar. Era tão delicioso que a gente respondia quase em coro: - Já vou, só mais um pouquinho! E a bronca vinha logo em seguida. Então a gente, ainda que contrariado, combinava o dia seguinte, largava tudo e corria.

Felicidade 360º

Tudo era uma festa: caminhar sobre os muros, subir em árvores, cortar e colar papéis, fabricar bichos de legumes, fazer bonecas de retalhos, jogar bolinha de gude, brincar de telefone sem fio, de amarelinha, esconde-esconde, construir as maquinetas de tirar frutas das árvores, construir pipas e tantas outras diversões. Tudo era perfeito. Nem os machucados que ocorriam tinham valor diante da sensação de realização e contentamento. Brincar é sinônimo de liberdade, de invenção, de coragem, de correr riscos, de conquistar espaços, de fazer simplesmente aquilo que é gostoso. Brinquedos e brincadeiras não nasceram por acaso. Tudo é fruto da imaginação das pessoas. Nasceram para imitar a vida como ela é. As crianças, quando juntas, imitam o papai, a mamãe, o médico, o professor, o bombeiro, o policial e tantos outros personagens da vida real. Uma imitação perfeita, uma receita, uma magia de ser feliz.

Aí crescemos. Deixamos terminar nossa infância. Ficamos grandes de corpo. Lá para trás ficou nossa capacidade de brincar. Desaprendemos o que nos faz feliz. Perdemos nossas melhores qualidades. Provavelmente porque algum chato disse que elas não combinam com ser adulto. Com ser adulto combina ser sério e responsável. Ora, o que seria dos inventores, dos artistas, dos poetas, dos palhaços, dos cientistas e dos grandes promotores de mudanças se eles não tivessem conservado em si a capacidade de inventar, de criar, de ser curioso, de imaginar, de imitar e brincar?

Quem brinca é espontâneo. Quem brinca é verdadeiro. Quem brinca tem espírito leve. Quem brinca é natural. Quem brinca faz amigos. Quem tem amigos, é feliz.

Desde a Grécia, os antigos e sapientíssimos habitantes já usavam a brincadeira para criar e curar. Arquimedes já citava que "brincar é a condição fundamental para ser sério"; os atenienses concediam peças musicais, teatros e espetáculos de comédia aos doentes; no século 16, os médicos já diagnosticavam o entrenimento como o melhor medicamento para todos os males: "A alegria dilata e aquece o organismo, já a tristeza contrai e esfria o corpo".

Essa é a questão. Para ser feliz, quero voltar a brincar. Descobri que quando brinco, a felicidade chega e quer ficar. Quando libero a minha criança, saio das banalidades, com muita facilidade. Quero voltar a brincar na chuva, construir castelos e muralhas na areia, sentar na calçada da rua, cantar quando der vontade. Quero ter um amigo imaginário e com ele conversar. Quero rir de minhas gafes e contar minhas breguices. Comer quando tenho vontade, chorar quando sinto saudade. Quero ouvir bem as piadas e rir muito quando der vontade. Quero comer bolinho de chuva e brincar de violão.

Marta Beatriz Horn Schumacher

Rabiscar muitos papéis e construir um avião. Quero montar armadilhas e caçar os passarinhos e, depois de fazer carinho, soltar os pobres bichinhos.

A felicidade tem gosto, tem cheiro, tem som, tem toque. É uma sensação que toma conta daquele que faz o que gosta. Lembra fruta, lembra comida, lembra música, lembra bebida, lembra abraço, lembra chegada e lembra partida.

A felicidade é a intensidade de um momento. É uma emoção. É uma sensação. É realização. Algumas vezes, silêncio e até contemplação. Felicidade é poder ser eu com meus erros num mundo em que só há 'sabichões'. É poder errar em meio a pessoas que só acertam. É ser simples convivendo com pessoas complicadas. É poder ser fraco quando todos ao nosso redor são fortes. É poder dizer o que sinto e penso sem precisar agradar sempre. É poder ir mais devagar quando o mundo só nos apressa. É poder sentir e ser puramente EU e ainda assim, receber amor. É viver sem cobrar, nem a mim e nem ao outro. É amar sem acusar. E ficar lá, sem que roubem aqueles momentos individuais. É sentir que estou crescendo e que para isso sou capaz. É quando posso soltar as rédeas e deixar um pouco o tempo correr.

No girar de uma ciranda, quando dei conta, já cresci...

E embora eu aparente que muitas experiências vivi, minha criança interior está acordada para brincar. Se está viva dentro de mim, deve estar em você! Nós podemos brincar novamente. A vida, a gente que faz. Agora é brincadeira de gente grande, faça e viva, se doe, ame e esqueça o que ficou para trás. Ainda pode ser divertida e nos alegrar sempre mais.

Felicidade 360º

26

Felicidade no ambiente de trabalho: desafios e oportunidades

Um dos grandes desafios do mundo contemporâneo é encontrar colaboradores verdadeiramente felizes no seu ambiente de trabalho, nesse sentido o presente artigo sinaliza valiosas oportunidades de reflexão e aplicação de técnicas poderosas para emergir a felicidade nas organizações

**Prof. Douglas de Matteu
& Wilson Farias Nascimento**

Prof. Douglas de Matteu & Wilson Farias Nascimento

Doutorando em *Business Administration* pela FCU, Mestre em Semiótica, Tecnologias da Informação e Educação, especialista em Marketing, Educação a Distância e em Gestão de Pessoas com Coaching, Bacharel em Administração de empresas. **Master Coach** pelo Metaforum com reconhecimento internacional pelo *ICI (International Association of Coaching Institutes), ECA (European Coaching Association)*. Docente na Fatec de Mogi das Cruzes e da UNISUZ e em cursos de pós-graduação. Coordenador do Grupo de Ensino e Pesquisa em Liderança e Coaching – GEPLICO da FATEC. Analista Comportamental SOAR, Head Trainer pelo IFT e Trainer em PNL. Trainer do World Coaching Council. **Diretor do Instituto Evolutivo – Coaching & Marketing.** Coautor de mais dez livros
Contatos - www.douglasmatteu.com.br / www.institutoevolutivo.com.br
douglas@institutoevolutivo.com.br
(11) 3419-0585

Doutorando em *Business Administration* pela FCU. MBA em Coaching, pela FAPPES, Especialista em Gestão de Negócios e Empreendedorismo. Pós-graduado em Marketing e Propaganda, Bacharel em Administração de Empresas. **Master Coach e Executive Coach** com reconhecimento internacional pelo BCI – Behavioral Coaching Institute – ICPA – Institute of Coaching Professional Association. Analista comportamental: **Assessment Training I** – pela **Success Tools, Alfa Coach** e SOAR. **Trainer** em PNL. Coautor do livro: Ser + com Equipes de Alto Desempenho. Docente na Faculdade Unida de Suzano. Trainer do World Coaching Council. Sócio Diretor do Instituto Evolutivo.
Contatos - www.institutoevolutivo.com.br
wilson@institutoevolutivo.com.br
(11) 3419-0585

Prof. Douglas de Matteu & Wilson Farias Nascimento

As organizações buscam constantemente resultados elevados, para alcançar as metas estabelecidas e atingir os objetivos organizacionais. São realizados planejamentos, reuniões e estabelecidos caminhos a serem percorridos para o tão almejado resultado. Entretanto, talvez o maior desafio seja evocar o comprometimento e fomentar a motivação necessária da equipe de trabalho. Este capítulo visa oferecer ao leitor reflexões e estratégias para mobilização dos colaboradores rumo aos objetivos empresariais tendo como eixo condutor a felicidade.

Os desafios

Gerenciar uma empresa é um grande desafio. Entre os dilemas enfrentados pelo gestor a relação empresa x empregado possui algumas vezes objetivos divergentes, como exemplo disso temos o seguinte paradoxo: a empresa quer que o funcionário trabalhe muito e ganhe pouco. O funcionário quer trabalhar pouco e ganhar muito. Faz sentido que isso pode acontecer em muitas situações? Outro desafio do gestor é evocar o comprometimento, a sinergia, o espírito de colaboração e o foco nos resultados dos colaboradores, que em alguns momentos podem pensar e agir de modo antagônico, ou seja, descompromissado, individualista e focado em fazer o mínimo possível. Você já se deparou com um funcionário assim? Esse é um desafio constante para o gestor que precisa encontrar meios para enfrentar tal situação. Nesse sentido, acreditamos que a felicidade pode ser uma alternativa.

A felicidade

Existe um item em que praticamente todos nós concordamos e desejamos: **Ser feliz!** Empresários, colaboradores e até os desempregados buscam a felicidade. Evidentemente que para alcança-la temos muitas possibilidades, porém é quase uma certeza essa busca do homem, independente de sua classe econômica ou momento da vida. A felicidade é alvo de desejo e busca, nesse sentido encontramos um ponto em comum no cenário empresarial, ou seja, os funcionários/colaboradores, empregador e clientes querem ser felizes. Logo, esse fio condutor talvez possa harmonizar as relações, considerando como objetivo à felicidade, **ao respeitar, valorizar e envolver as pessoas.**

Para elucidar a dimensão da felicidade, destacamos aqui os referenciais da Psicologia Positiva, que pode ser considerada como "A ciência e a prática da psicologia positiva, direcionadas para identificação e compreensão das qualidades e virtudes humanas, bem

Felicidade 360°

como para o auxílio no sentido que as pessoas tenham vidas mais felizes e produtivas" (Snyder; Lopez, 2009, p.19). Conforme os autores, o foco esta em tornar as pessoas mais felizes e produtivas. Nesse sentido, "A felicidade, que é o objetivo da Psicologia Positiva, não se resume a alcançar estados subjetivos momentâneos. Felicidade também inclui uma vida autêntica" (SELIGMAN, 2004, p. 288). O autor sinaliza que podemos ter mais que momentos felizes, podemos alcançar uma vida autêntica, e esclarece que "autenticidade descreve o ato de obter gratificação e emoção positiva através do exercício das próprias forças pessoais, que são caminhos naturais e permanentes para a gratificação"(IDEM, p.288).

Com base no autor a felicidade está atrelada aos resultados da emoção positiva e ao uso de nossas habilidades pessoais, os talentos. Nesse sentido temos duas variáveis relevantes: emoções positivas e as forças pessoais que podem configurar a oportunidade para organizações e pessoas serem mais felizes e eficazes.

Emoções positivas e gestão das emoções

As emoções positivas são alvos do estudo da psicologia positiva. Entre as diversas reflexões destacam-se que os nossos resultados estão atrelados aos nossos pensamentos, quando aprendemos a gerenciar os pensamentos mudamos os resultados. Como por exemplo:

Pensamento negativo => Sentimento negativo => Comportamento negativo => Resultado negativo.

Pensamento Positivo => Sentimento Positivo => Comportamento Positivo => Resultado Positivo.

Conforme destacado, nossos resultados estão ligados aos nossos pensamentos. Tal referencial está intimamente relacionado com o conceito de gestão das emoções "Inteligência emocional refere-se à capacidade de identificar nossos próprios sentimentos os dos outros, de motivarmos a nós mesmos e de gerenciarmos bem as emoções dentro de nós e em nossos relacionamentos" (GOLEMAN, 2010, p. 337). O autor sinaliza a capacidade de identificar nossas emoções e sentimentos como alicerce da Inteligência emocional, porem se o sentimento surge do pensamento, podemos intervir antes, ou seja, agir antes do sentir, nos pensamentos, logo ao gerenciar os pensamentos ficará mais fácil e efetiva a gestão das nossas emoções. É relevante destacar que "(...) para se obter um desempenho de ponta em todas as funções, em todos os campos, a competência emocional tem o dobro da importância das capacidades puramente cognitivas". (GOLEMAN, 2010, p. 48) O autor sinaliza que para entregarmos um

Prof. Douglas de Matteu & Wilson Farias Nascimento

elevado desempenho precisamos ser efetivos no que tange a competência emocional e que esta é mais relevante do que a cognitiva.

Logo surge a provocação: como que você anda pensando? Como está a gestão dos seus pensamentos e emoções? E como as emoções são tratadas no contexto organizacional? Evocamos aqui também o referencial de vida plena de SELIGMAN (2004) que está relacionado em experimentar emoções positivas acerca do passado e do futuro, saboreando os sentimentos positivos. Você já fez as pazes com seu passado? Já perdoou e ou expurgou sentimentos negativos e retirou um aprendizado de situações vivenciadas? Como seria se você fizesse isso agora? Você vive o presente ou fica com a mente cheia preocupações com futuro? Como gerencia isso? Como seria se você saboreasse mais o presente? Afinal é um presente!

O uso dos talentos

A Psicologia Positiva sinaliza que talvez a felicidade esteja conectada com o uso de nossas forças. Pare e pense: quais são seus pontos fortes? Habilidades que você tem e que as pessoas sempre elogiam ou que quando você as esta utilizando o "tempo para", ou seja, atividades atemporais, esse estado é o que psicologia positiva destaca como estado de *flow*, "estado de envolvimento ótimo, no qual a pessoa não percebe os desafios à ação como uma subutilização, nem como uma sobrecarga de suas atuais habilidades e tem os objetivos claros e atingíveis, e o *feedback* imediato sobre os avanços" (Snyder; Lopez, 2009, p.238). Conforme os autores destacam, é como um estado de excelência, fluidez.

Podemos alcançar em vários momentos o estado de *flow*, quando estamos conversando com amigos, ouvindo música, cozinhando, cada indivíduo tem suas respectivas atividades em que alcança esse estado. Como esse estado seria aplicado ao ambiente de trabalho?

Sim, isso é possível, nós identificamos que um dos nossos estados de *flow*, é ajudar as pessoas a alcançar elevados níveis de desempenho e acelerar resultados, hoje atuamos especificamente com Coaching, treinamentos e desenvolvimento humano. Vamos trabalhar felizes e os resultados têm acontecido de modo acelerado! Se nós podemos, você também pode! Permita-se uma reflexão de quais são suas habilidades. Se eventualmente sentir alguma resistência ou quiser um instrumento específico que levante suas habilidades, você pode utilizar um diagnóstico comportamental, como o DISC, uma ferramenta poderosa de autoconhecimento que oferece um relatório de mais de 40 paginas, destacando inclusive aspectos

Felicidade 360º

inconscientes como os valores que o movem. Com essa ferramenta, a gestão da sua carreira pode ser mais precisa. Na organização pode ser utilizada para seleção mais eficaz de colaboradores, de acordo com o perfil individual e a necessidade organizacional. Imagine como seria a aplicação do DISC no processo de seleção e como seria você trabalhando naquilo que realmente possui uma habilidade natural ou seu funcionário exercendo uma atividade que é o seu talento natural.

É relevante destacar, podemos adotar uma postura que focalize nossos pontos fortes ao invés dos fracos, conforme evidenciado "(...) manter um olhar crítico sobre nossas fraquezas e trabalhar arduamente para administrá-las, embora às vezes necessário, só nos ajudará a evitar o fracasso. Não vai nos ajudar a atingir a excelência." (BUCKINGHAM 2008, p.131) O autor sinaliza que um caminho para resultados extraordinários não está nos pontos fracos, mas em potencializar os nossos pontos fortes. Como seria se focalizássemos nossos pontos fortes?

Um caso prático – Colégio Formação de Suzano

Com objetivo de contribuir os resultados organizacionais e com a felicidade humana, desenvolvemos o ***Evolution Day,*** um dia de treinamento de alto impacto que utiliza: Linguagem Ericksoniana (ADLER, 2011), Programação Neurolinguística (O`CONNOR, 2011), Andragogia, Psicologia Positiva (SELIGMAN, 1994) e aprendizagem acelerada, tal abordagem transcende o nível de habilidades e capacidades, e avança maiores patamares em níveis neurológicos (O´Connor e Seymour, 1996), ao estimular e desenvolver aspectos conscientes e inconscientes dos treinandos. Perpassa por questões de identidade, crenças, valores, além do desenvolvimento das competências necessárias para o alcance da excelência profissional e pessoal.

Empresa: Colégio Formação Suzano, área de atuação no ensino infantil.

Situação Inicial: o colégio estava passando por um momento de mudança, migrando de gestão familiar e mais pessoal para um modelo de gestão profissionalizado, enfrentando desafios de comprometimento, motivação, relacionamento interpessoal e individualismo.

Resultados: energização das pessoas, aumento no nível de comprometimento, motivação, principalmente no clima organizacional, resgatando a autoestima e o trabalho em equipe, a felicidade brotou no treinamento e ainda floresce no dia a dia da organização, foram realizadas dinâmicas que expurgaram os momentos ruins entre os funcionários e a empresa, evidenciando um novo marco na organização. Os colaboradores aprenderam a gerenciar e externalizar pensamentos e sentimentos.

Felicidade é uma escolha de todos!

Será a felicidade uma questão de escolha? Você conhece pessoas que estão sempre em um estado de não felicidade? Que reclamam do trabalho? Como seria se estas realizassem escolhas diferentes? Muitas pessoas ficam estagnadas em um estado de infelicidade, talvez por uma escolha consciente ou inconsciente. Para o Steve Covey: A felicidade, como a infelicidade, é uma escolha proativa (COVEY, 2011). Diante do exposto, acreditamos, que a felicidade está atrelada a diversas escolhas.

Se você não está feliz, o que pode fazer para se sentir feliz? Está satisfeito com seu trabalho? Utiliza seus talentos? Você prefere ser um espectador da vida ou o protagonista da sua própria história? Está feliz com seus relacionamentos no trabalho? O que você pode fazer para alcançar a felicidade? Qual recurso é necessário para que você alcance um alto desempenho? Se só entrega o mínimo então talvez a vida ofereça o mínimo também! Faz sentido? Na obra *A Lei do Triunfo*, (Napoleon Hill, 2011) destaca que se queremos resultados maiores e melhores devemos entregar mais que o combinado.

Como sua empresa pode trazer a felicidade para o seu ambiente de trabalho? Você realmente está preocupado com seus funcionários? Qual e o sonho deles? E possível a empresa contribuir cpara ele? Imagine quantas coisas sua empresa já contribuiu a seus funcionários, será que isso está sendo evidenciado? Como seria se a empresa contratasse pessoas que fazem uso de seus talentos no ambiente de trabalho? Como seria se sua empresa verdadeiramente, integrasse, desenvolvesse e motivasse os seus colaboradores? Diante do exposto, desafios e oportunidades de desenvolvimento e algumas perguntas poderosas que podem direcioná-los por novos caminhos para alcançar melhores resultados e felicidade.

Referências

ADLER, S. P. *Hipnose Eriksoniana: estratégias para uma comunicação efetiva*. Rio de Janeiro: Qualitymark, 2011.

BUCKINGHAM, Marcus. *Descubra seus pontos fortes*. Rio de Janeiro: Sextante: 2008.

COVEY, Stephen R. *Os 7 hábitos das pessoas altamente eficazes*. Rio de Janeiro: BestSeller, 2011.

GOLEMAN, Daniel. *Trabalhando com a inteligência emocional*. Rio de Janeiro: Objetiva, 2010.

HILL, Napoleon. *A Lei do Triunfo*. Rio de Janeiro:José Olimpio, 2011.

Felicidade 360°

O'CONNOR, Joseph. *Manual de programação neurolinguística: PNL: um guia prático para alcançar os resultados que você quer.* Rio de Janeiro:Qualitymark, 2011.

O'CONNOR, J; SEYMOUR, J. *Treinando com a PNL: recursos para administradores e comunicadores*, São Paulo: Summus, 1996.

SNYDER, C.R; LOPEZ, S.J. Psicologia Positiva: Uma abordagem científica e prática das qualidades humanas. Porto Alegre: Artmed, 2009.

SELIGMAN, M. E. P. *Felicidade autêntica: usando a nova psicologia para a realização permanente.* Rio de Janeiro: Objetiva, 2004.

27

Você mais FELIZ

Cinco dicas preciosas para você descobrir sua força interior, aumentar sua produtividade, sua qualidade de vida e evidenciar a verdade nas palavras de Walt Disney:
"A melhor maneira de realizar seus sonhos é através do seu trabalho!"

Rodrigo Cardoso

Rodrigo Cardoso

Palestrante corporativo especialista em Atitude e Comportamento Organizacional. Engenheiro formado pela Escola Politécnica da Universidade de São Paulo (USP). Pós-graduado em Psicologia - FACISIBHE. Leader Coach pela Institute for International Research & Crescimentum. Master Practitioner em Programação Neurolinguística pela SBPNL. Treinado pela Robbins Research International – EUA e Austrália, com Anthony Robbins. Participou de eventos diretamente com Richard Bandler, cofundador da PNL. Palestrante Internacional, já ministrou palestras na cidade de Orlando nos EUA e na cidade de Buenos Aires na Argentina. Peak Performance Trainer no programa PARAGON com 60 horas de duração pela Matrix University do Brasil. Aluno do Processo Hoffman da Quadrinidade – Eleito como o melhor treinamento comportamental pela Universidade de Harvard. Ministrado para os 40 de seus melhores alunos do Curso de Gestão e Liderança. Atestado pela Universidade da Califórnia e Stanford por seu poder transformador. Autor dos livros: "A Resposta do Sucesso está em suas Mãos" (Ed. Tomas Nelson), "Faça Diferente, Faça a Diferença" (Ed. Record). Coautor do Best Seller internacional "Ganhando Mais, com Ian Brooks (Ed. Fundamento).

Contatos
www.rodrigocardoso.com.br
equipe@rodrigocardoso.com.br
atendimento@rodrigocardoso.com.br
(11) 5055-4093

Rodrigo Cardoso

1- Seja extraordinário e não perfeito:

A busca pela perfeição parte de um pressuposto que existe um limite, um fim denominado "estado perfeito", e ainda pressupõe que a felicidade se encontra apenas nesse estado.

Ser extraordinário significa dar o melhor de si, fazer o que for necessário, eliminar a palavra "desculpa" do seu dicionário pessoal e ter consciência de que não é necessário ser perfeito.

Saiba que desculpas perpetuam a mediocridade. Todas as vezes que um profissional dá desculpas, ele está aceitando um resultado medíocre em sua vida.

A boa notícia é que para você ser extraordinário, não precisa tornar-se um super-homem ou uma mulher maravilha e sim ser o melhor que pode ser.

Essa filosofia é conhecida no Japão como Kaizen e nos EUA como C.A.N.I. *(Constant and Neverending Improvement)*, ou seja, melhoria constante e incessante.

Procure ser um pouco melhor a cada dia e estará no caminho para tornar-se extraordinário!

2- Navegue no oceano azul

A obra "A Estratégia do Oceano Azul", de Chan Kim e Renné Mauborgne, publicada há apenas alguns anos e que já está em 180 países, garante que navegar no oceano azul é buscar o seu próprio espaço.

Você deveria descobrir por si só quais são as competências e performances que deve melhorar, sem ficar olhando para o "concorrente" e sim para o melhor que pode ser.

Kim, o coautor da referida obra, nos lembra sempre do Cirque du Soleil, que ofereceu inovação usando a sofisticação do teatro aliada à magia do circo. Ele não concorrentes!

Os melhores profissionais que conheço são tão focados em serem melhores a cada dia que ultrapassam de longe a grande maioria e alcançam um modelo extraordinário de excelência.

3- Tenha atitude

Pesquisas garantem que diplomas não bastam, 87% das empresas demitem por problemas de conduta. Ser uma pessoa de difícil relacionamento, descuidada com a aparência, não trabalhar com empenho, com vontade, ter preconceitos, não trabalhar em equipe, ser pessimista, negativa e "reclamona" são atitudes gravíssimas que podem fazer um

Felicidade 360°

profissional perder oportunidades únicas em sua vida.

Você deve ser automotivado, deve saber aonde quer chegar, deve buscar a vitória todos os dias. Vá para o trabalho com "sede de vencer". Isso me faz lembrar uma passagem da obra de Joe Girard. Girard é conhecido como o maior vendedor do mundo pelo livro Guinness dos Recordes por ter vendido uma média de três carros por dia em um período de 15 anos consecutivos, vale a pena saber como ele pensava?

Em seu livro "Como Fechar Qualquer Venda" ele cita que gosta muito de dormir muito mais do que o leitor poderia imaginar, portanto, todos os dias quando acordava, ele se olhava no espelho e dizia:

- "Alguém vai me pagar caro por ter me tirado da cama hoje!"

Claro que era uma forma de automotivação, já que adorava dormir mas não se submetia à tentação.

Era movido pelo seu sonho, tinha atitude positiva, era proativo! Ele sabia que o sacrifício é temporário e a recompensa é para sempre. Hoje Joe Girard é milionário e também uma celebridade, os clientes fazem fila para comprar dele. Valeu a pena o sacrifício?

4- Tenha metas pessoais

Esse é o motivo que o coloca em ação, isso é motivação!

Saber o que quer no futuro e acreditar indubitavelmente que irá realizar faz com que você pule da cama com os olhos brilhando, que tenha um motivo verdadeiro que o coloca em ação. Essa não deve ser a primeira vez que lê a respeito da importância de traçar suas metas de forma definida, por escrito e com prazo definido. Talvez não seja a última...

Você precisa saber o que quer na sua vida pessoal. O que move um profissional em qualquer organização é o seu sonho, são suas metas pessoais. Quando o sonho é grande o suficiente, os obstáculos não contam. Essa sensação supera qualquer desafio no meio do caminho. Mas a verdade é que suas metas servem apenas como uma bússola que a qualquer momento pode mudar de rumo.

O importante não é alcançar. Chegar lá é uma sensação, uma emoção, que passa como todas as outras.

A felicidade, que todos procuramos, está no momento presente, no momento em que você lê essas linhas. Você só pode ser feliz num momento: agora! E é você que decide isso!

5- Seja feliz no caminho

Apenas a realização das suas metas não o fará feliz. Elas servem para lhe dar uma poderosa motivação, mas não a felicidade.

Rodrigo Cardoso

A felicidade está no caminho e não no fim.

A melhor maneira de trazer mais felicidade para sua vida é agradecer o que você já tem e parar de reclamar do que ainda não tem. Com esse sentimento de gratidão, fica muito mais fácil realizar seus sonhos e ser feliz durante o processo.

Acredite ou não, convido-o a experimentar e comprovar. Aproveite o caminho. Seja feliz. Se estava reclamando de algo, coloque-o na devida perspectiva. Agradeça suas pequenas e grandes realizações.

Tenha metas sim, saiba o que quer, mas seja feliz aproveitando o momento presente, agradecendo o que tem e atraindo cada vez mais situações melhores para sua vida.

Você ainda não é quem gostaria de ser, quem deveria ser ou quem poderia ser? Tudo bem, mas lembre-se: você não é mais quem era! Reflita quantos desafios já venceu e quantas conquistas já realizou? Perceba que já é um vencedor. Tenho certeza que praticando essas cinco dicas descobrirá verdadeiramente o quão forte é, e sendo assim, tornar-se-á um você mais feliz!

Felicidade 360º

28

Intuição, Palavras, Sentimentos e Escolhas!

Seja dono de si e a felicidade será uma prazerosa consequência

Todos nós buscamos amor, aceitação e felicidade. Cada qual no seu caminho, do seu jeito, a partir de suas possibilidades! Entretanto, já é tempo de mais intuição e menos julgamentos. Mais gentilezas e menos certezas. Mais atitude e menos reclamações. Mais, muito mais doçura e afeto. Intuição é coração. Palavra é consciência. Sentimento é amadurecimento e escolha acertada é resultado da autorização que você se dá para ser. Portanto, a proposta é 'desintoxicar-se' para ouvir a sua verdade e, enfim, reconhecer o que é, na sua vida, felicidade real

Rosana Braga

Rosana Braga

É jornalista, consultora em relacionamentos, conferencista, escritora, graduada em Psicologia, formada pelo Processo Hoffman da Quadrinidade – curso oferecido aos alunos de pós-graduação em Liderança na Universidade de Harvard, e em Eneagrama nos Relacionamentos Pessoais e Profissionais. Reconhecida como uma das maiores especialistas em relacionamento & comunicação do país, desenvolve um trabalho considerado inspirador e eficaz, promovendo mudanças no âmbito profissional e pessoal. Avaliada duas vezes consecutivas entre os cinco melhores conferencistas do Congresso Brasileiro de Treinamento e Desenvolvimento (CBTD), com nota média de 9,83. Rosana é pesquisadora em sua área há mais de 10 anos e surpreende ao propor atitudes e soluções no complexo mundo das relações, conduzindo as pessoas a se apoderarem de seu potencial, ressaltando a diferença entre "quem quer" e "quem faz". Contratada pela Microsoft como escritora oficial do MATCH.COM, o maior site de relacionamentos do mundo, bem como para o site PAR PERFEITO, é autora de diversos livros, dentre eles o grande sucesso O PODER DA GENTILEZA, que aborda questões comportamentais cuja mensagem central é: o modo como você trata as pessoas determina quem você é! e também do FAÇA O AMOR VALER A PENA, do PÍLULAS DE GENTILEZA, entre outros. É ainda autora e apresentadora dos DVDs de treinamento corporativo O Poder da Gentileza no Atendimento ao Cliente e O Poder da Gentileza no Atendimento Telefônico e do DVDs Inteligência Afetiva, volumes 1 e 2.

Contatos
www.rosanabraga.com.br
rosana@rosanabraga.com.br

Rosana Braga

Quem não quer ser feliz? Creio que todos querem. Faz parte da natureza humana buscar o amor, a aceitação e a felicidade. O fato é que estamos tão longe da perfeição quanto próximos da beleza e da verdade. Cada qual no seu caminho, do seu jeito, criando possibilidades para viver em paz consigo mesmo e com o mundo!

E o melhor de tudo é que existe muito mais abundância e alegria do que conseguimos enxergar. A maioria de nós já é bem mais feliz do que supõe. Penso que mais do que continuar buscando, é hora de reconhecer, agradecer, abrir os olhos e entregar o coração. É hora, sobretudo, de mais intuição e menos julgamentos. Mais gentilezas e menos certezas. Mais atitude e menos reclamação. Mais consciência e muito, muito mais doçura e afeto.

Sua intuição quer falar com você!

Sim, sou fã das palavras! Aceito todos os tons, admito as lágrimas e até aqueles silêncios que demonstram ansiedade, tensão, nervosismo ou "ainda não sei como dizer...". Afinal, também para mim não é fácil, muitas vezes, expor o que estou sentindo. Mas, por fim, meu lema é: que seja dito o que precisa ser dito, sempre que possível.

No entanto, infelizmente, nem sempre as pessoas estão prontas para falar. Nem todas estão maduras o bastante para a clareza e terminam colocando em risco relações preciosas. Aliás, muitas também não sabem ouvir. Chegam cheias de defesas e interpretações "pré-prontas", ouvindo apenas aquilo que querem. Assim, os resultados de uma conversa ficam sensivelmente comprometidos e, em algumas ocasiões, o diálogo se torna inviável.

Nesses momentos, resta-nos apenas uma ferramenta, felizmente, bastante produtiva: a intuição. Acontece que, descrentes de seu poder, muitas vezes não damos ouvidos a ela. Ignoramos o que essa voz interior tenta nos dizer e insistimos em acreditar que é bobagem.

De fato, há uma gritante diferença entre "ouvir a intuição" e "ceder às minhocas"; e é preciso bastante treino, coragem e atenção para perceber essa diferença, pois a intuição fala sozinha, mas as minhocas falam em coro, confundindo nossa sensibilidade e ameaçando nossa sensatez.

Intuição é coração, é percepção pura, é contato direto com a nossa realidade – a verdadeira; sem se deixar seduzir por terceiros nem ceder aos apelos infantis de nossas manhas: ciúme, insegurança, apego, etc. Portanto, precisamos 'desintoxicar' o máximo possível para ouvir a intuição.

Estar só, em silêncio, num estado meditativo, contemplando nossos reais desejos, refletindo sobre o que está acontecendo e o

Felicidade 360°

que realmente pretendemos é uma boa maneira de alcançar essa voz interior. Mas, sobretudo, é preciso acreditar que ela fala...

O que mais vejo são pessoas renegando sua própria intuição, dando bem pouco ou nenhum crédito a ela. Ficam presas ao que o outro disse (ou não disse) sem considerar o que realmente estão sentindo e percebendo.

Minha sugestão é para que você pondere sobre o equilíbrio. Ouça, sim, a sua voz interior e a encare como uma 'luz piscante', um sinal de alerta. E deixe o tempo passar um pouco. Observe os próximos acontecimentos. Não se agarre definitivamente nem à sua voz e nem à voz do outro. Espere!

Esteja certo de que o próprio 'andar da carruagem' se encarregará de dar o diagnóstico: intuição ou minhocas. O objetivo aqui não é provar nada a ninguém, mas apenas sugerir que você não abra mão de sua intuição, não ignore sua inteligência afetiva. Seríamos, certamente, bem mais seguros e teríamos uma autoestima bem mais elevada se confiássemos um pouco mais no que diz o nosso coração...

Muitas vezes não é o que se fala, mas como se fala...

Não foram poucas as vezes em que presenciei conversas entre duas ou mais pessoas onde tudo o que bastaria para um 'final feliz' seria um outro modo de se dizer as coisas. Inclusive comigo mesma, sei que diferentes sentimentos e percepções podem aflorar dependendo da forma como cada verdade me é dita e, claro (!), com que maturidade eu me disponho a interpretá-las!

Quanto às verdades – penso que devemos, antes, ponderar sobre duas questões. A primeira é o quanto estamos, em cada fase do nosso amadurecimento, preparados para ouvi-las – e isso significa que algumas vezes é melhor não desejar obter uma informação com a qual não saberíamos o que fazer. E a segunda é que precisamos aprender a usar as verdades para crescer e nos tornar mais confiáveis ao outro e não para arquitetar acusações deliberadas e inúteis.

Portanto, em vez de distorcer as palavras ou economizar os sentimentos, o que serviria apenas para aumentar o número de relações rasas e inconsistentes e colaborar para aprofundar os buracos internos das pessoas que passam pelas nossas vidas, creio que esteja na hora de aprendermos a usufruir melhor da comunicação.

Note: quando duas pessoas estão em sintonia, desejando a conciliação e interessadas em realmente se entender, geralmente falam baixo, próximas uma da outra; porque, afinal, o objetivo é ficar bem. Entretanto, quando não estão em sintonia, alteram o tom, aumentam o volume e perdem a noção do que estão dizendo. E pior do que isso: o que uma diz é, muito recorrentemente, interpretado equivocadamente pela outra.

Rosana Braga

Suponho que mais produtivo do que nos escondermos atrás de omissões ou vender uma imagem que não corresponde com a nossa essência, seria apostar mais no acolhimento das diferenças, na percepção dos limites e na coerência entre o que se diz, o que se sente e o que se faz – tanto em relação a nós mesmos quanto em relação ao outro.

Por fim, quando a gente fala com o intuito de resolver e crescer, termina descobrindo que palavras podem ser apenas palavras, especialmente quando não são coerentes com as atitudes e escolhas, sempre carregadas de desejos, sentimentos, intenções e verdades. A ideia é que sempre haja uma troca entre dois corações... para que todo o resto possa fazer sentido e valer a pena!

Não é o que você sente, mas o que faz a partir do que sente!

Todas as pessoas, em princípio, estão aptas a sentir todos os sentimentos. Mas nem todas se permitem entrar em contato consigo mesmas e, assim, vivem dissociadas de seus sentimentos! Daí, já dá para perceber que sentir não é, definitivamente, uma vivência linear. Muda em intensidade, frequência, profundidade e consciência.

E o que cada um faz a partir do que sente, ou seja, as atitudes tomadas dependem de maturidade e do equilíbrio emocional. Porque, no final das contas, pode apostar: não é o *que você sente* que determina quem você é, mas o *que você faz* por causa do que sente! É o seu comportamento genuíno, em última instância, que revela a sua personalidade – e não o seu sentimento.

Tem gente que leva um "fora", por exemplo, e se acaba – literalmente. Mas tem gente que cresce, aprende a se reconhecer mais e se torna mais forte para a próxima relação. A diferença não é que para a primeira foi muito difícil passar por isso e para a segunda foi fácil. Para as duas certamente foi difícil. Aliás, para todo mundo é doloroso se sentir rejeitado. A diferença é que a primeira conseguiu enxergar apenas uma saída: a fuga de si mesma; e a segunda encontrou outras maneiras de lidar com sua dor.

Tem gente que sente ciúme e arma uma baita confusão, dá vexame, ofende, agride e perde a razão. Mas tem gente que, apesar de também se magoar por causa desse sentimento, consegue elaborar a situação e compreende que é possível resolvê-la de maneira mais criativa, conversando, expondo seu ponto de vista, mostrando seus limites, por exemplo.

Tem gente que sente tristeza ou solidão e se lamenta tão escancaradamente que se torna pesada, cansativa, negativa, repelente. Fica patinando em sua própria dor e não para e avalia qual a melhor atitude a fim de "desatolar-se". Mas tem gente que busca

Felicidade 360º

ajuda, procura ver o lado bom da vida e investe em seu amadurecimento, de modo que se torna maior do que a tristeza que a faz derrapar. E, enfim, consegue recuperar a alegria de viver!

E tem ainda outro tipo de gente. É aquela que sente tudo isso, entre outros sentimentos, e simplesmente "finge" que não sente. Ou porque decide exibir a máscara de "todo-poderoso", negando suas emoções; ou porque nem se dá conta do que está sentindo. Simplesmente desconecta, não pensa no assunto. Está tão distante de sua essência que atropela a si mesmo (e aos demais) e vive como se fosse uma iguana, cuja estrutura cerebral é tão primitiva que não tem condições de sentir qualquer tipo de afeto.

Não são iguanas, é verdade. E, por isso mesmo, mais cedo ou mais tarde, uma avalanche de sentimentos ressequidos virá à tona de alguma forma: ataque cardíaco, colesterol, artrose, diabetes, depressão, ansiedade, estresse, transtornos afetivos, enfarte, entre outros distúrbios ilimitados.

Ou não! Existe (felizmente!) uma forma mais saudável de transcender nossas próprias limitações e quebrar as armaduras que tanto nos distanciam de quem realmente somos e daquilo que realmente desejamos viver. E essa saída não existe somente para os que renegam (consciente ou inconscientemente) o que sentem, mas para todos nós, porque ninguém tem todas as respostas. Estamos sempre em processo... sempre! Além disso, estamos vulneráveis a recaídas e enganos, o que nos coloca na posição de 'eternos aprendizes', como cantou lindamente o brilhante Gonzaguinha.

Isso significa que todo mundo está, inevitavelmente, exposto aos sentimentos difíceis: saudade, tristeza, desespero, sensação de abandono, ciúme, insegurança, ansiedade, solidão, etc.; assim como também está sujeito às maravilhosas surpresas da vida, à possibilidade de superar os momentos mais dolorosos e a experimentar ocasiões imperdíveis.

Por isso, admitir que você pode estar enganado na forma com que vem agindo por causa do que sente (ou do que não tem se permitido sentir), é uma ótima demonstração de inteligência emocional, já que as relações que vive devem servir justamente para isso: para apontar uma chance de se tornar mais integrado, coerente e feliz.

O que realmente importa...

Talvez você já se tenha se feito essa pergunta: "o que realmente importa em minha vida? Quem realmente importa?". Sei que esse parece ser um questionamento muito simples, mas quando mergulhamos profundamente na questão, descobrimos que nem sempre vivemos a partir daquilo que realmente tem importância para nós!

Rosana Braga

Somos incitados, quase que hipnotizados, diariamente, a engolir verdades que não são nossas, regras impostas por quem não sabe nada sobre nosso coração, leis inventadas sem levar em conta delicadezas como um coração, uma alma, um sentimento. Apenas determinações na tentativa de nos manipular, de nos julgar, de nos imprimir rótulos que nada dizem sobre nossas dores nem tampouco sobre nossos amores.

E assim vamos esquecendo do que realmente importa! Noções sobre "certo" e "errado" ou "bom" e "ruim" ganham cunhos políticos. E daí para a demagogia, a hipocrisia e o ridículo, a distância é praticamente nenhuma! Mas a gente aceita e até se esforça, quase nos sentindo culpados se não o fizermos, para digerir essas medidas engessadas e, tantas vezes, estúpidas.

Nem notamos mais a sutil diferença entre o raso e o profundo, o divino e o insano, o belo e o patético. Outro dia, passeando pelo trânsito de Belo Horizonte, aproximou-se da janela do carro em que eu estava um rapaz fantasiado, com os cabelos arrepiados, cantarolando sem parar e dançando entre os corredores. Entregava panfletos. Trabalhava pelo seu pão de cada dia. Impossível não achar graça de sua absoluta espontaneidade diante de um cenário aparentemente fora do normal...

E pensei num instante: *como é linda a loucura que a alegria de viver nos provoca... E vivam os loucos de amor, estejam onde estiver, façam o que fizer!*

Pois é isso que desejo a mim e a você nesse tempo de recomeçar, de refazer os planos, de relembrar os sonhos, de reabrir os caminhos tortos dessa busca sagrada: a loucura da alegria de viver... pautada naquilo que realmente tem importância para nós!

Porque mais do que obedecer às regras e leis, mais do que se encaixar nos conceitos que definem extremismos vazios, mais do que seguir o fluxo feito bicho que nada pode fazer para escapar de seu destino sórdido, desejo que eu e você tenhamos apenas uma linha de conduta: a de atos inspirados em sentimentos verdadeiros; e apenas um tipo de caráter: aquele comprometido em construir felicidade autêntica, orgânica, e não felicidade sintética e sem vida.

E isso, em minha opinião, nada tem a ver com pertencimento a este ou aquele conceito. Religião, cor, opção sexual, sexo, classe social, aparência física, nacionalidade, profissão ou simbologia adotada são escolhas ou contingências pessoais, mas não revelam a grandeza de uma alma. É a sua conduta aliada ao seu caráter que o faz digno de viver feliz agora, aí onde está.

Que sua história seja – de verdade – com bem menos rótulos, muito menos preconceito e mais, cada vez mais, regida pelo que tem importância! E no fundo, no fundo, a gente sempre sabe o que realmente importa, especialmente quando decide abandonar a postura medíocre de juiz do Universo para agir com o coração!

Felicidade 360º

29

A Construção de Nós Mesmos

A vida é como uma edificação fundamentada em princípios e valores que norteiam a caminhada rumo ao alvo da existência: o cumprimento do seu propósito. Vencedores ousam caminhar por caminhos desconhecidos, desbravam florestas virgens, por que as provações de hoje não se comparam com a glória que lhes está reservada e as dificuldades de agora podem ser o treinamento para o triunfo do amanhã

Sara Vargas

Sara Vargas

Graduada em Direito (Universidade Federal de Uberlândia-MG), especialista em Terapia Sócio-Construtivista e Psicodramática de Famílias e Casais (Pontifícia Universidade Católica - GO), membro da Associação Brasileira de Terapia Familiar. É Personal, Professional e Positive Life Coach, membro da Sociedade Brasileira de Coaching. Fundadora e presidente do Pontes de Amor, Organização Não Governamental de apoio à adoção e garantia dos direitos à convivência familiar e comunitária no Triângulo Mineiro, associada à Associação Nacional de Grupos de Apoio à Adoção (ANGAAD). É escritora (Felicidade 360, Editora Ser Mais), palestrante, desenvolve o Programa de Saúde Familiar prestando consultoria e coaching familiar. Atua na formação, capacitação e motivação de líderes com projetos em parceria com empresas, instituições e escolas. Desenvolve coaching pessoal e empresarial.

Contatos
www.sbcoaching.com.br/ocoach/sara_vargas
saravargas@netsite.com.br

Sara Vargas

Lembro-me bem das palavras escritas por meu falecido irmão na agenda de recordações da minha adolescência: *"Nossa vida é como a construção de um edifício: a juventude é a base. Se a fundação for bem edificada o edifício será forte, firme e permanecerá."(Paulo Vargas)*. Suas palavras ainda ecoam em minha memória e eventualmente me levam a corrigir, ressignificar partes dessa construção para que o edifício da minha vida cresça de forma saudável. Nessa fundação somos influenciados pela cultura, costumes, histórias, pessoas significativas, crenças que nos moldam e fazem de nós seres únicos, com valores, princípios, com um propósito de vida, uma missão. Se engato minha vida nos trilhos da história que me conduzem ao alcance deste propósito, a recompensa será a realização, sensação de completude. Contudo, se me distraio com as necessidades que diariamente *pipocam* à minha volta sem me atentar ao alvo que desejo alcançar, tomo atalhos que me desviarão para o lugar da dúvida, da insatisfação, da sensação de minha vida não ter valido a pena. Recordo-me de Mário Sérgio Cortela: *"pelo que você quer ser lembrado? O que gostaria de ver escrito no seu epitáfio?"*

Sonhos: Matéria Prima Indispensável à Edificação

Toda construção precisa de um projeto que norteará a escolha do terreno, a compra do material de construção, a contratação de mão de obra, a documentação necessária... Cada etapa tem características peculiares dependendo da construção: seja um arranha céu, um barracão comercial ou uma casa para moradia. Tudo começa com os sonhos, mas os sonhos não são apenas o *start*, acompanhados da esperança também são o fator de perseverança quando as adversidades interpelam o processo.

Não há sonhos mais ou menos importantes, sonhos são sonhos e cada um tem os seus. *"Matar o sonho é matarmo-nos. É mutilar a nossa alma. O sonho é o que temos de realmente nosso, de impenetravelmente e inexpugnavelmente nosso." (Fernando Pessoa)*. Há sonhos comuns a grande parte de pessoas. Ser mãe é o sonho da maioria das mulheres e era um dos meus grandes sonhos. Após um ano de casados engravidei do nosso primeiro bebê: Larissa. Junto com o resultado do Beta HCG veio a transformação que o marco de um novo ciclo vital traz: incrível como nossa vida muda! Saí do laboratório dirigindo diferente, afinal agora era responsável por alguém mais, um *serzinho* que ainda não via, mas amava e desejava tanto!

A dias de completar seis meses de gestação tudo estava pronto. O quarto e o enxoval refletiam a nossa alegria e o colorido de

Felicidade 360º

uma nova etapa que começaria com a chegada da nossa menina. Naquela manhã acordei com uma forte dor nas costas e a consulta médica trouxe a indesejável notícia: o bebê havia morrido há alguns dias! As contrações vieram num parto induzido e passei a noite dando à luz a um bebê sem vida. Nessas horas tão duras parece que somos espremidos como uma laranja e a nossa essência é extraída como um sumo. As dores emocionais e físicas receberam a companhia de um consolo sobrenatural, força que não vinha de nós mesmos. Por toda a noite meu marido conversou com o Autor da Vida e declarou aquilo que críamos a respeito de nós mesmos e da nossa história. Crenças motivadoras dissipam crenças limitantes. "Tal qual o homem pensa, assim ele é." *(Rei Salomão)*. Não entendíamos bem o que acontecia, mas predominava a convicção de que dias melhores viriam, que tudo era parte da construção do grande e belo edifício da nossa vida e iria colaborar para que esse edifício se tornasse ainda mais nobre, firme e belo para cumprir o seu propósito.

Choramos e muito. Fizemos exames; não havia nada errado. Sem pistas. Ainda éramos jovens, era só dar tempo ao tempo e nossa família iria ser inaugurada.

Logo engravidei novamente. Os cuidados agora eram maiores e a vontade de segurar nosso filho no colo também. A melhor música para se ouvir era o coraçãozinho do bebê batendo. No quarto mês um sangramento. Tinha acontecido de novo, o bebê se foi. Dessa vez o medo cresceu e as perguntas se multiplicaram: por que tínhamos perdido nossos bebês? Poderíamos ter filhos? Será que o problema era comigo? Conseguiria sair dessa tristeza enorme? Por que de repente a vida ficou preta e branca? Não havia má formação, não se encontrava justificativa científica para os abortos, o que aumentava ainda mais a minha angústia. Lutar contra o quê?

Com a devida liberação médica, outro bebê a caminho! Seria diferente? Acreditávamos que sim e suprimíamos o medo com a nossa fé e esperança de que um grande presente estava crescendo dentro de mim. E assim foi... prematuro, mas perfeito! Nasceu o Lucas! Alegria! Êxtase! Coisas preciosas são conquistadas com garra, com luta, perseverança. O Lucas veio cheio de alegria! A experiência de enfim segurar nosso filho no colo é inenarrável, só quem já viveu algo semelhante pode compreender. E o que é bom pede mais um. Quando o Lucas estava com dois anos entendemos ser o momento ideal para gerar novamente, dar a ele um irmão e a nós um bis da maravilhosa odisseia da parentalidade. Agora era diferente; já tínhamos vencido as dificuldades anteriores e aborto era uma palavra do nosso passado que não nos pertencia mais.

Sara Vargas

Logo o Breno estava a caminho. Lucas também ia construindo o relacionamento com o irmão: conversávamos com o bebê na barriga, adorávamos mostrar as fotos das ultrassonografias e brincar sobre a semelhança do bebê com a gente. Mas o inesperado aconteceu novamente: aos seis meses de gestação descobrimos que o nosso pequeno havia partido. Dor, angústia, decepção, dúvidas... Dessa vez até a minha fé foi abalada. Parte de mim acreditava que tudo estava sob o controle de alguém muito maior do que eu, mas a outra parte se sentia traída pela história. Adoeci. A depressão chegou e por quase dois meses a cama era minha companheira e meu estado emocional sugava as forças físicas. Certa noite um grande amigo, Paulo Borges Junior nos socorreu em uma das minhas crises de dor levantando a seguinte pergunta: "Se daqui a dez anos vocês olharem para trás e virem apenas três bebês mortos, vocês viveram três abortos; mas se daqui a dez anos puderem contemplar toda a vida, força que esta história produziu em vocês e em outros, será que vocês viveram apenas três abortos? "Intrigante! Naquela semana assistimos "O Conde de Monte Cristo", filme baseado no livro de Alexandre Dumas (1844) sobre a história de superação do marinheiro Edmond Dantés. Percebi que estava tão mal por ter permitido que as circunstâncias e o medo furtassem a minha esperança e meus sonhos. *"Façamos da interrupção um caminho novo, da queda um passo de dança, do medo uma escada, do sonho uma ponte, da procura um encontro!" (Fernando Sabino)*. Resolvemos encarar o dragão; por que abrir mão do sonho? Nos dar por vencidos? Após outra jornada de consultas, exames e viagens encontramos enfim uma resposta da medicina. Descobriram os problemas imunológicos e incompatibilidades que estavam nos levando àquele histórico de abortos. Havia um tratamento que aumentava consideravelmente nossas chances de uma gestação bem-sucedida. Quando o especialista percebeu que tínhamos um filho saudável, com 3 anos de idade, gerado e nascido sem tratamento perguntou: "- *Vocês acreditam em milagres? O Lucas é um milagre com atestado médico; suas chances eram de uma em um milhão!" (Dr. Ricardo Barini)*.

Na véspera da viagem para iniciar o tratamento fiquei inquieta e me parecia que não estávamos trilhando o caminho apropriado. Lembrei-me do nosso antigo desejo de adotar e apesar do momento parecer inadequado, aquela voz berrava dentro de mim. Compartilhei minha agonia com meu esposo, que prontamente decidiu adiar o início do tratamento. Saímos de férias e naqueles dias conversamos sobre todas as nossas certezas e dúvidas sobre adoção. Lucas também foi muito receptivo à ideia de ter um irmão por adoção.

Felicidade 360°

Entramos com o devido processo legal de habilitação para adoção. Um dia numa viagem conhecemos Kelly e Kethleen, gêmeas institucionalizadas com um ano de idade e entendemos que elas eram as nossas filhas. A sensação era a de dar a luz novamente. O poder familiar ainda não havia sido destituído, mas a família biológica nunca havia sequer telefonado desde o seu nascimento; destituir era uma questão de tempo. A paixão foi mútua e eu acreditava piamente que agora seria muito mais fácil e rápido gerar. Começamos a visitá-las periodicamente: passeios, festa de 2 aninhos... após 1 ano e meio de visitas mensais às nossas "filhas" em São Paulo e vínculos bem estabelecidos, os genitores foram citados e resolveram lutar judicialmente contra esta adoção e apesar de todos os relatórios do serviço técnico da instituição serem contrários a eles, ganharam a guarda das meninas. Foi o pior de todos os abortos. Sabíamos que nossas meninas estavam indo para uma realidade muito desfavorável. Resolvi tentar colocar uma pedra sobre esta história para conseguir superar a dor.

Um ano depois recebi um telefonema do Fórum dizendo que tinham para nós uma menina de três anos. Fui conhecê-la. Meu esposo estava em curso no exterior, mas emocionado ao telefone, disse: "- Quando se gera não se vê o rosto, não sabemos se vai se parecer com a gente ou com um tataravô distante, nem se sabe o sexo. Ela chegou e é nossa filha! Eu não preciso vê-la!" Jéssica nasceu na nossa história e é como o bombom que decora o centro de uma torta deliciosa! No dia seguinte a guarda provisória estava pronta e nossa filha chegou!

Mais um ano se passou e soubemos que Kelly e Kethleen, que estavam sob a guarda dos genitores há quatro meses, tinham sido abandonadas à noite em uma construção distante de sua residência. A dor e a dúvida novamente se levantaram com ímpeto. Mais quatro meses muito difíceis se passaram até que recebemos um telefonema do Fórum perguntando se ainda nos interessava adotá-las. Sempre as amamos como filhas! Aos cinco anos e meio nossas filhas chegavam em casa. O choro agora era de emoção, gratidão, vitória, conquista. Os desafios a serem transpostos seriam bem maiores, marcas profundas haviam sido deixadas por uma história de maus tratos, abusos e abandono, mas com amor e apoio poderíamos superar um a um.

Edificados para edificar

Uma história distinta, *sui generis*, tão rica e intensa, que trouxe tantos aprendizados e promoveu estudos e experiências não poderia ser apenas para nós. Começamos a idealizar um Grupo de Apoio à Adoção que promovesse a adoção legal e oferecesse orientação e suporte ju-

Sara Vargas

rídico e terapêutico a famílias que adotam, cooperando com a formação de vínculos e a construção de famílias saudáveis; que garantisse às crianças e adolescentes institucionalizados o direito à convivência comunitária e familiar; um grupo coadjuvante de lindas histórias de amor.

"Quando se sonha sozinho é apenas um sonho. Quando se sonha juntos é o começo da realidade." (Don Quixote). Em junho de 2012, como fruto desta história nasceu o Pontes de Amor, uma Organização Não Governamental que já conta com mais de 40 voluntários, muitas parcerias relevantes e que desenvolve um trabalho eficaz no Triângulo Mineiro. Promovemos reflexões em encontros mensais com pais adotivos e interessados em adotar, lançamos material na mídia, ministramos cursos para postulantes à adoção e capacitamos profissionais para trabalhar com adoção. Apesar de tão jovem, a ONG tem influenciado na formação de opinião e ajudado a desmitificar o tema Adoção.

Energia vital é como um tanque de combustível automotivo: a cada manhã nosso tanque energético é abastecido, mas se houver desperdício de energia com situações desconexas ao nosso propósito, não haverá combustível suficiente para alcançar nosso destino. Isso ressalta a importância de discernirmos nossos objetivos e alinhá-los aos nossos valores para não nos trair e nos corromper no percurso. Muitos têm compreendido esses conceitos como uma alusão ao egoísmo e egocentrismo, depreciando valores pessoais como honra, família, amizade, contribuição social... e quando enfim alcançam o pódium, a celebração da vitória é surrupiada pela solidão, culpa e a incongruência entre o objetivo alcançado e a essência de quem realmente sou.

Lembra da pergunta do nosso amigo? Dez anos se passaram e ao olhar para trás, apesar das saudades dos filhos que não segurei, meu colo se enche com os quatro filhos que Deus me deu. Vejo uma mulher mais forte, com mais ousadia e fé, apta a romper seus próprios limites e a motivar outras pessoas à vida plena, cheia de realizações, a persistir e a expandir suas histórias. Percebi que há males que não vêm para nos matar, são como uma porção de veneno que serve de matéria-prima para nos transformar em antídoto contra males semelhantes na vida de outros, colaborando para o cumprimento do propósito da nossa existência. Vejo que um edifício bem construído, exercendo seu propósito atrai outros edifícios e juntos constroem cidades, belas cidades.

Felicidade 360º

30

Felicidade corporal

É por meio do corpo que nossos pensamentos e emoções tomam forma e se manifestam. Muitas pessoas têm a felicidade apenas como um conceito mental e subjetivo. Trazer a felicidade para o momento presente pela integração mente-corpo é uma das possibilidades para vivenciá-la de uma forma real e palpável

Saulo Fong

Saulo Fong

Cofundador do Instituto União. *Master Coach*, Terapeuta e Palestrante com abordagem psico-corporal. *Master Systemic Coach* certificado pela ICI (International Association of Coaching Institutes), ECA (European Coaching Association) e Metaforum International. Formação pela Dinâmica Energética do Psiquismo (DEP). Graduado faixa-preta 3º grau (Sandan) de Aikido. Graduado 2º Dan (Nidan) em Kendo. Formação em Hipnoterapia e Regressão de Memória. É *Master Practitioner* e *Trainer* em Programação Neurolinguística (PNL). Formação em Renascimento (*Rebirthing*) e especialista em técnicas meditativas e de expansão de consciência. Formação em Constelação Sistêmica Familiar pelo Instituto de Filosofia Prática da Alemanha e participação no I Treinamento Avançado de Constelação Familiar no Brasil ministrado pelo próprio Bert Hellinger.

Contatos
www.institutouniao.com.br
www.saulofong.com
contato@institutouniao.com.br
(11) 3741-0199

Saulo Fong

Quando se fala em felicidade, cada pessoa tem sua própria referência do que essa palavra significa para si. Algumas pessoas associam felicidade a um estado de espírito, a um conjunto de sentimentos ou a algum contexto ou situação que geralmente está projetada no futuro. Para muitas pessoas, a palavra felicidade é meramente um conceito mental, subjetivo e, muitas vezes, distante. E para você? O que é felicidade?

A minha proposta é que reflita como seria viver a felicidade manifestada no seu corpo aqui e agora. Como seu corpo expressaria o que chama de felicidade? Ele estaria tenso ou relaxado? A respiração estaria tranquila ou agitada? Quando trazemos uma referência física para uma ideia ou sentimento como a felicidade, ela se torna algo mais palpável, real e verdadeira.

Pessoas que têm a prática e o hábito de observar e perceber as sensações físicas no corpo, podem ter mais facilidade de associar a felicidade a um estado corporal. Muitas práticas que desenvolvem a consciência corporal como o aikido, a yoga e o tai chi chuan colaboram também para o desenvolvimento de uma mente serena e tranquila. Isso acontece, pois tais práticas, além de fortalecer, flexibilizar e relaxar o corpo, fazem também com que a mente esteja atenta ao presente por meio das sensações físicas.

Muitas pessoas não se sentem felizes porque colocam a felicidade em algum acontecimento ou situação futura. Entretanto, ao alcançar tal situação ou meta, muitas continuam a sentir-se infelizes. Isso acontece porque o padrão da mente de tais pessoas está focado apenas no futuro, e assim se mantêm incapazes de viver a felicidade no momento presente. Caso sua mente esteja totalmente focada no futuro, desenvolver a atenção no corpo e, consequentemente no momento presente, é também um dos fatores essenciais para viver plenamente o que a vida tem a oferecer.

Nosso corpo reage à cada situação estressante ou estímulo que enfrentamos. Tensões musculares podem acontecer dependendo da situação enfrentada. Muitas pessoas não percebem que tais reações somáticas vão se acumulando, podendo resultar em alguma dor ou lesão. Quando desenvolvemos a consciência do corpo é comum perceber sensações cada vez mais sutis. A mente fica mais sensível ao que acontece com o corpo e a percepção da reação física perante a um estímulo externo pode ser imediata. Quando temos consciência das tensões geradas em nossos músculos, podemos relaxar tal região e encontrar novamente o nosso equilíbrio corporal. Ao integrar tal desconforto, nosso corpo e mente se flexibilizam, tornando-se cada vez mais resilientes ao se deparar com situações semelhantes.

Felicidade 360º

Há outros fatores importantes para que você desenvolva ainda mais a possibilidade de perceber estados cada vez mais profundos de felicidade:

Cuide de seu corpo

Suprir as necessidades básicas de sono, atividade física e alimentação saudável são essenciais para que seu corpo físico se mantenha em equilíbrio e harmonia a cada dia. O corpo é a base por onde os pensamentos e as emoções se manifestam. Caso ele sofra algum desequilíbrio, a sensação de desconforto gerada irá afetar suas emoções e pensamentos. É também por meio do corpo que você interage com o mundo. Cuide-o como um bem precioso.

Cuide de suas emoções

Mantenha o contato com suas emoções e sentimentos. Viva-as conscientemente permitindo que elas se manifestem pelo seu corpo. Algumas pessoas têm o hábito de reprimir certas emoções por imposição cultural. Emoções reprimidas são energias poderosas que continuam a atuar no corpo podendo causar somatizações. Tomar consciência dos momentos em que uma emoção está surgindo é essencial para que você aprenda a vivê-las conscientemente sem se apegar a elas. Aprender a não julgar as emoções como boas ou ruins também o ajudará a vivê-las mais plenamente.

Cuide de sua mente

Desenvolver a atenção no momento presente fará com que não gaste energia à toa com situações que não podem ser alteradas no passado ou com o que ainda não pode ser resolvido no futuro. Uma pergunta que pode fazer a si mesmo quando sua mente estiver vagando no passado ou no futuro é: "O que eu posso fazer agora com relação à tal situação?"

Estimule a mente com novos conhecimentos e habilidades para mantê-la funcional, e a equilibre com momentos de observação dos pensamentos sem tentar interpretá-los, questioná-los ou julgá-los por meio da meditação. A meditação é também um excelente recurso para você aprender a se desapegar e a não se estressar com seus pensamentos.

Cuide de suas relações

Vivemos em uma sociedade e, dessa forma, influenciamos e somos

Saulo Fong

influenciados por cada pessoa com que interagimos. Tais relações podem fazer com que nos sintamos fracos, indiferentes ou fortes. Tomar consciência do nosso papel em cada relacionamento, aceitando e percebendo que cada pessoa é única no seu jeito de se manifestar e interagir é essencial para que tenhamos relações harmônicas e saudáveis.

Mente e corpo se influenciam mutuamente e formam uma unidade. Tomar consciência dessa integração é uma das possibilidades para se viver na prática a máxima de que a felicidade não é um destino, mas sim um caminho.

Felicidade 360º

31

A existência transcende!

Este texto trata da nova postura e do novo entendimento
necessários para as mudanças existenciais

Sissi Semprini

Sissi Semprini

Terapeuta vibracional, pós-graduada pela Unifran em Terapias Vibracionais. Iniciou suas atividades na área de Terapia por volta de 1990. Terapeuta Floral, cromoterapeuta, curadora prânica, facilitadora de Constelações Sistêmicas Fenomenológicas – TSFI. Mesa Radiônica Quântica e Radiestesia. Escritora do livro "Em poucas palavras" vol. I, Editora Komedi Campinas.

Contatos
www.sissisemprini.com.br
sissigraal@hotmail.com.br / sissigraal@terra.com.br
(19) 9283-7256

Sissi Semprini

Não há dúvidas de que somos seres de luz neste momento de nossa evolução manifestos fisicamente na forma humana, vestidos de um corpo físico.

Experimentar a vida na forma física é um momento e tanto das nossas existências; é onde podemos trocar com todas as formas de existir e sentir intensamente por meio do uso dos cinco sentidos.

Aqui na existência humana vida e morte são energias a serviço.

VIDA é a manifestação visível na forma física com início, meio e fim. O fim da manifestação da vida física é a morte. A Existência transcende aos dois. Existimos, Somos, nesta e em tantas outras dimensões e formas de existir.

Quando compreendemos isso, que morte e vida são energias a serviço da existência, somos capazes de administrar com mais leveza e sabedoria esta nossa permanência transitória no planeta Terra.Começamos por não nos deixarmos mais sermos capturados pelo sentimento de posse e propriedade. Não é possível ter coisa alguma, mas é possível sim, usufruir de todas as coisas que existem e são palpáveis para nós.

Começamos a compreender que nossa sociedade atual precisa se transformar profundamente encontrando a naturalidade do existir e trocar com equilíbrio e leveza.

Começamos a compreender o respeito profundo que devemos ter uns com os outros, porque somos livres, únicos, mas interdependentes.

Expandimos nossa consciência a ponto de compreender que nossa trajetória existencial na forma humana tem apenas esse propósito: expansão de nossa consciência e capacidade de vivenciar novas e maiores experiências existenciais.

Nascemos totalmente frágeis e desprotegidos. Na forma humana somos os seres que mais necessitam de cuidados. Um bebê depende 100% de cuidados. Precisamos em nossos primeiros momentos de vida de que nos cuidem completamente, dando-nos alimento, higiene, carinho, etc. Tudo o que sabemos e podemos fazer nessa fase é chorar para pedir.

Essa dependência total de cuidados pode se apresentar novamente em nossa velhice. Às vezes precisamos do mesmo zelo da chegada quando está se aproximando nossa partida.

Vimos e vamos inúmeras vezes. Cada uma delas nos convidando ao passo seguinte, à compreensão de um propósito maior para a existência.

Há o propósito de percebermos a transitoriedade de nossas vidas na forma humana. Há a necessidade de entendermos que a vida acontece no aqui e agora, no presente e que ficar preso no passado nos impede a magia do contato por inteiro com o que está acontecendo e que ficar focado no futuro também nos acarreta a mesma perda.

Felicidade 360º

Vamos conseguindo entender ao longo de nossas vidas que ser flexível é mais do que uma escolha, é um salto quântico existencial.

Que ser gentil torna-se inerente quando já nos tornamos flexíveis.

Compreendemos que ser silente nos possibilita uma compreensão mais profunda e global de tudo o que está acontecendo no presente em nós e à nossa volta, e nos tornamos mais zelosos com o verbo.

Entendemos para valer que a palavra cria a nossa realidade e começamos uma criação mais efetiva e de padrões melhores para nós e para os nossos e por conseguinte para o todo. Através do silêncio nos tornamos mais perceptivos a todas as formas de existir, e compreendemos que toda forma de vida tem o direito de desfrutar desse planeta incrível, que estar aqui não é um privilégio da raça humana.

Ganhamos e muito em nosso processo evolutivo quando abrimos mão do apego e do sentimento de posse, sobremaneira o apego à outra pessoa. Ter sentimento de posse em relação ao outro é aprisionar e tornar-se prisioneiro de um sentimento de menos valia que cega sobremaneira a percepção da vida e cria sofrimento e dor. Perde-se um tempo valoroso no cuidado do apego e a vida fica estagnada num movimento atemporal, você impede que acontecimentos novos cheguem para você, porque a ideia fixa não permite.

Expandimos nossa consciência no entendimento de que dependemos uns dos outros, mas que ao mesmo tempo estamos na vida para viver "Com" as pessoas que amamos, e não viver "por" elas. A cada um o seu próprio cuidado.

Cada um é um, e o processo evolutivo é individual e intransferível.

Experiência é algo que não se divide com outro, vivencia-se individualmente, até porque o impacto de um sentimento, ou de um acontecimento é tão individualizado quanto a própria vida, cada um absorve de um jeito. Às vezes a experiência que nos trava é a mesma que impulsiona a outro.

Neste caminho de ser melhor podemos ir percebendo que toda crença é um entrave, porque todas as energias estão em movimento e nada, absolutamente nada é definitivo, basta observar com olhos de ver que tudo está em movimento.

Aquilo em que acreditamos pode sim ser modificado à medida que nosso conhecimento se expande e descobrimos que não há nada mais valoroso do que o conhecimento e a verdade. A verdade nos faz livre e é a única energia capaz de nos livrar de crenças arcaicas que já não servem a este momento presente.

Descobrir que não somos punidos, mas que toda energia disparada gera uma contra energia, e para todos os nossos atos temos os justos preços. Não há um julgador, porque toda energia que você

Sissi Semprini

dispara vai te acarretar a contrapartida energética, porque somos responsáveis por todos os nossos atos. Se você oferece flores, você receberá da vida flores ou perfume.

Compreendemos também que cada um só pode dar aquilo que tem e aquilo que já conhece, e assim administramos nossas expectativas em relação ao outro se o vemos na extensão de suas possibilidades.

Aprendemos que de nossos pais e de nossos ancestrais recebemos o maior de todos os presentes "A vida", e que este presente tem um valor inestimável, e só por isso somos gratos e respeitosos a todos eles. Aprendemos que diante deles somos os pequenos, os que chegaram por último, e que a hierarquia é uma Lei do Universo e julgá-los ou culpá-los não nos cabe. Não há outra maneira de se estar na vida na forma humana que não seja assim como é um homem e uma mulher, dois gerando um!

Analisamos que todas as nossas relações estão sob as ordens da lei do equilíbrio, e que é justamente a que nos traz a justa partida de todas as nossas energias disparadas, aceitemos ou não, saibamos ou não. Ela atua.

Descobrimos que todas as pessoas têm o direito de existir e de estar na vida e serem como são e estarem no seu justo lugar de pertencer, tenham elas feito a escolha que fizerem para sua manifestação humana. Que julgar não nos cabe e que achar que só aquilo em que acreditamos e escolhemos é valoroso e bom é uma profunda arrogância diante da existência. Cada um está em seu momento existencial, e isso envolve como ele vê, sente e entende a vida.

Entendemos que quanto mais consciente você for de seus atos mais responsável por eles você o é.

Achamos que a solidão é um sentimento humano daquele que ainda não consegue se perceber parte de um todo de completude e que na realidade somos todos sós em nossas individualidades mas conectados com todas as formas de existir, assim podemos aprender que trocar a solidão pela solitude é um aprendizado valoroso e gratificante.

Sabemos que há sim, uma vida sobre a qual temos o controle absoluto: a nossa vida. Nela, nós ditamos as regras, nós fazemos as escolhas, nós lhe damos a direção, pois nosso universo pessoal é um oceano de possibilidades à espera de nosso determinismo.

Percebemos que a despeito de nossa individualidade somos integrados ao todo e podemos nos sentir nesta plenitude de ser com o universo, que cada um de nós está em escalas frequenciais diferentes e que o bem e o mal não existem tudo é energia a serviço da evolução, porque na energia da desconstrução é que acontece o ressurgimento do novo e de grandes mudanças.

Felicidade 360°

Assimilamos que o propósito nos faz sair da ineficaz pergunta do "por quê?" e imediatamente nos coloca na energia da reflexão de "para quê?". Há sempre um para quê! Em tudo o que nos acontece. Descobrir isso é encontrar o propósito. E se você encontra o propósito encontra a solução e a saída. Na grande maioria das vezes a expansão da consciência acontece na justa medida da dor e da amargura que você vivencia, e aí, faz a travessia. Você muda o que tiver que ser mudado, desiste do que tiver que desistir, evolui.

32

Escolhemos ser felizes

Ter uma atitude positiva para a conquista da felicidade, não aceitando colocá-la nas mãos de outras pessoas faz parte das decisões individuais do ser humano. O nível da felicidade pode ser mensurado sobre vários aspectos, mas acreditamos que este fenômeno esteja ligado principalmente ao próprio protagonismo das pessoas, nos caminhos que elas escolherem para ser felizes

**Sueli Batista &
Mariza Bazo**

Sueli Batista & Mariza Bazo

Sueli Batista — Bacharel em Comunicação Social- especialização em Jornalismo, tem MBA em Terceiro Setor e Políticas Públicas pela Universidade Cândido Mendes. Fundou e dirige as empresas: Studio Press Comunicação, e Instituto EcoGente – Desenvolvimento Humano e Responsabilidade Sócio Ambiental. Criou e dirige o Jornal Rosa Choque, primeiro veículo informativo a entrar na internet em Mato Grosso. É presidente da Federação das Associações de Mulheres de Negócios e Profissionais – BPW Brasil (Business Professional Women) - Gestão 2011-2013, é vice-governadora em Mato Grosso da Associação Internacional Poetas Del Mundo. Dentre as obras publicadas: Pássaro Passará- Poesia (que originou o CD Litero Musical) e Memória Resgatada - Um Arsenal de Cultura. Participa nas seguintes obras da Editora Ser Mais: Damas de Outro e Capital Intelectual.
Contatos
suelibatista@studiopresscomunicacao.com.br / suelibatista@bpwbrasil.org
(65) 3623-1274 / (65) 9981-3389

Mariza Bazo — Jornalista e Pós-graduada em MBA-Gestão em Marketing pela Fundação Getulio Vargas - FGV. Diretora Executiva da Studio Press Comunicação, do Jornal Rosa Choque e do Instituto EcoGente – Desenvolvimento Humano e Responsabilidade Sócio Ambiental. Presidente da Associação de Mulheres de Negócios e Profissionais - BPW Cuiabá; Diretora Executiva da BPW Brasil; Diretora Setorial da Associação Comercial de Cuiabá e diretora da Federação das Associações Comerciais e Empresariais de MT. É coordenadora editorial de diversas obras é autora, juntamente com Sueli Batista, dos livros: Memória Empresarial- CDL Cuiabá 35 Anos e Centenário de História e Desenvolvimento- 100 anos da Associação Comercial e Empresarial de Cuiabá- Série Memória Resgatada - Editora Studio Press.
Contatos
marizabazo@studiopresscomunicacao.com.br
(65) 3054-1274 / (65) 9983-8375

Sueli Batista & Mariza Bazo

Estudos e pesquisas são muito relevantes na elaboração de uma metodologia e na instrumentalização da avaliação da felicidade. A comunidade científica a cada ano que passa tem deixado suas contribuições para a fundamentação teórica do tema, que tem ocupado o centro das discussões de forma muito ampla, principalmente neste século, em que os profissionais que lidam com a mente humana têm se dedicado à compreensão desse fenômeno, que é interpretado das mais diversas maneiras.

A psicóloga e antropóloga Susan Andrews, um dos maiores nomes da Ciência Hedônica, que diz respeito ao campo que estuda a felicidade, divulgou no Fórum de Comunicação e Felicidade, que ocorreu no Ceará, em outubro de 2012, números que mostraram como estão aumentando os estudos em relação a esse fenômeno, pela comunidade científica. Segundo seus dados, da época, "nos primeiros cinco anos da década de 80, apenas 200 artigos acadêmicos sobre felicidade foram publicados; nos últimos 18 meses, esse número chegou a 27.335".

O psicólogo Daniel Kahneman, que é nada menos que o Prêmio Nobel de Economia em 2002, pode ser considerado o pai da Ciência Hedônica, pois foi dele que partiu o termo, hoje é também atribuído a um curso popularizado na Universidade Harvard, instituição onde Susan Andrew concluiu seus estudos como antropóloga. Para ela, "a felicidade não é apenas caracterizada como a falta de emoções desagradáveis, mas também como a presença de sentimentos prazerosos". Nesse aspecto, não adianta apenas viver, mas ter alegria em viver.

Contribuições filosóficas ou filosofia da vida

Na vida nos deparamos com condicionantes de ordem emocional, física e até financeira, que nos movem em direção a dois caminhos, sempre nos colocando numa posição de optar por um deles, escolhendo o que nos conduz ou não ao caminho da felicidade. Albert Einstein, físico e humanista alemão, deixou em seus registros um importante pensamento a respeito da felicidade: "Se quer viver uma vida feliz, amarre-se a uma meta, não às pessoas nem às coisas"... Por mais que tenhamos uma vida muito compartilhada, e muitas decisões são tomadas em conjunto em nossos negócios, sabemos muito bem que cada pessoa tem um jeito próprio de escolher os caminhos, razão pela qual, muitas vezes, a flexibilidade é importante na manutenção da harmonia, pois nem sempre buscamos caminhos individuais. Entendemos que ceder, ou não, também é uma questão de escolha.

Friedrich Nietzsche, filósofo alemão, disse: "ninguém pode construir em teu lugar as pontes que precisarás passar para atravessar o rio

Felicidade 360º

da vida- ninguém, exceto tu, só tu". Conversando recentemente com uma amiga, Dulce Magalhães, escritora e filósofa da atualidade, ouvimos dela que felicidade refere-se ao núcleo de vida da pessoa, na qual a mesma é a parte mais importante, a que escolhe ser feliz, independentemente do entorno, independentemente das outras pessoas. A partir disso, legitimamos ainda mais o que acreditamos. Não é pelo fato de as pessoas morarem juntas, compartilharem do mesmo grupo de amigos e da mesma empresa que devem pensar e agir igual. Temos nossas metas individuais. E podemos dizer com convicção, salve as diferenças.

Nem sempre na vida recebemos *feedback* positivo em nosso cotidiano, por essa razão, devemos avançar com mais potência no entusiasmo, na motivação. Acreditamos que não se pode limitar as possibilidades de entrarmos no ciclo do contentamento. Por exemplo, se você considera o que faz em nível profissional uma tortura, não há como potencializar a felicidade no ambiente de trabalho. Isso é limitante e pode estagnar a carreira e, com isso, gerar tristeza. É ruim para seu alto desempenho. Quando isso ocorrer, o melhor que se tem a fazer é procurar parar e refletir sobre as possibilidades de mudanças. Na vida, tivemos muitas comprovações de que a satisfação, o gosto pelo que se faz são importantes para a felicidade. Um dos caminhos da felicidade nos levou ao voluntariado. Muitos até nos questionam, qual a razão de trabalharem tanto, se dedicarem tanto sem remuneração alguma? Para responder, usaremos primeiramente uma citação do filósofo grego Aristóteles, ele diz que a felicidade está relacionada ao equilíbrio e harmonia praticando-se o bem. Consideramos, por outro lado, que nessa prática entra também o interesse individual. Fazemos o bem porque nos sentimos verdadeiramente bem ao exercer tal prática.

Fazer o bem, em nossa visão, é um aditivo à cadeia de valores da felicidade, assim como as nossas virtudes, a harmonia no lar, o amor correspondido, as finanças estáveis, a realização pessoal, o aprendizado, a ausência de sofrimento, a saúde em dia, o bom humor, o trabalho prazeroso, dentre outros atributos que são agregadores, cada qual com maior ou menor nível de importância. Somos jornalistas, empresárias e voluntárias em uma ONG Internacional - Business Professional Women — Federação das Associações de Mulheres de Negócios e Profissionais — BPW Brasil e sentimos potencializar nosso crescimento pessoal e nossa felicidade ao doar nosso tempo e o nosso conhecimento, numa total sinergia, dividindo as nossas vidas em etapas igualmente prazerosas: lazer e os negócios, pois estamos à frente da direção da Studio Press Comunicação e Editora; Instituto EcoGente — Desenvolvimento Humano e Responsabilidade Socio-

Sueli Batista & Mariza Bazo

ambiental e Jornal Rosa Choque. Tem uma frase de Tal Ben-Shahar, autor do livro Happier (Mais Feliz), que diz: "Quem ajuda os outros recebe tantos benefícios que costumo pensar que não há ato mais egoísta do que uma ação generosa". Somos felizes de ver a felicidade estampada no rosto das pessoas, principalmente quando somos nós as agentes transmissoras. Esse caminho, embora escolhido pelo coração, nos leva a lugares que nem imaginávamos, e consideramos a decisão de segui-lo como um ato que foi também de racionalidade. Sócrates, filósofo grego, disse: "tudo aquilo que diz respeito à alma quando é submetido à razão, conduz à felicidade. Quando a razão aí não está a dirigir, dá-se o contrário".

Pessoas envolventes, agentes transmissores

Retomando, entretanto, a importância das pesquisas e estudos, a Universidade de Oxford, através de métodos e instrumentos específicos para mensurar a felicidade, confeccionou um questionário de grande valia, no qual, dentre outros fatores, mostra a necessidade de múltiplas avaliações, partindo, dentre outros aspectos, do físico e do psicológico. Outro estudo no âmbito acadêmico foi realizado pela Harvard Medical School e pela Universidade da Califórnia, diz respeito à transmissão da felicidade por meio de pessoas envolventes, que podem contagiar, com efeito em cadeia, sendo os mais próximos, percentualmente falando, os mais passíveis de contágio.

Temos vivido experiências nesse sentido. É a percepção coletiva influenciando no modo de as pessoas serem felizes. Esse estudo atrela a felicidade com o que se passa ao redor, ou seja, a pessoa é a feliz influenciada por seu entorno, mas continuamos a defender que ela faz a opção por se deixar influenciar, ou não. Por essa razão que existe a motivação. Na ONG em que atuamos, muitas vezes temos que motivar as pessoas a receberem conhecimento, a participar de projetos culturais e de geração de renda. Muitas vezes, ao chegarmos em certa localidade, vemos pessoas apáticas, e, quando saímos, elas estão entusiasmadas, prontas para caminhar juntas. Isso, inclusive, vai ao encontro do que a OMS- Organização Mundial da Saúde defende como um dos componentes da saúde humana, ou seja, o sentimento influi no conjunto de fatores que remetem ao bem-estar físico. Vai também ao encontro do que algumas organizações em nível corporativo já adotam, por acreditar que o ambiente, no qual os colaboradores estejam felizes, é impactante para a melhor produtividade. Os resultados são melhores com pessoas que efetivamente demonstram a felicidade. Ao adotar uma cultura organizacional

Felicidade 360º

diferenciada, que foge dos padrões tradicionais, a empresa pode colher melhores resultados.

A FGV- Fundação Getulio Vargas, a ONG Movimento Mais Feliz e os responsáveis pelo aplicativo de celular MyFunCity, anunciaram, em março de 2013, a ideia de criar um indicador no país, para medir a felicidade e o bem-estar do brasileiro. O primeiro passo é a coleta de dados com pessoas de todas as classes sociais e regiões do país, que originarão o WBB — *Well Being Brazil* ou Índice de Bem-Estar Brasil. Uma forma também de atrelar a felicidade a outros temas que se referem à qualidade de vida. Está previsto que esse indicador vai levar em consideração os dados fornecidos pelo público-alvo da pesquisa, referente a temáticas muito variadas, dentre elas transporte, família, redes de relacionamento, profissão, dinheiro, governo, saúde, educação, segurança, consumo e atividades ao ar livre.

Isso remete a outros estudos de âmbito científico da felicidade, a exemplo do BES — Bem-Estar Subjetivo, que utiliza componentes afetivos e também aplicados ao senso comum, para oferecer indicadores para a felicidade de uma nação, analisando-se a saúde, inclusão social, entre outros fatores que interferem na qualidade de vida. Também, nessa visão, acreditamos que estejam: o projeto World Database of Happiness, traduzido como Banco de Dados Mundial da Felicidade, desenvolvido pelo professor, sociólogo e psicólogo holandês, Ruut Veenhoven, da Erasmus University; e o indicador FIB-Felicidade Interna Bruta, termo criado pelo rei Jigme Singye Wangchuck, de Butão, e que diz respeito à meta socioeconômica coletiva. Após três décadas da criação desse instrumento de mensuração, a felicidade das pessoas passou a ser defendida pela ONU — Organização das Nações Unidas, na esfera das políticas públicas.

Felicidade como objetivo humano

O psiquiatra Sigmund Freud defendeu que a felicidade vem do individual e que todo ser humano é movido pela busca da felicidade. A ONU reconheceu, em julho de 2011, a busca da felicidade como objetivo humano fundamental, recomendando para os mais de 190 países-membros, que incluíssem a importância da felicidade e do bem-estar em suas políticas públicas, potencializando os próprios Objetivos de Desenvolvimento do Milênio. No Brasil, a felicidade já vem sendo discutida especificamente como política pública. Embora seja o assunto uma outra abordagem, citamos esse exemplo porque mostra o quanto o tema está no cerne das questões importantes em discussão na atualidade. Isso vem ao encontro do indicador

Sueli Batista & Mariza Bazo

sistêmico de progresso da sociedade, em nível internacional. O FIB não tem como base somente o crescimento econômico sustentável, mas também outros fatores importantes para a qualidade de vida, a exemplo: educação, saúde, vitalidade comunitária, proteção ambiental, acesso à cultura, uso do tempo e bem-estar psicológico. Ao que nos parece, a FGV- Fundação Getulio Vargas e seus parceiros no WBB estão seguindo nesse mesmo caminhar.

No ano passado, o Instituto Akatu, que é uma organização não governamental sem fins lucrativos que trabalha pela conscientização e mobilização da sociedade para o Consumo Consciente, desenvolveu uma pesquisa que traz dados sobre a felicidade. Ouviu oitocentas pessoas, tomando por base todas as regiões do país, para saber o que faz o brasileiro realmente feliz, priorizando-se o ambiente sustentável. Pelas respostas obtidas, a maioria associa principalmente a felicidade com o bem-estar, tanto no aspecto físico, quanto emocional. O quesito saúde foi o que dominou as opiniões, com 66% de respostas, e o dinheiro foi respondido por apenas três de cada dez pessoas. Diante desses números, achamos interessante trazer à tona o ditado "dinheiro não traz felicidade", e compartilhar algumas pesquisas, a respeito da influência da moeda circulante sobre a felicidade das pessoas.

Vamos citar, na esfera universitária, o estudo dos pesquisadores da Harvard Business School e da University of British Columbia, que diz que é quase nula tal influência, salvo exceção da pobreza extrema. Eles descobriram que, na realidade, o dinheiro traz verdadeiramente a felicidade, quando gasto com outra pessoa. "Nossas descobertas mostram que um pequeno gasto com outros basta para produzir um ganho de felicidade". Apesar de a pesquisa trazer *cases* em que se legitimam o argumento, perguntamos: será que isso realmente é o que pensam os que têm muito dinheiro? Para ajudar nessa resposta, citamos o resultado de uma pesquisa feita nos Estados Unidos, com 1200 pessoas, entre investidores emergentes e milionários, pela Spectrem Group, consultoria especializada no mercado de luxo. Dos percentuais, vale ser destacado que, no grupo dos milionários, 44% dos entrevistados se consideram felizes; entre os da menor faixa de renda, a taxa cai para cerca de 24%. A pesquisa não se refere a um estudo que chega a contrapor os resultados apresentados pelas conceituadas Harvard Business School e University of British Columbia, mas mostrou, na computação dos dados, que quando a riqueza pessoal avança, crescem também os indicadores da felicidade.

Numa análise das fontes sobre a felicidade humana, vale novamente citar Susan Andrew, a *expert* na Ciência Hedônica. Ela diz que certo nível de riqueza e o sucesso material de fato trazem mais

Felicidade 360º

felicidade, mas deixa claro que isso tem um período determinado. "Após um ponto, mais bens materiais não trazem mais satisfação. Isso é o fenômeno da adaptação. Nossas células nervosas se adaptam aos estímulos repetitivos", explica. Por essa razão, entendemos também que os "fatores não materiais" tornam-se o composto mais importante para uma pessoa ser feliz.

Concluindo, gostaríamos de fazer uma afirmação que remete ao próprio título, e dizer que nós escolhemos ser felizes.

33

Ao Encontro da Felicidade

O presente artigo tem como objetivo: Abordar o tema da felicidade, assim como as suas contribuições para a saúde mental e o bem-estar do ser humano

Tânia Regina Douzats Vellasco

Tânia Regina Douzats Vellasco

Possui 25 anos de experiência em Recursos Humanos. É mestre em Administração e Gestão de Negócios (UFRRJ), psicóloga (UGF), com MBA em Administração de Recursos Humanos. Possui vários cursos de Coaching como: pós-graduação em Psicologia Positiva com Ênfase em Coaching pela UCAM – CPAF – RJ, Academia Brasileira de Coaching, ICI – Integrated Coaching Institute – Coaching Certificação Internacional, Health Wellness Coaching – Carevolution – Coaching Saúde e Esporte, Sociedade Brasileira de Coaching – Coach, Instituto Holos de Qualidade filiada ao ICF – International Coach Federation. Foi vice-presidente da ABRH-RJ por dois mandatos e diretora de RH em empresas de grande porte.

Contatos
tvellasco@uol.com.br
(21) 8647-7487

Tânia Regina Douzats Vellasco

O Que É Felicidade?

A felicidade é uma emoção básica caracterizada por um estado emocional positivo, com sentimentos de bem-estar e de prazer, associados à percepção de sucesso e à compreensão coerente e lúcida do mundo. Nos últimos anos, diversos pesquisadores têm se preocupado em desvendar as relações entre felicidade e saúde mental.

Felicidade Pode Ser Medida?

"Em situações que vão desde um estado de miséria absoluta a uma condição econômica que permite alguns luxos, uma melhoria financeira é diretamente proporcional à felicidade. Na sociedade atual, é comum a ideia de que o acúmulo de bens materiais é garantia de felicidade. Mas a ciência tem comprovado o contrário, garante Susan. Uma vez que as necessidades básicas são satisfeitas, novos acréscimos em bens materiais não significam aumento de felicidade".

A antropóloga e psicóloga Susan Andrews formada em Harvard (EUA) é responsável pela divulgação da metodologia do FIB (Felicidade Interna Bruta).

Segundo ela, comprovadamente, pessoas mais felizes têm sistemas imunológicos mais fortes, têm melhor desempenho no trabalho, adoecem menos, vivem mais, têm casamentos mais sólidos. Por outro lado, a depressão se tornou uma das principais doenças da sociedade contemporânea.

São esses os principais fatores que têm motivado a investigação científica, uma vez que o maior conhecimento sobre o que constitui a felicidade e como medi-la permitirá construir políticas mais eficientes, com reflexos positivos sobre a saúde pública.

Como Medir a Felicidade?

O primeiro questionamento daqueles que tomam contato com o conceito de FIB, é sobre como é possível medir a felicidade, que é algo bastante subjetivo.

Na bioquímica do corpo humano, uma das substâncias associadas à felicidade é o hormônio cortisol, secretado pelas glândulas suprarrenais.

Pessoas felizes tendem a ter 32% menos cortisol. Em contrapartida, o hormônio é encontrado em abundância em pessoas com alto nível de estresse.

"É preciso ter consciência de que quando uma pessoa está infeliz, seu fígado está infeliz, seu estômago está infeliz, sua pele está infeliz.

Felicidade 360°

Os reflexos negativos se espalham pelo corpo inteiro", afirma Susan.

Como Surgiu o Conceito de FIB?

O conceito de FIB surgiu no Butão, na Ásia, como proposta de medir o bem-estar de forma mais ampla do que o PIB (Produto Interno Bruto), comumente utilizado para mensurar o progresso material de uma nação.

O prêmio Nobel de Economia Joseph Stiglitz afirma que, entre os economistas, são muitos os que criticam o PIB como índice de prosperidade.

Na sociedade de consumo atual, é comum a ideia de que o acúmulo de bens materiais é garantia de felicidade.

Mas a ciência tem comprovado o contrário, garante Susan. Sem dúvida, em situações que vão desde um estado de miséria absoluta a uma condição econômica que permite alguns luxos, uma melhoria financeira é diretamente proporcional à felicidade.

Mas, uma vez que as necessidades básicas são satisfeitas, novos acréscimos em bens materiais não significam aumento de felicidade.

Prova disso é que a população norte-americana triplicou sua riqueza nos últimos 50 anos, mas a população está mais infeliz, o que pode ser comprovado pelo aumento do número de suicídios, casos de depressão, divórcios, etc.

A razão para isso, afirmou Susan, está na capacidade de adaptação do ser humano.

É o caso, por exemplo, de quem compra um carro novo e se delicia em dirigi-lo por algumas semanas.

Depois disso, vira rotina. "Uma vez que as necessidades materiais são satisfeitas, o aumento da felicidade depende de outras condições, tais como o carinho, o afeto, o companheirismo, a compaixão, o sentimento de pertencer a uma comunidade", exemplifica Susan.

A Solução dos 40%

O resultado de várias pesquisas de Ken, David e Sonja Lyubomirsky durante vários anos foi uma descoberta sobre as causas do bem-estar. Juntos identificaram os fatores mais importantes que determinavam a felicidade e que estão representados no simples gráfico de pizza:

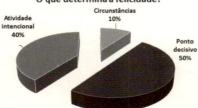

Fonte: A Ciência da Felicidade – Como atingir a felicidade real e duradora – Sonja Lyubomirsky, PH.D – Página 9

Tânia Regina Douzats Vellasco

Essa descoberta sugere que, mesmo depois de levarem em conta sua personalidade geneticamente determinada (ou seja, quem somos nós) e as ricas e complexas circunstâncias de suas vidas (ou seja, aquilo que enfrentamos), 40% das diferenças nos níveis de felicidade ainda ficam sem explicação. O que constitui esses 40%? Além de nossos genes e das situações que enfrentamos, existe algo crítico: nosso comportamento.

Assim, a chave da felicidade não está em mudar nossa constituição genética (o que é impossível) nem em mudar nossas circunstâncias (ou seja, procurar riqueza ou aparência mais atraente, ou melhores colegas, algo, em geral, nada prático), mas em nossas atividades cotidianas intencionais.

Com isso em mente, o gráfico em pizza ilustra o potencial dos 40% que estão dentro de nossa aptidão controlar, 40% para espaço de manobra, oportunidades de aumentar ou diminuir os nossos níveis de felicidade mediante o que fazemos em nossas vidas diárias e como pensamos.

Significam que todos nós poderíamos ser muito mais felizes se esquadrinhássemos com cuidado em que tipo de condutas e pensamentos as pessoas muito felizes se envolvem natural e habitualmente.

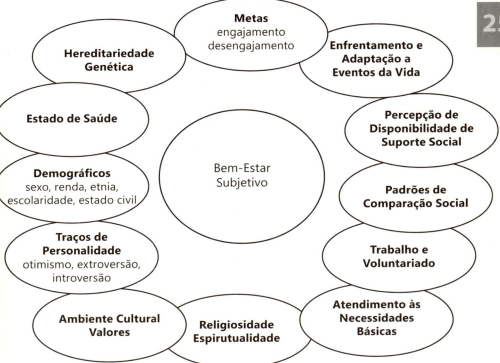

Figura 1: Fatores de Influência do Bem-Estar Subjetivo

Felicidade 360°

Conclusão:

A felicidade é um fenômeno predominantemente subjetivo, estando subordinada mais a traços psicológicos e socioculturais do que a fatores externamente determinados. A identificação desses fatores é particularmente útil na subpopulação que é mais predisposta a doenças mentais, favorecendo o desenvolvimento de abordagens preventivas, com potencial repercussão nas áreas social e ocupacional.

Referências

ABBAGNANO, Nicola. *Dicionário de Filosofia*, Martins Fontes, SP, 2000.

ACHOR, Shawn. *O Jeito Harvard de Ser Feliz*, Saraiva SP, 2010.

AMARE, *Happiness Formulas: Positive Psychology Questionnaire*. 2010.

BERTI, Enrico. *No princípio era a maravilha*, Loyola, SP, 2010.

BORCSIK, L. e SANTOS, A. *Psicologia positiva*. 2008.

BUCKINGHAM, Marcus. *Descubra seus Pontos Fortes*, Sextante, RJ, 2008.

BUCKINGHAM, Marcus e Clifton. *D. Empenhe-se!* Elsevier, RJ, 2008

BUCKINGHAM, M., COFFMAN, C. *Quebre Todas as Regras*, Sextante, RJ, 2011.

BUCKINGHAM, Marcus. *Destaque-se*, Sextante, RJ, 2012.

CHRISTOPHE, A. *Viver Feliz a Construção da Felicidade*. S.P, Martins Fontes, 2006.

FREDRICKSON, Bárbara. *Positividade: Descubra a Força das Emoções Positivas, Supere a Negatividade e Viva Plenamente*, Rocco.

LEAHY, Robert. *Como Lidar com as Preocupações*, Artmed, 2007.

LYUBOMIRSKY, Sonja. *Ciência da Felicidade. Como Atingir a Felicidade Real e Duradora*, Elsevier, 2008.

MARIAS, Julián. *A felicidade humana, Duas Cidades*, São Paulo, 1989.

SELIGMAN, Martin E.P. *Aprenda a Ser Otimista*, Nova Era 1990.

SELIGMAN, Martin E.P. *Felicidade Autêntica: Usando a Psicologia Positiva para a Realização Permanente*, Editora Objetiva, RJ, 2002.

SELIGMAN, Martin E.P. *Florescer*, Editora Objetiva, RJ, 2011.

SHELDON, K. M. e KING, L. *Why positive psychology is necessary*. American Psychologist, 2001.

PATTERSON, T.G., e JOSEPH, S. *Person-centered personality theory: Support from self-determination theory and positive psychology.* Journal of Humanistic Psychology, 2007.

PETERSON, C., & SELIGMAN, M. *Character strengths and virtues: A classification and handbook.* E.U. A, American Psychological Association, 2004.

YUNES, M. *Psicologia positiva e resiliência: o foco no indivíduo e na família.*

34

O executivo e o samurai feliz

Hoje eu me senti diferente... tenho certeza de que não sou mais
o mesmo, não reclamarei mais de pequenas coisas,
mas procurarei soluções para elas

Walber Fujita

Walber Fujita

Empresário, consultor e palestrante. Hoje residente no Japão, na cidade de Suzuka Shi, onde escreveu sua primeira obra, O Caminho das Pedras, pela editora CBJE. Também coautor dos livros:
1- Ser+ com Equipes de Alto Desempenho – Como recrutar, selecionar, treinar, motivar e dirigir equipes para superar metas, coordenadrores: Márcia Rizzi e Maurício Sita; 2- Ser+ Master Coaches – Técnicas e relatos de mestres do coaching, coordenação editorial: André Percia, Douglas de Matteu, José Roberto Marques e Mauricio Sita Editora Ser Mais – 1a edição – 2012 – 392 páginas; 3- Ser+ com Qualidade Total – Organizações Excelentes, coordenação editorial: Celso Estrella e Mauricio Sita, Editora Ser Mais – 1ª edição – 2011 – 176 páginas, 4- Ser + com Excelência no Atendimento ao Cliente – Encantar é preciso, descubra como se tornar inesquecível para seus clientes - Organizador: Mauricio Sita e Márcia Rizzi. 5 - Coaching - A Solução. Trata-se de uma obra com relatos de mestres que conseguiram aplicar com sucesso o processo de Coaching em clientes e até em si mesmos.

Contatos
www.walberfujita.com.br
walberfu@gmail.com
walberfu@yahoo.com.br

Walber Fujita

Querido diário, há tantas coisas acontecendo. Eu estou em um templo participando de um seminário que acontece próximo a um antigo castelo no topo da montanha onde reside um samurai. Esse templo situa-se no Japão próximo à cidade de Suzuka. De certa forma, a ida para esse templo foi estimulada por um amigo que obviamente não queria embarcar sozinho nessa aventura educacional.

O seminário voltado para o tema evolução pessoal e profissional tem como principal objetivo propiciar o nivelamento da compreensão do posicionamento estratégico com a finalidade de equilibrar o corpo e a mente. Armando e modelando nossas vidas com ferramentas para superar as dificuldades, tendo como meta principal ensinar a gerir com qualidade, equilíbrio e sabedoria nosso "eu" interior. Segundo uma prévia do material didático, posso afirmar que o corpo é o nosso instrumento de ação e a mente nosso instrumento de percepção.

Quando nosso corpo e mente estão sadios e em harmonia, gozamos de boa vitalidade e inteligência suficientes para tomar decisões importantes e, para que isso aconteça, devemos estar em estado de equilíbrio, sempre em busca da consciência plena, porque tendo a consciência plena temos a visão pronta para perceber e separar o que dever ser feito através de uma ação ou o que deve ser apenas observado por se tratar de fruto de uma emoção passageira. Aprendi que esse ensinamento mixado com outras técnicas é o suficiente para identificar com mais precisão quando reagir a uma ação externa ou simplesmente observá-la. Esse conjunto de ferramentas me ensinou como ver claramente, ouvir melhor e procurar evidências reais para decidir melhor. Ufa! Estou caindo de sono, mas estou tão feliz que eu precisava escrever. Vou tentar contar passo a passo, com todos os detalhes, todas as emoções que vivenciei hoje. Porém, com muita humildade espero transmitir essa alquimia de conhecimento em que estou envolvido e poder contribuir de alguma forma com você.

Mais uma vez acordamos cedo e a aula de hoje foi de tirar o fôlego. O dia começou às quatro horas da madrugada, levantei-me especialmente humorado, brincalhão e bem disposto. No caminho para a sala onde os demais estavam reunidos, já se podia ouvir a música suave. Assim que cheguei, fomos levados para um corredor de pedras onde, no final, havia uma porta. Próximo à porta, fomos recepcionados por um monge sorridente e levados para o centro daquele jardim japonês. Não posso deixar de mencionar como foi emocionante e encantador a vista da beleza daquele local, ali fomos informados de que aquele jardim tem todo um significado contendo alguns elementos fundamentais, entre eles, o sakura, que é conhecido como a flor da felicidade; as lanternas de pedras, que induzem

Felicidade 360º

à concentração, ajudando a clarear a mente; o lago e as carpas, que são o símbolo de vida, fertilidade e prosperidade; a ponte, que significa o amadurecimento e autoconhecimento; e o bambu, que conduz à capacidade de adaptação e mudanças.

Foi nesse local mágico, diferente e único, que o mestre samurai deu início ao dia com sua voz mansa dizendo: ao acordar, procure pensar, e durante o dia de hoje, por todo o tempo, fale palavras gentis e amorosas, e durante todo o dia, mesmo se houver momentos de irritação, mantenha suas palavras suaves, também observe seu tom de voz, fale com paciência, bondade e delicadeza, sempre fale a verdade e não fofoque. Sempre diga às pessoas que se importa com elas (e importe-se realmente) e não fale em excesso. Saibam todos os presentes que essa é uma das várias ferramentas que um guerreiro samurai aprende para conseguir caminhar em paz mesmo com uma espada em punho.

Na sequência, tivemos um momento de leve aquecimento e relaxamento. Logo depois, o samurai se manifestou dizendo: iremos meditar hoje por um curto tempo, mas antes de liberá-los para a meditação, devo ensiná-los que, ao praticar a meditação, o seu único objetivo deve ser silenciar a mente. Dentre as diversas definições para silêncio, posso dizer que, na meditação o silêncio não é ausência total de som, e sim ausência total de pensamentos.

Após um breve silêncio para a meditação, o mestre samurai se manifestou novamente dizendo: quero a atenção de todos voltada para a reflexão sobre a seguinte questão: por que, às vezes, temos dificuldade de nos concentrar no agora, nesse exato momento? Gostaria que cada um tentasse visualizar e identificar as adversidades que a mente nos leva a pensar. Saibam que a nossa mente simula o antes e o depois e faz perdermos tempo acreditando nessa ilusão. Aprendam, é frustrante entender que perdemos tempo acreditando que essa ilusão é nossa verdade e consome o nosso tempo. Tenham certeza de que a vida é agora. Saibam que, quando acreditamos na ilusão da mente, ficamos desiludidos. Cremos no falso, ficamos tricotando o que não aconteceu ou o que achamos que vai acontecer, e com isso sofremos. Procurem se concentrar no presente e aceite, fiquem abertos aos acontecimentos reais com evidências reais. O que os senhores devem fazer a partir de hoje é entrar no instante presente e ter consciência, a partir de agora, de que quando digo hoje é o agora. Então, limpem a mente, deixem tudo o que estiver fora deste momento presente ir embora... sintam o presente... o agora... com isso, identifiquem claramente quais são os motivos pelos quais estão aqui e valorizem o tempo presente.

Walber Fujita

Depois de alguns minutos de silêncio, novamente o mestre samurai disse – senhores, a felicidade interior só depende de vocês, aproveitem esse momento para sentir a paz desse local iluminado para analisar a si mesmos, seus defeitos, suas qualidades, pontos fracos e fortes. Observem que tudo tem uma causa principal com condições auxiliares que ajudam a formatar o efeito. Sendo assim, sempre devemos procurar a raiz, a causa principal e analisar de forma imparcial o que está realmente acontecendo à nossa volta e quais os verdadeiros motivos pelo ocorrido, para só depois tomarmos uma atitude de forma correta.

Saibam que na busca pela causa principal podemos analisar o que está incomodando e gerando sofrimento, podemos limitar a ação do sofrimento depois de uma análise profunda da causa e do efeito dessa ação em nosso redor. Pode ser dolorido, mas devemos saber quando eliminar ou mesmo limitar o sofrimento desta ação. Assim, estabeleçam isso como seu foco, mantenham-no forte, aceitem seus altos e baixos, criem metas pequenas e soluções agradáveis. Lembrem-se, uma grande chave é observar com serenidade.

Suas escolhas precisam vir da alma e analisadas friamente se realmente farão bem a vocês, antes de realizar uma ação é sempre bom refletir. Colocar na balança o que se perde e o que se ganha, porque no mundo em que vivemos, quando se ganha alguma coisa, com certeza se perde outra. Há sempre uma troca, pensem nisso. Ser feliz é conseguir identificar o que se quer, saber para onde ir e como ir, ter um plano de vida bem formatado e com pequenos degraus sempre em rumo do objetivo e com isso descobrir o que tudo em seu redor representa em todos os níveis da vida (profissional, pessoal, financeira). É saber separar cada ciclo da sua vida, subindo cada degrau, um de cada vez, pois é aos poucos que se alcança a vitória e, principalmente, aceitem o seu agora como sendo um degrau em direção à sua felicidade. Ser feliz é ter um céu azul ou com trovões, caminhos com pedras ou espinhos, relacionamentos com altos e baixos, que devem sempre servir como moldes para amadurecer e evoluir, isso é viver, é deixar de ser vítima dos problemas e se tornar um autor da própria história. É sorrir ao notar que toda a dificuldade é passageira e que devemos aproveitar para crescer a cada dia. Ser feliz é ser criança, alegre e simples, de vez em quando, sem culpas e sem desculpas. É ter maturidade para falar: eu errei. É poder dizer: me perdoe. É ter coragem para confessar: eu preciso de você. Ser feliz é dizer: eu te amo com o coração puro.

Então, senhores, não deixem para amanhã o que pode ser feito hoje... o ontem já passou... e o amanhã talvez não chegará. Identifi-

Felicidade 360º

quem o presente, o agora. A coisa mais importante que vocês possuem é o dia de hoje. O dia de hoje, mesmo que esteja espremido entre o ontem e o amanhã, deve merecer sua total atenção!

Querido diário, hoje eu me senti diferente... tenho certeza de que não sou mais o mesmo, não reclamarei mais de pequenas coisas, mas procurarei soluções para elas.

Aprendi a viver o presente de uma forma diferente, sei que a partir de hoje as coisas mudam... minha vida muda! Tivemos um dia cheio de atividades voltadas ao hoje, ao agora, ao remodelamento de plano de vida, pudemos sentir o tamanho do universo em que vivemos e ter a certeza de agradecer por estarmos vivos, respirando... Decidi ser feliz, optei pelas coisas simples, resolvi rir mais. E foi hoje que tive a verdadeira consciência de que minha felicidade sempre esteve ao meu alcance. Aprendi que, para desistir de algo que se deseja muito, é preciso ter a mesma força que se usa para lutar e conquistá-lo, mas antes de uma batalha, o que deve ser levado em conta é o melhor a ser feito. Tenho certeza, hoje, de que há diferentes tipos de sonhos que não dependem só de mim e de que esses sonhos são complicados de se realizar, por isso temos que acordar para a vida real e deixarmos de nos iludir, pois na verdade você não está lutando, e sim mentindo pra si mesmo por depender de fatores alheios à sua vontade para realizar esse sonho. Descobri que devemos classificar e colocar no papel os sonhos e que eles devem depender só de você para ser mais fácil de serem realizados. Aprendi que devo me conhecer para fazer a melhor escolha, descobri que posso ser eu mesmo e que se eu for a pessoa que alguém procura, como amigo, como amor, esse alguém irá notar. Passei a procurar a fonte, pois a fonte é abundante. Entendi que, ao me contentar com alegrias momentâneas, corro o risco de me magoar quando os momentos acabarem, pois o nome mesmo já diz: momentos!

Mas, principalmente, aprendi a lutar quando for preciso e desistir quando for necessário!! Enfim, escolhi ser feliz mesmo e quero compartilhar as lições que aprendi com você, agora – ainda temos muito que aprender... em palestras, em shows de teatro, provas escritas, atividades vivenciadas. A vida é um mar de conhecimentos e somos eternos aprendizes de como beber nessa fonte. Aprendi a nunca parar de estudar, porque sempre terei algo para aprender. O universo é lindo e puro, uma flor pode tocar seu coração, assim como um longo abraço sincero ou simplesmente um olhar de carinho e amor.

Parabéns por estar aqui agora, porque é um sinal de que você é alguém que busca conhecimento e isso é maravilhoso. Comemore por ser essa pessoa especial e saiba que eu estou aqui aplaudindo

Walber Fujita

você por ser você mesmo. Aprendendo dia a dia a dividir melhor, ser humilde e respeitar. Ser honesto, ser simples, ser sereno, discutir sem maldade e sem rancor, ser simples. Ser simples é uma tarefa difícil quando se quer aprender. Porque a simplicidade é certeza, misturada com força de vontade para ir em direção a um ambiente iluminado. Ser puro de coração no mundo atual é um desafio, porque somos imperfeitos mesmo, mas estamos também para errar, aprender, consertar, nos entender e também entender as pessoas errando e consertando. É difícil viver em sociedade? Quem disse que seria fácil? Então, desejo que cada um possa, a cada dia, tornar-se mais afetuoso, mais presente, mais compreensivo diante das coisas. O pensamento é o lar onde guardamos sentimentos diversos, aprender a dominar esses pensamentos e controlar nossas atitudes é o grande segredo de viver bem e feliz consigo mesmo. Cada um tem seu grau de evolução e devemos aprender a respeitar o direito do outro de ter seu tempo para evoluir.

Vou descansar agora, acho que deixei aqui um resumo do dia de hoje. Amanhã inicia-se um novo ciclo e tenho certeza de que, continuando nesse ritmo, em duas semanas terei muito mais o que compartilhar.

Lembre-se, continue estudando, buscando tutores e viva feliz, muito feliz! Sempre aproveite, pelo menos uma vez, a cada tempo para ver o Sol nascer, as estrelas brilharem e não se esqueça de sorrir para tanta beleza. Nesse momento, estarei aqui desejando toda felicidade do mundo para você, com o coração puro e aplaudindo suas conquistas. Porque sei que, a partir de hoje, você irá festejar todas as suas conquistas, mesmo as pequenas.

Seja feliz sempre!